"十三五"国家重点图书出版规划项目
交通运输科技丛书·公路基础设施建设与养护
港珠澳大桥跨海集群工程建设关键技术与创新成果书系
国家科技支撑计划资助项目（2011BAG07B03）

海上装配化桥梁墩台建设关键技术

Key Construction Technology for
Piers and Caps of Assembled Cross-sea Bridge

孟凡超　苏权科　张　鸿
吴伟胜　田　唯　等著

内 容 提 要

本书主要依据港珠澳大桥国家科技支撑计划项目课题成果编写而成,综合论述了桥梁墩台预制安装技术发展现状、施工中所面临的技术问题;重点介绍了钢管复合桩承载性能及设计方法、基坑边坡开挖稳定和回淤量研究成果、钢管桩沉桩施工及精度控制关键技术、预制墩台吊装及精确定位施工技术、钢管复合桩与预制墩台之间的止水施工技术;系统论述了后浇孔混凝土关键施工工艺及质量控制;归纳总结了新技术在港珠澳大桥深水区非通航孔桥钢管复合桩、预制墩台建设中的应用。

本书主要供从事桥梁工程研究、设计、施工和管理的工程技术人员使用,亦可供桥梁工程等相关专业方向师生在教学与学习中参考使用。

Abstract

This book is mainly based on the project results of national science and technology supporting program about Hong Kong-Zhuhai-Macao Bridge (HZM Bridge). The development status of bridge prefabrication and installation techniques and the technical problems during construction are reviewed. The bearing performance and the design method of steel-tubular composite pile, the results of study on stability of side slope and silting amount of foundation ditch, the key technology of pile construction and precision control, the technology of lifting and precise positioning of the precast pier and the construction technology of sealing between the pile and the precast pier are expounded. The key construction technology and quality control measures of the post cast-in-place concrete are systematically discussed. The application of the above results in HZM Bridge is summarized.

This book is mainly used by engineers engaged in research, design, construction and management of bridge works, and can also be used for reference by teachers and students in related professional fields.

交通运输科技丛书编审委员会

(委员排名不分先后)

顾　　问：陈　健　周　伟　成　平　姜明宝

主　　任：庞　松

副 主 任：洪晓枫　袁　鹏

委　　员：石宝林　张劲泉　赵之忠　关昌余　张华庆

郑健龙　沙爱民　唐伯明　孙玉清　费维军

王　炜　孙立军　蒋树屏　韩　敏　张喜刚

吴　澎　刘怀汉　汪双杰　廖朝华　金　凌

李爱民　曹　迪　田俊峰　苏权科　严云福

港珠澳大桥跨海集群工程建设关键技术与创新成果书系编审委员会

顾　　问：冯正霖
主　　任：周海涛
副 主 任：袁　鹏　朱永灵

执行总编：苏权科
副 总 编：徐国平　时蓓玲　孟凡超　王胜年　柴　瑞

委　　员：（按专业分组）
　　岛隧工程：孙　钧　钱七虎　郑颖人　徐　光　王汝凯
　　　　　　　李永盛　陈韶章　刘千伟　麦远俭　白植悌
　　　　　　　林　鸣　杨光华　贺维国　陈　鸿
　　桥梁工程：项海帆　王景全　杨盛福　凤懋润　侯金龙
　　　　　　　陈冠雄　史永吉　李守善　邵长宇　张喜刚
　　　　　　　张起森　丁小军　章登精
　　结构耐久性：孙　伟　缪昌文　潘德强　邵新鹏　水中和
　　　　　　　丁建彤
　　建设管理：张劲泉　李爱民　钟建驰　曹文宏　万焕通
　　　　　　　牟学东　王富民　郑顺潮　林　强　胡　明
　　　　　　　李春风　汪水银

《海上装配化桥梁墩台建设关键技术》
编 写 组

组　　长：孟凡超　苏权科　张　鸿
副 组 长：吴伟胜　田　唯
编写人员：张永涛　马建林　陈儒发　刘建波　方明山
　　　　　谢红兵　高文博　景　强　苏宗贤　刘明虎
　　　　　张革军　张　梁　李　江　鲁华英　周山水
　　　　　邓　科　李国亮　赵英策　吴启和　常志军
　　　　　文　锋　金秀男　于高志　张　鹏　陈富强
　　　　　仇正中　朱　浩　郑和辉　朴　龙　杨斌财
　　　　　谭少华

总 序
General Preface

科技是国家强盛之基,创新是民族进步之魂。中华民族正处在全面建成小康社会的决胜阶段,比以往任何时候都更加需要强大的科技创新力量。党的十八大以来,以习近平同志为总书记的党中央作出了实施创新驱动发展战略的重大部署。党的十八届五中全会提出必须牢固树立并切实贯彻创新、协调、绿色、开放、共享的发展理念,进一步发挥科技创新在全面创新中的引领作用。在最近召开的全国科技创新大会上,习近平总书记指出要在我国发展新的历史起点上,把科技创新摆在更加重要的位置,吹响了建设世界科技强国的号角。大会强调,实现"两个一百年"奋斗目标,实现中华民族伟大复兴的中国梦,必须坚持走中国特色自主创新道路,面向世界科技前沿、面向经济主战场、面向国家重大需求。这是党中央综合分析国内外大势、立足我国发展全局提出的重大战略目标和战略部署,为加快推进我国科技创新指明了战略方向。

科技创新为我国交通运输事业发展提供了不竭的动力。交通运输部党组坚决贯彻落实中央战略部署,将科技创新摆在交通运输现代化建设全局的突出位置,坚持面向需求、面向世界、面向未来,把智慧交通建设作为主战场,深入实施创新驱动发展战略,以科技创新引领交通运输的全面创新。通过全行业广大科研工作者长期不懈的努力,交通运输科技创新取得了重大进展与突出成效,在黄金水道能力提升、跨海集群工程建设、沥青路面新材料、智能化水面溢油处置、饱和潜水成套技术等方面取得了一系列具有国际领先水平的重大成果,培养了一批高素质的科技创新人才,支撑了行业持续快速发展。同时,通过科技示范工程、科技成果推广计划、专项行动计划、科技成果推广目录等,推广应用了千余项科研成果,有力促进了科研向现实生产力转化。组织出版"交通运输建设科技丛书",是推进科技成果公开、加强科技成果推广应用的一项重要举措。"十二五"期间,该丛书共出版72册,全部列入"十二五"国家重点图书出版规划项目,其中12册获得国家出版基金支持，6册获中华优秀出版物奖图书提名奖，行业影响力和社会知名度不断扩大，逐渐成为交通运输高端学术交流和科技成果公开的重要平台。

"十三五"时期，交通运输改革发展任务更加艰巨繁重，政策制定、基础设施建设、运输管理等领域更加迫切需要科技创新提供有力支撑。为适应形势变化的需要，在以往工作的基础上，我们将组织出版"交通运输科技丛书"，其覆盖内容由建设技术扩展到交通运输科学技术各领域，汇集交通运输行业高水平的学术专著，及时集中展示交通运输重大科技成果，将对提升交通运输决策管理水平、促进高层次学术交流、技术传播和专业人才培养发挥积极作用。

当前，全党全国各族人民正在为全面建成小康社会、实现中华民族伟大复兴的中国梦而团结奋斗。交通运输肩负着经济社会发展先行官的政治使命和重大任务，并力争在第二个百年目标实现之前建成世界交通强国，我们迫切需要以科技创新推动转型升级。创新的事业呼唤创新的人才。希望广大科技工作者牢牢抓住科技创新的重要历史机遇，紧密结合交通运输发展的中心任务，锐意进取、锐意创新，以科技创新的丰硕成果为建设综合交通、智慧交通、绿色交通、平安交通贡献新的更大的力量！

2016 年 6 月 24 日

序 Preface

2003年，港珠澳大桥工程研究启动。2009年，为应对由美国次贷危机引发的全球金融危机，保持粤、港、澳三地经济社会稳定，中央政府决定加快推进港珠澳大桥建设。港珠澳大桥跨越珠江口伶仃洋海域，东接香港特别行政区，西接广东省珠海市和澳门特别行政区，是"一国两制"框架下粤、港、澳三地合作建设的重大交通基础设施工程。港珠澳大桥建设规模宏大，建设条件复杂，工程技术难度、生态保护要求很高。

2010年9月，由科技部支持立项的"十二五"国家科技支撑计划"港珠澳大桥跨海集群工程建设关键技术研究与示范"项目启动实施。国家科技支撑计划，以重大公益技术及产业共性技术研究开发与应用示范为重点，结合重大工程建设和重大装备开发，加强集成创新和引进消化吸收再创新，重点解决涉及全局性、跨行业、跨地区的重大技术问题，着力攻克一批关键技术，突破瓶颈制约，提升产业竞争力，为我国经济社会协调发展提供支撑。

港珠澳大桥国家科技支撑计划项目共设五个课题，包含隧道、人工岛、桥梁、混凝土结构耐久性和建设管理等方面的研究内容，既是港珠澳大桥在建设过程中急需解决的技术难题，又是交通运输行业建设未来发展需要突破的技术瓶颈，其研究成果不但能为港珠澳大桥建设提供技术支撑，还可为规划研究中的深圳至中山通道、渤海湾通道、琼州海峡通道等重大工程提供技术储备。

2015年底，国家科技支撑计划项目顺利通过了科技部验收。在此基础上，港珠澳大桥管理局结合生产实践，进一步组织相关研究单位对以国家科技支撑计划项目为主的研究成果进行了深化梳理，总结形成了"港珠澳大桥跨海集群工程建设关键技术与创新成果书系"。书系被纳入了"交通运输科技丛书"，由人民交通出版社股份有限公司组织出版，以期更好地面向读者，进一步推进科技成果公开，进一步加强科技成果交流。

值此书系出版之际，祝愿广大交通运输科技工作者和建设者秉承优良传统，按照党的十八大报告"科技创新是提高社会生产力和综合国力的战略支撑，必须摆在国家发展全局的核心位置"的要求，努力提高科技创新能力，努力推进交通运输行业转型升级，为实现"人便于行、货畅其流"的梦想，为实现中华民族伟大复兴而努力！

港珠澳大桥国家科技支撑计划项目领导小组组长

本书系编审委员会主任

2016 年 9 月

前 言
Foreword

20世纪90年代初，我国高速公路建设进入了快速发展时期，20世纪末跨海桥梁工程的建设也日益兴起。我国早期的跨海桥梁基本上采用现浇施工，之后随着技术及装备水平的提高，预制安装施工方法逐步得到使用。构件预制安装的施工工艺，在国外大跨桥梁建设中屡见不鲜，尤其是在跨海桥梁建设中更是如此，集中体现了桥梁建设的新技术。目前，我国已建成的跨海桥梁有杭州湾跨海大桥、上海东海大桥、舟山连岛工程金塘大桥、青岛海湾大桥等；连接三地的港珠澳大桥正在紧锣密鼓的建设中，未来的渤海湾通道、琼州海峡通道、台湾海峡通道等也处于前期规划阶段。由于跨海桥梁建设条件的复杂性和高标准的技术要求，为提升我国超大型海上桥梁以及土木工程技术发展，不断研发海上装配化桥梁建造技术意义重大、刻不容缓。

港珠澳大桥工程的特殊区位、建设条件、质量要求和多重功能，决定了它将面临四大挑战，即建设管理的挑战、工程技术的挑战、施工安全的挑战和环境保护的挑战。

建设管理的挑战：港珠澳大桥作为我国在珠江口修建的第一条超级跨海通道，在"一国两制"基本国策下，粤港澳地区的管理机制、建设理念、投资比重等方面存在重大差异，同时由于利益多元化、标准规范多元化、功能多重性、规模巨型化等特性，使得港珠澳大桥的建设管理面临重大挑战。

工程技术的挑战：港珠澳大桥桥位处地质条件复杂，所处海域风浪条件严酷，是我国最繁忙的多向航运交通水域，同时，120年的设计寿命要求，决定了港珠澳大桥的设计和建设面临前所未有的工程技术挑战。突破设计和施工技术理念，针对重大理论和工程技术问题开展深入系统的研究，形成成套关键技术，对于直接支撑港珠澳大桥建设，提升我国海上桥梁设计和施工技术水平，具有重要意义。

施工安全的挑战：港珠澳大桥地处台风区，每年有2~3次台风袭击，大桥施工又属外海作业。5年期间,大量现场施工作业人员及机具船舶的安全、一般海浪及涌浪条件下的正常作业与施工安全,以及珠江口伶仃洋海域十分繁忙的多向航运交通,都面临巨大的挑战。

环境保护的挑战:港珠澳大桥位于珠江口伶仃洋海域,该海域属海洋水文及防洪敏感区,也是我国珍稀海洋动物白海豚的自然保护区。将大桥施工期间所属海域环境的负面影响降至最低、将全桥的总阻水比控制在10%以内,是港珠澳大桥设计和建设的重要研究课题。

为了应对上述四大挑战,确保港珠澳大桥建设的高品质、120年寿命、安全、环保等目标的实现,大力推进了海上装配化桥梁建造技术的研发和应用,实施了"大型化、工厂化、标准化、装配化"的创新建设理念。港珠澳大桥的建成,既能体现我国跨海桥梁装配化施工技术新高度,又能极大地提升我国长大跨海桥梁建造水平。

围绕港珠澳大桥高品质、长寿命这一核心目标,特别立项开展了国家科技支撑计划项目(课题编号:2011BAG07B03)"海上装配化桥梁建设关键技术——埋床法全预制海上桥梁墩台建设关键技术"的研究。针对在伶仃洋海域环境下港珠澳大桥深水区非通航孔桥墩台预制、安装的施工特点,研究工作重点解决了预制墩台施工过程中所面临的技术问题;研究取得的科技成果在大桥建造中得到了全面成功的应用。研究取得的主要创新成果包括:系统开展了考虑泥皮、防腐涂层及剪力环影响因素的大直径钢管复合桩承载性能和变形特征研究,揭示了大直径钢管复合桩受力与变形机理;提出了大直径钢管复合桩构造及设计方法;研发了工具式沉桩系统,实现了垂直度1/400的沉桩精度;提出了海上装配化桥梁全预制构件制造与安装精度控制标准;提出了基于模具定位件的墩台竖向预制匹配方法;研发了工具式墩台定位安装系统和柔性分离式止水系统;研制了全预制墩台安装专用 $\phi 75mm$ 全螺纹高强钢筋预应力系统;形成了复杂海洋环境深水埋床法全预制墩台吊装、定位、止水和连接的安装成套关键技术。

本书根据上述研究成果编写而成。全书共分8章,第1章对桥梁墩台预制安装技术发展现状、施工中所面临的技术问题和主要研究成果进行了综述;第2章从钢管复合桩整体受力机理入手,采用数值分析和模型试验相结合的方法对钢管复合桩承载性能进行研究,并提出了相应的设计方法;第3章介绍了基坑边坡开挖稳定和回淤量研究成果,具体涉及边坡开挖坡比、基坑超挖量等方面;第4章介绍了钢管桩沉桩施工及精度控制关键技术,包括精度控制标准分析、精度保障控制措施、工艺试验验证等方面;第5章重点阐述了预制墩台吊装及精确定位施工技术,主要包括吊装作业窗口分析、吊装及精确定位系统、吊装全过程数值分析、吊装施工工艺等内容;第6章着重介绍了钢管复合桩与预制墩台之间的止水施工技术,从胶囊法整体式止水系统和分离式止水系统两种不同体系止水工艺进行了诠释;第7章系统论述了后浇孔混凝土关键施工工艺及质量控制,包括混凝土配制技术、质量控制措施等内容;第8章总结了新技术在港珠澳大桥深水区非通航孔桥钢管复合桩、预制墩台建设中的应用。

工程实践证明,为了实现长大海上桥梁建设的长寿命、高品质、更安全、更环保目标,必须提升跨海大桥建设的工业化水平。推行"大型化、工厂化、标准化、装配化"的施工方案是一条必要的途径,这是提升我国桥梁建设技术实力和管理水平的手段,也是我国桥梁建设团队"走出去"并参加国际竞争的重要条件。

由于时间仓促且水平有限,书中不妥之处望读者批评指正。

作 者
2016年9月

目 录
Contents

第1章 绪论 ……………………………………………………………………… 1
1.1 国内外技术与应用现状 ………………………………………………… 2
   1.1.1 国外研究与应用现状 ……………………………………………… 2
   1.1.2 国内研究与应用现状 ……………………………………………… 6
1.2 关键技术的提出与分析 ………………………………………………… 10
   1.2.1 埋床式基础原型设计及受力机理研究 …………………………… 10
   1.2.2 基坑施工期边坡稳定及回淤 ……………………………………… 11
   1.2.3 预制墩台精确定位及安装技术 …………………………………… 11
   1.2.4 预制承台与钢管复合桩连接施工技术 …………………………… 12
1.3 主要技术成果 …………………………………………………………… 12
   本章参考文献 ……………………………………………………………… 14

第2章 大直径钢管复合桩整体受力机理 ………………………………… 16
2.1 概述 ……………………………………………………………………… 16
2.2 埋床式基础承载力及变形特性的数值分析 …………………………… 16
   2.2.1 数值分析模型简介 ………………………………………………… 16
   2.2.2 压弯剪试验数值分析研究 ………………………………………… 18
   2.2.3 推出试验数值分析研究 …………………………………………… 27
   2.2.4 剪力环不同截面形式对钢管复合桩影响分析 …………………… 30
   2.2.5 桩与承台连接节点数值分析研究 ………………………………… 32
2.3 埋床式基础模型试验研究 ……………………………………………… 44
   2.3.1 钢管复合桩承载力试验 …………………………………………… 44
   2.3.2 钢管复合桩与预制承台连接构造受力性能试验 ………………… 53
2.4 埋床式基础承载性能及设计方法研究 ………………………………… 65
   2.4.1 竖向承载力计算方法 ……………………………………………… 65
   2.4.2 水平荷载作用下承载性能研究 …………………………………… 67

2.4.3　钢管复合桩设计计算方法建议 ·· 72
　2.5　小结 ·· 74
　本章参考文献 ·· 75

第3章　基坑边坡稳定及回淤量 ·· 77
　3.1　概述 ·· 77
　3.2　基坑开挖边坡比 ·· 78
　　3.2.1　边坡稳定数值分析 ·· 78
　　3.2.2　边坡稳定监测 ·· 83
　3.3　基坑超挖量 ·· 90
　　3.3.1　基坑回淤理论 ·· 90
　　3.3.2　基坑原位回淤观测 ·· 100
　3.4　小结 ·· 107
　本章参考文献 ·· 107

第4章　钢管桩沉放施工与控制关键技术 ·· 109
　4.1　概述 ·· 109
　4.2　钢管桩沉放施工精度控制标准分析 ·· 110
　　4.2.1　桩、承台及墩身施工允许偏差 ·· 110
　　4.2.2　钢管桩（钢护筒）施打精度统计分析 ·· 110
　　4.2.3　预制墩台安装精度分析 ·· 111
　　4.2.4　预制墩台安装对承台预留孔孔径的需求分析 ·································· 112
　　4.2.5　钢管桩沉桩精度控制标准 ·· 116
　4.3　钢管桩施工精度保障措施研究 ·· 117
　　4.3.1　工具式导向沉桩系统研发 ·· 117
　　4.3.2　工具式导向沉桩系统数值计算分析 ·· 120
　4.4　钢管桩施工工艺及现场验证 ·· 126
　　4.4.1　钢管桩施工工艺 ·· 126
　　4.4.2　钢管桩施工过程中的试验检测 ·· 127
　4.5　小结 ·· 134
　本章参考文献 ·· 134

第5章　预制墩台吊装及精确定位施工关键技术 ·· 135
　5.1　概述 ·· 135
　5.2　吊装窗口作业分析 ·· 136
　　5.2.1　模型建立 ·· 136

5.2.2　浮吊及吊物系统运动频域 …………………………………………… 136
　　5.2.3　浮吊及吊物系统运动时域 …………………………………………… 137
　　5.2.4　全年有效吊装作业时间 ……………………………………………… 139
5.3　预制墩台吊装及精确定位系统 ……………………………………………… 142
　　5.3.1　机械系统 ………………………………………………………………… 142
　　5.3.2　液压系统 ………………………………………………………………… 143
　　5.3.3　电控系统 ………………………………………………………………… 145
　　5.3.4　结构校核 ………………………………………………………………… 147
5.4　墩台吊装全过程计算分析 …………………………………………………… 149
　　5.4.1　作用荷载分析 …………………………………………………………… 149
　　5.4.2　预制墩台悬挂状态下减振方案分析 …………………………………… 154
　　5.4.3　预制墩台体系转换完成后整体稳定性分析 …………………………… 160
5.5　预制墩台吊装施工工艺研究 ………………………………………………… 163
　　5.5.1　总体施工工艺 …………………………………………………………… 163
　　5.5.2　主要施工方法 …………………………………………………………… 164
5.6　预制墩台吊装工艺试验 ……………………………………………………… 173
　　5.6.1　窗口选择及吊装过程 …………………………………………………… 173
　　5.6.2　悬吊系统精确调位过程 ………………………………………………… 174
　　5.6.3　墩台安装期监测 ………………………………………………………… 174
5.7　小结 …………………………………………………………………………… 181
本章参考文献 ……………………………………………………………………… 182

第6章　预制墩台与桩间止水技术 …………………………………………… 183

6.1　概述 …………………………………………………………………………… 183
6.2　胶囊法整体式止水系统 ……………………………………………………… 184
　　6.2.1　工作原理 ………………………………………………………………… 184
　　6.2.2　方案设计 ………………………………………………………………… 185
　　6.2.3　止水室内试验 …………………………………………………………… 187
6.3　胶囊法分离式止水系统 ……………………………………………………… 190
　　6.3.1　工作原理 ………………………………………………………………… 190
　　6.3.2　方案设计 ………………………………………………………………… 190
　　6.3.3　计算分析 ………………………………………………………………… 194
　　6.3.4　止水室内试验 …………………………………………………………… 197
　　6.3.5　止水工艺试验及优化 …………………………………………………… 197

6.4 小结 ·· 206

本章参考文献 ·· 207

第7章 混凝土关键施工工艺及质量控制 ···································· 208

7.1 概述 ·· 208

7.2 关键部位混凝土配制技术 ·· 208

7.2.1 试验原材料及试验方法 ··· 208

7.2.2 混凝土配合比设计 ··· 210

7.3 混凝土施工质量控制措施 ·· 217

7.3.1 承台后浇孔混凝土 ··· 217

7.3.2 试验与检验 ··· 219

7.4 小结 ·· 221

本章参考文献 ·· 222

第8章 工程应用 ··· 223

8.1 工程简介 ··· 223

8.1.1 建设条件 ··· 223

8.1.2 工程特点及难点 ··· 224

8.2 新技术在工程中的应用 ··· 225

8.2.1 复合钢管桩现场施工 ··· 225

8.2.2 预制墩台吊装现场验证 ··· 229

8.2.3 预制承台与钢管复合桩连接现场验证 ····························· 249

8.3 小结 ··· 258

索引 ·· 259

第1章 绪 论

跨海桥梁是国民经济和社会发展的重要基础设施,也是交通行业新技术集中应用与创新的综合体现。经济建设的高速发展对重大交通基础设施建设不断提出新的需求,重大交通基础设施的建设也极大地影响国家经济的发展和地区之间经济发展的平衡与产业布局。加快国家高速公路网建设,加强区域交通一体化,不断增强交通运输发展的全面性、协调性和可持续性的客观需要,给我国长大跨度海上桥梁建设提出了更高的要求。根据国务院发布的《国家高速公路网规划》,高速公路大通道方面将要修建跨越渤海湾、琼州海峡、台湾海峡等超大型海上桥梁(隧道)工程。由于建设条件越来越复杂、技术要求越来越高,对长大跨度海上桥梁建设技术的不断研发,将为我国桥梁以及土木工程技术发展打造、构建高端的技术平台。

跨海桥梁,由于受台风、雷暴、大雾、风浪、严寒及潮汐等恶劣气候条件的影响,施工的有效作业时间很短,给施工带来意想不到的困难。故在制订施工方案时,应尽可能减少水上作业时间,变水上施工为陆上施工。长大跨度装配式结构在跨海桥梁施工中有着很大的施工优势。采用装配式预制构件法施工,具有施工质量高、工期短及施工风险低等优点,特别适用于施工受风浪、气候、运输等多方面因素制约的跨海大桥建设。采用装配式结构桥梁施工主要有以下优点:

(1)减少工程施工环境的制约,应用范围广

在一些工程环境特殊的地区,由于施工时的环境因素或其他因素的制约,无法采用现场浇筑的方法进行桥梁结构施工,如严寒地区,特别是冰冻区,无法进行混凝土的现场浇筑,而预制构件能在工厂(预制场)内预制完成,规避了外界环境因素的制约。

(2)成品质量更容易得到保证

预制构件是在预制场内标准化、制式化地批量生产,其生产过程中受外界因素影响较小,成品质量更容易得到保证。

(3)施工速度快,不仅能缩短工期、降低施工成本,还能降低施工现场的安全风险

采用预制作业,不受施工现场工作面的制约,架设与预制同步进行,能够大大缩短施工工期,降低施工成本;同时,对于在大江大海上受恶劣气象条件(如台风、海浪等)影响的桥梁,采用预制构件施工,缩短了水上现场作业时间,不仅降低了现场施工人员的安全风险,也降低了桥梁结构本身的安全风险。

(4)对环境污染较小,环保效应明显

采用预制作业,一般在既成桥面上运输,不需地面道路,因此上部结构施工时,对地面环境几乎没有干扰及污染。另外,桥梁构件在陆地上预制,减少了混凝土水上浇筑作业,避免了施工垃圾对施工现场水域环境的污染。

港珠澳大桥工程位于珠江口外伶仃洋海域,大桥连接香港、珠海、澳门。其中深水区非通航孔桥采用跨度110m整墩整幅钢箱连续梁桥方案,长约14km,承台及墩身采用全预制装配化施工方案。为了减少基础的阻水率,港珠澳大桥深水区非通航孔桥基础均采用埋床法预制基础。由于国内尚无埋床法预制基础应用先例,加之港珠澳大桥特殊地质水文情况,钢管复合桩的高精度施沉、预制墩台精确定位与安装、预制承台与钢管复合桩间止水、连接施工等面临着巨大的技术难题亟待解决。

1.1 国内外技术与应用现状

1.1.1 国外研究与应用现状

预制基础能够将大量的现场水上工作改在工厂制造,大大降低施工困难,加快施工进度并提高基础结构的耐久性。根据不同的地质、水文以及上部结构形式等条件,国外对不同的预制基础技术已经进行了很多研究,已发展出各种形式的预制基础,在大型桥梁及海上风电工程中已经有成功的应用经验。比较典型的预制基础工程如下:

(1)加拿大诺森伯兰海峡大桥

加拿大诺森伯兰海峡大桥又称加拿大联邦大桥,该桥于1993年动工,1997年完工通车,全长12.9km,为两车道的快速道路,直接支承岩层上的重力式圆锥形基础、墩身以及上部预应力混凝土单室箱梁,采用了大规模预制构件施工。44孔桥梁的墩身及基础,全部采用具有破冰功能的预制基础技术,大桥基础及桥墩分为两大件预制吊装,质量在3 000~5 500t之间,基础顶部制作成锥形平台,以便和套入的墩身密合。墩身预制件与墩座之间的连接部分设置有剪力键、高强度压浆以及U形预应力钢束。墩身预制如图1-1所示。

(2)厄勒海峡大桥

连接丹麦首都哥本哈根和瑞典第三大城市马尔默的厄勒海峡大桥,共有51个引桥桥墩基础和两个主墩基础,均采用钟形预制基础技术。其施工方法为:首先在水中清基,直到石灰岩层,最大取土深度为水下18.5m,基底最大面积为30m×40m。引桥桥墩预制基础采用大型双浮吊,浮吊起重能力达8 700t,因主塔墩基础的底段更重,专门设计了起重驳船装置。钟形预制基础沉底设置的位置精度由事先预置的3点压浆方法固定在石灰岩上。套箱式沉箱基础沉底设置的位置精度是由事先预置的3点圆板确定,这3点混凝土圆板则是由一个特制的三脚架在水中安设的。定位后,在圆板下先以压浆方法固定在石灰岩上。主墩基础底段长37m,宽35m,高22.5m,质量20 000t。预制基础放置就位后,即进行抛石压重及全底面的压浆施工,由中心向四周进行,保证基底平面上任何部位在最不利荷载下不产生拉力。最后进行墩身部分接高施工。厄勒海峡大桥主墩基础施工示意如图1-2所示。

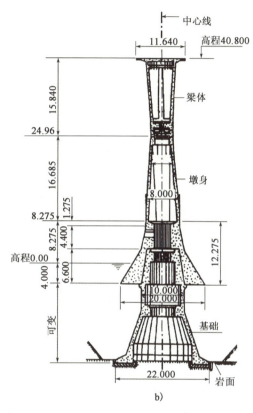

图1-1 墩身预制(尺寸单位:m;高程单位:m)

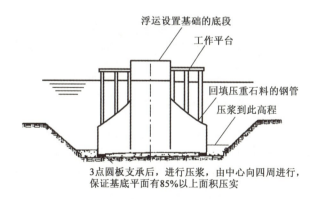

图1-2 厄勒海峡大桥主墩基础施工示意图

(3) 日本东京湾横断道路

东京湾横断道路由 9.4km 海底隧道、2 个人工岛和 4.4km 海上桥梁组成,桥梁段2.0km在海面上,2.4km在浅滩上。采用多跨连续梁桥,下部结构为 42 座桥墩,上部结构 5 跨一联。海中桥墩采用预制的钢桥墩和钢承台,承台下采用了钢管桩。其中 12 号桥墩的结构构造图如图 1-3 所示。桥墩和承台均采用工厂预制并连成整体,在现场施工好的钢管桩基础的正上方使用大型浮吊,进行分批架设的方法。然后,在钢制桥墩的内部浇注混凝土直至 TP + 6.0m,并采用了钛合金的防腐涂层技术。整个预制基础质量为900t。

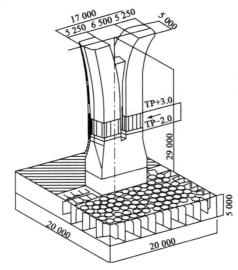

图 1-3　东京湾横断道路预制基础结构图(尺寸单位:mm)

(4) 丹麦大贝尔特东桥

丹麦大贝尔特东桥的主桥是一座跨度 1 624m 的悬索桥,其引桥为跨径 193m 的等截面钢箱连续梁桥。引桥桥墩全部采用陆上预制、运至现场安装的施工工艺,其桥墩结构如图 1-4a) 所示。一般的墩身节段采用浮吊运输,部分较重的墩身上节段采用驳船运输。质量从 500t 至 2 100t 的下墩身预制节段,是用穿过顶板的孔的锤头(Hammerheads)起吊的。锤头则与悬挂在吊钩上的吊架相连接[图 1-4b)]。由一艘拖船辅助一艘浮吊将墩身节段运至安装地点,挂在吊钩上的墩身节段完全高出水面。质量从 540t 至 1 520t 的上墩身预制节段,是用浮吊从出运码头起吊的。根据构件的质量与其在出运码头的位置,分为单吊与双吊。墩身的吊点为穿过墩身壁预制缺口的厚钢管吊耳,用钢丝绳将吊耳与悬挂在浮吊上的吊架相连接。

(5) 日本荒川岸海湾大桥

日本荒川岸海湾大桥(主桥为 125m + 300m + 125m)的主塔墩基础(尺寸为 37.5m × 22.5m × 5m),采用分格套箱式沉箱基础的施工方案。其具体施工步骤为:水下挖掘基坑,并铺砂垫平;用自升式平台施打定位桩,在水下安装定位台板;仍用自升式平台通过定位台板,施打 60 根直径为 1.5m 的钢管桩;水下切割桩头,后用 1 500t 浮吊将分格套箱连同墩柱模板一次吊装下水，并将其套置在已施工好的桩基上；用漏斗在各格中填片石，最后用压浆法灌注水下混凝土；为使桩基受力可靠传递给承台，在套桩的格中都焊接有套管，亦即采用的双壁管结构，如图 1-5 所示。

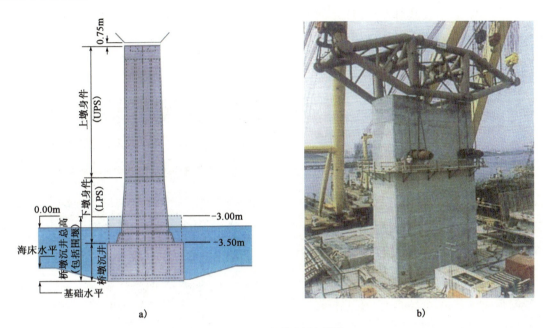

图 1-4　大贝尔特东桥主桥墩

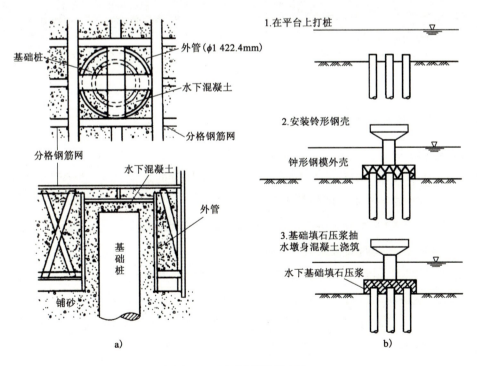

图 1-5　日本荒川岸海湾大桥

(6) Thornton Bank 风电场基础

在欧洲海上风电工程建设中,预制重力式基础是比较常见的几种基础形式之一。如,比利时的 Thornton Bank、丹麦的 Nysted 和 Middlegrunden 等海上风电场。以 Thornton Bank 风电场基础施工为例,重力式基础在预制场内临时支墩上预制完成后,由滚装平板车将其运输至出运码头,然后利用浮吊通过特殊吊挂系统[吊耳与平衡梁组合,见图 1-6a)]将基础吊装下水、浮运至现场进行沉放[图 1-6b)]。

a) 重力式基础吊装时吊挂系统　　　　　　　b) 预制基础海上浮运

图 1-6　Thornton Bank 风电场基础

1.1.2　国内研究与应用现状

除沉井基础采用节段预制接高下沉外,常规桩基础一般均采用双壁钢围堰或钢套箱在现场现浇混凝土承台和墩身的施工方法。随着跨海大桥建设的陆续兴起,才逐渐出现预制墩身和预制承台套箱的预制技术。国内关于预制承台的报道仅见于跨越珠江东航线的广州黄洲大桥;而预制墩身技术则在东海大桥、杭州湾跨海大桥、青岛海湾大桥、金塘大桥和上海东海大桥等都有应用,其中杭州湾跨海大桥最具有代表性。

国外装配式埋床法桥梁基础形式多采用沉井或者沉箱基础,而国内尚无埋床法预制基础应用先例,加之港珠澳大桥特殊地质水文情况,预制墩台吊装、精确定位及安装、预制承台与钢管复合桩连接、预制基础施工精度控制等技术都成为亟待解决的关键问题。

(1) 广州黄洲大桥

广州黄洲大桥主跨 160m,为 V 形墩连续刚构箱形梁桥。桥跨组合为 70m + 135m + 160m +

135m+70m。桥址处珠江宽552m,是感潮河段,潮型属不规则半日潮,每天基本上两起两落,往复流十分明显,日平均潮差约为2m。两岸属珠江三角洲平原,地质稳定,覆盖层较浅。基岩为泥质砂岩和砂岩。为缩短施工工期、降低造价,15号墩采用了承台原位预制、吊架下方安装的施工方法。预制时,在承台相应直径150cm桩基位置空出直径200cm的预留孔,通过预埋直径200cm的钢护筒来实现。钢护筒超出承台底面2~2.3m。每个承台预制块质量为127.5t。承台下放前先将承台预制件提起10~15cm,拆去预制平台后分两次下放。第1次下放至承台面高程为+7.5m(比高潮水位高),安装挡水铁箱后进行第2次下放,直至设计高程。最后浇筑预留孔混凝土,使承台跟桩基组成整体。挡水铁箱在第一节墩身施工完毕后方可拆除。

(2) 杭州湾跨海大桥

杭州湾跨海大桥是国道主干线同三线跨越杭州湾的通道,位于钱塘江入海的河口海湾,北起嘉兴海盐郑家,南至宁波市慈溪水路湾,全场36km。根据海上施工环境恶劣和桥墩数量多的特点,为了减少海上作业、降低施工风险,墩身全部采用工厂化预制、现场浮吊拼装的施工方案。

预制墩身为矩形空心墩,分为墩身及墩帽两部分,本工程共有474个预制墩身,高度为7.372~17.383m,墩身最大吊装质量为457.73t。墩身与承台连接采用现浇混凝土墩座的方式,即在承台与墩身之间设置现浇混凝土墩座,墩身钢筋锚固于墩座内。其墩身的安装定位采用了导向板+临时支座方法,导向调位一体化,大大减少了海上作业时间,如图1-7所示。

a) 杭州湾大桥施工现场

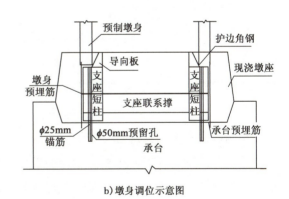
b) 墩身调位示意图

图1-7 杭州湾跨海大桥

(3) 青岛海湾大桥

青岛海湾大桥位于胶州湾北部,是国家高速公路网青岛至兰州高速公路的起点段,是青岛市交通规划中东西岸跨海通道的"一路、一桥、一隧"中的"一桥"。主桥第七合同段45跨非通航孔桥采用群桩基础,由于海上风浪作用影响较大,部分承台施工选用混凝土吊箱围堰方案。混凝土吊箱围堰在工厂预制完成后,与防浪板拼成整体后运输至施工现场,利用200t起重船吊装下放至设计高程,并将吊架临时悬挂在钢护筒上,利用调位千斤顶及反压牛腿等设施临时固定。混凝土吊箱围堰底板与钢护筒之间封堵后,利用低潮时抽水,将吊箱底板上的预埋件与钢护筒焊接成一体进行永久固定。焊接完毕后拆除吊架,完成体系转换。在干施工条件下进行承台施工,最后拆除防浪板,割除混凝土吊箱围堰上的预埋螺杆并封堵,整个吊箱施工完成,如图1-8所示。

图1-8 青岛海湾大桥混凝土吊箱安装

护筒插打存在水平及垂直度误差,直接影响混凝土吊箱围堰的安装,因此吊箱预制前,必须根据实测护筒平面位置及垂直度确定吊箱底板预留孔位的平面尺寸,并适当调整中心位置,保证吊箱安装后整体不发生偏位。

（4）上海东海大桥

上海东海大桥作为国内第一座真正意义上的跨海大桥,在非通航孔60m跨连续桥梁墩柱施工中采取了工厂预制、海上安装的施工方法。60m连续梁部分墩柱按钢筋混凝土结构设计,为了节约混凝土,增大截面惯性矩,桥墩墩柱全部按空心墩设计,墩柱混凝土采用C40高防腐性能混凝土,钢筋的最小净保护层厚度外壁为7cm,内壁为4cm。

预制墩柱安装的关键技术如下:

①承台内墩柱预埋件控制。承台内墩柱预埋件主要有:墩柱、墩座预埋钢筋、预制墩柱混凝土短柱下的预埋钢板。在施工中应仔细复核测量位置,确保预埋件在承台内,特别是承台顶面的位置、高程、角度的准确。

②预制墩柱的吊装定位。受海况的影响,浮吊很难精确地将墩柱安放在设计指定位置,为此在承台上预先设置定位导向装置,以确保安装精度。承台顶预设6个施工用混凝土短柱,具有导向作用,墩柱吊运至临时支撑在承台内混凝土短柱上,临时焊接固定预制墩柱,如图1-9所示。

③墩柱与承台的连接。预制墩柱与承台的连接采用混凝土湿接头,即C40高性能混凝土

现浇墩座连接。为缩短海上作业时间，墩柱主筋与承台内预埋筋尽量采用搭接连接，并用水平钢筋加强。预制墩柱临时固定后，绑扎墩座内钢筋，然后浇筑墩座混凝土。为了保护墩底截面，避免受海水的直接侵蚀，墩座顶面设置横坡以利排水。

a) b)

图 1-9 上海东海大桥 60m 跨连续桥梁墩柱预制及安装

④墩柱顶面支座垫块采用现浇，并可调节墩柱高程。为使主梁支座与梁体密贴，无脱空现象，在支座垫块预留 20cm 空隙，用钢楔块将支座顶紧梁底，在空隙中浇筑 C50 水泥砂浆。

(5) 金塘大桥

金塘大桥由东向西横跨沥港水道、灰鳖洋 18.415km 海面，连接金塘岛与宁波市镇海区，是舟山大陆连岛工程的第五座跨海特大桥，也是舟山大陆连岛工程中规模最大、至关重要的跨海特大桥。金塘大桥的建设，将对舟山大陆连岛工程及舟山、宁波港口一体化起到极大的推动作用。大桥由主通航孔桥、东通航孔桥、西通航孔桥、非通航孔桥以及金塘侧引桥、浅水区引桥、镇海侧引桥、金塘侧接线和镇海侧滨海互通立交组成，全长 21.029km（不含金塘侧接线工程 5.511km），其中非通航孔桥全长 16.72m。此区域水深条件较好，一般水深均在 6~10m 之间，适合于水上大型船舶作业。

在金塘大桥非通航孔桥设计阶段，为充分发挥预制施工优势，简化海上施工工序，减少海上现浇混凝土量，结合当时施工设备的起重能力，对于墩身高度不超过 19m 的桥墩采用整体预制安装的施工工艺，最大吊装质量为 435t。墩身与承台之间采用现浇混凝土湿接头连接，由于湿接头位于浪溅区，为保证其耐久性，承台顶面设置剪力槽。在接头处设混凝土外箍，与墩身湿接头一起浇筑(图 1-10)。

预制桥墩在陆地工厂制造，采用竖立式浇筑方案，模板采用精制刚性模板，取消内部穿锚拉杆，消除混凝土内部腐蚀通道，增强混凝土耐久性。其底部设临时钢托架，以保护墩底预留的外露钢筋，同时确保墩身在施工和运输过程中的稳定。

图 1-10　金塘大桥非通航孔桥预制墩身安装

墩身预制完成后,采用立式装船运输工艺。预制墩身在预制场首先由 500t 龙门吊机、专用吊具起吊墩身和钢托架,吊运至出装码头上装船。

墩身安装时在承台顶墩身位置处沿墩身四周设 6 个具有导向作用的临时支墩,临时支墩间设联系撑形成整体结构,事先已抛锚驻位的 700t 起重船从驳船上起吊墩身,调整船位及仰俯起重船臂杆将墩身吊至指定的承台上方,依靠导向装置使墩身基本就位后停止落钩,进行墩身纵横向平面位置和墩身倾斜度调整,使墩身达到精确定位后落钩,直至使墩身平稳地落于支承短柱上。

1.2　关键技术的提出与分析

港珠澳大桥是中国交通建设史上技术复杂、环保要求高、建设要求及标准高的工程。主要体现在:桥位区水文、地质条件复杂,珠江口航道众多,航行密度大,对航行安全要求高;工程方案研究中要满足香港及澳门机场航空限高要求;桥轴线穿越珠江口中华白海豚保护区,对环保要求高;水利防洪部门要求尽量减小阻水率,桥岛隧的总阻水率应控制在 10% 以内,为了满足总阻水率的要求,非通航孔桥梁的承台必须埋入海床面以下,故称埋床法桥梁基础;大桥设计使用寿命为 120 年,对桥梁工程的耐久性提出了更高的要求。埋床法预制基础应用主要关键技术如下:

1.2.1　埋床式基础原型设计及受力机理研究

(1)大直径钢管复合桩整体受力变形机理研究

美国公路桥梁设计规范认为,钢桩的壁厚大于 3mm 时,就认为它参与受力。日本大芝大桥则首次明确采用钢管复合桩的概念,采用带凸缘的线形钢管,在光面钢管的内面带有肋条,使钢管本身与填充的钢筋混凝土达到整体受力作用。国内的研究者也注意到了钢桩在水平荷载产生的弯矩分配中不能忽略,研究计算表明考虑钢桩环箍效应可以减少桩顶位移至少约

50%,在准确计算水平荷载下的变形时不能忽略,但目前鲜有对钢管复合桩设计基本理论的系统研究。

(2)大直径钢管复合桩与预制承台连接构造受力性能试验

国内外对钢管复合桩桩身及预制混凝土承台设计应用较少,作为一种新型组合结构构件,承上启下的桩与承台的连接节点的研究还比较少见。为了验证钢管复合桩与预制承台的连接构造的受力性能,需开展缩尺试验和数值模拟分析研究,期望开展钢管复合桩承台连接性能试验研究,给钢管复合桩与承台的连接设计以有益的参考。

1.2.2　基坑施工期边坡稳定及回淤

(1)基坑开挖边坡稳定性研究

确定合理的基坑开挖坡比,对于减少桥梁工程对海洋主体环境影响和缩短桥梁基础施工工期及节约成本,具有十分重要的意义。港珠澳岛隧工程对基坑开挖坡比进行过详细的研究,研究成果为桥梁工程提供了参考和借鉴。但桥梁工程所处环境因素有所不同,且不考虑长期效应的影响,应结合水文、地质条件做进一步研究,确定合理的基坑边坡开挖比例。

(2)施工期基坑海床回淤观测

埋床法基础基坑施工期海床回淤会给结构安装施工带来影响,基础的回淤量的多少直接关系到基坑超挖量的确定,且影响预制基础的安装。目前对于海洋环境下预制基础的回淤还没有成熟的计算方法,因此需对基坑海床回淤量进行观测和试验研究,确定合理的超挖量。

1.2.3　预制墩台精确定位及安装技术

(1)预制墩台吊装过程时域非线性分析研究

墩台吊装阶段,浮吊及其系泊系统对海洋环境中的风、浪和水流等动荷载作出响应,这个响应将使墩台发生摆动。因墩台预留孔与已沉桩之间仅留有10cm间隙,墩台的摆动及动量应控制在一定范围内,确保墩台和桩基的安全,需对环境荷载作用下浮吊—墩台系统的运动进行分析,从而给出本次吊装的限制海况,并密切跟踪海洋预报信息,确定出安全可靠的吊装作业条件。

(2)预制墩台精确定位系统研制

为缩短海上作业时间,提高施工工艺的"装配化"程度,预制墩台吊放中的起吊系统和体系转换过程中的悬挂系统需采用一体化设计,该系统是整个安装过程中重要的临时结构。吊装定位过程中,墩台受风-浪-流耦合作用,结构受力复杂,安装精度要求高,针对吊装下放及体系转换过程中功能要求,研制出具有三向调位功能且结构合理、拆装方便、安全可靠的可重复使用悬挂系统,实现水上及水下墩台精确调整与定位及预制墩台与钢管复合桩顺利连接,既保证永久结构受力安全,又满足快速便捷的施工需求。

1.2.4 预制承台与钢管复合桩连接施工技术

(1)预制承台与钢管复合桩间止水装置(系统)研制

预制承台与钢管复合桩间封堵止水是埋床法预制基础施工的难点之一,装配式结构预制构件连接施工工艺,不仅关系到结构共同受力性能的好坏、施工的方便快捷与否,还关系到成桥结构的质量和耐久性能。而水下封堵止水更是工艺实施的核心技术。只有解决不小于15m水深处预制承台与钢管复合桩间的止水问题,才能确保连接处混凝土能够在干作业环境内进行浇筑施工。

(2)钢管复合桩与预制承台连接处现浇混凝土研制

钢管复合桩与预制承台的连接处现浇混凝土构造是承台结构的重要受力部位,连接处混凝土的配合比设计、基本工作与力学性能、钢管与混凝土之间以及新老混凝土之间的黏结等特性,能够实现混凝土的防收缩、防裂缝、耐久性、力学性能及施工性能等诸多品质要求。

(3)钢管复合桩与预制承台连接处混凝土浇筑工艺及质量控制措施

在围堰内止水完成后,需尽快完成连接处现浇混凝土施工,而钢管复合桩与预制承台的连接处的钢混结合段浇筑高度大于4m,混凝土浇筑空间小,剪力键较多,混凝土振实困难。结合连接处混凝土性能要求,需研究合理的连接混凝土浇筑工艺及质量控制措施,确保混凝土在浇筑初期不致因围堰受风浪波流冲击作用而开裂,进而保证预制承台与钢管复合桩连接混凝土的防收缩、防裂缝、耐久性、力学性能等质量要求。

1.3 主要技术成果

针对港珠澳大桥非通航孔桥梁埋床式基础设计和施工所面临的关键技术问题,采用理论研究、工艺试验以及现场验证相结合的方法,对埋床法预制基础施工关键技术进行研究,通过资料收集、理论计算分析、模型试验及工艺试验等方法和手段,对埋床承台施工各环节所面临的技术难题进行了攻关,并通过现场桥梁工程对研究成果进行了验证,形成的主要研究成果如下:

(1)大直径钢管复合桩(带剪力环、泥皮、防腐涂层、$D/t = 100$、剪力环间距 $= 3D$),其极限承载能力较钢管极限承载力 + 混凝土桩极限承载力之和提高了8.23%,较无钢管混凝土桩提高了89.5%;获得了大直径钢管复合桩泥皮、防腐涂层、剪力环之间的相互关系和变化规律;采用叠加原理,推导出了考虑泥皮、防腐涂层和剪力环影响因素的钢管复合桩刚度计算公式及刚度与剪力环间距相关关系计算公式;剪力环使钢管复合桩的刚度得以提高,在泥皮和防腐涂层存在的条件下,当剪力环间距≤2D时,钢管复合桩组合刚度系数≥1。

(2)采用理论计算分析与现场监测相结合的方法,对基坑开挖边坡比和超挖量进行了研究。基坑边坡比理论计算分析表明,在正常波浪条件下(涵盖桥区91%的海况),边坡比为1:3~1:5时都满足稳定要求,但在10年一遇的波浪条件下,只有小于1:5的开挖边坡比才满足稳定要求。足尺模型试验基坑按照1:4、1:5、1:6三种边坡比进行开挖,开挖完成至预制墩台吊装到位共历时55天,现场原位监测的边坡稳定情况是:四个边坡均未出现较为明显滑坡现象,但1:4、1:5坡比的边坡位置出现了蠕变现象;在基坑超挖量方面,通过基坑冲淤理论计算分析可知,基坑回淤与时间是紧密相关的,在一定的时间内,基坑回淤厚度与时间成正比关系,与足尺模型试验原位观测的基坑平均回淤厚度一致。通过理论计算分析和现场原位观测结果,建议港珠澳大桥桥梁工程基坑开挖边坡比取1:6,基底超挖量(深度)取1.5m左右,基坑底平面位置开挖边界线考虑取2m的超宽。

(3)全面分析了钢管桩沉桩精度、首节段墩台安装精度以及预留孔孔径这三者之间的关系,并根据精度分析结果,提出钢管桩沉桩精度控制标准制定应考虑的因素和所需遵循的原则:应充分考虑首节墩台安装精度、预制墩台顺利下放安装、预留孔孔径以及承台预留孔止水等方面的需求,钢管桩沉放精度控制标准的确定必须与首节墩台安装精度控制标准以及预留孔孔径相协调、匹配;研发了一套可操作性强、能重复利用的工具式导向沉桩系统,经现场工艺试验验证证明,该工具式导向沉桩系统能将钢管桩的沉桩精度提高至:垂直度达到1/400以上,桩顶平面偏位能控制在20mm之内。桥梁工程实施期间通过优化止水方案,保证钢管桩精度在1/250的标准下也满足安装要求。

(4)吊装作业窗口、墩台悬吊调位系统和墩—桩结构体系动力响应,三者与吊装作业的安全性、墩台安装的精确性以及承台连接处混凝土的耐久性密切相关。本项目首先基于三维源汇理论对海洋环境荷载下的浮吊运动进行了频域分析,并给出了常规海况和极限海况下浮吊—吊物系统的运动时程曲线,以此为依据结合海洋水文气象预报确定了吊装窗口条件;然后根据功能需求以及施工工艺研制可操作性强的集吊装、悬挂、调位于一体的悬吊系统,对其机械、液压和机电三大系统进行设计,并进行结构数值计算分析,通过现场工艺试验实践证明,所研发的悬吊系统精确调位功能完善,且调位行程和精度均能够满足设计要求。

(5)通过数值计算、室内模型试验以及现场工艺试验等手段,对整体式止水系统和分离式止水系统进行深入研究,并对这两种止水系统进行了工艺试验和现场验证:①对于整体式止水系统,通过室内检测试验,在承台与钢管桩间间隙较为均匀情况下,止水良好,但对间隙相差较大(一侧18cm,另一侧2cm)情况下,有止水失效的风险;②对于分离式止水系统,室内试验表明其对钢管桩与承台间的间隙有很好的适应性,止水效果良好,工艺试验中,胶囊制作工艺和实施通过改进胶囊止水工艺及实施方案,现场最终采用。研发了可适应于水深超15m海洋环境的桩与墩台连接工艺,开发了分离式柔性止水装置,实现了钢管桩与预制承台间快速止水,提高了施工工效,缩短了施工周期。

（6）按照混凝土强度及其弹性模量发展规律,进行了承台后浇混凝土强度形成过程的结构分析,提取水流和波浪对墩台结构的动力时程曲线,并作为荷载条件输入至模型,对墩台结构进行振型分析。结果表明:剪力键、砂浆、承台底板总体安全能够保证,但应采取措施保证剪力键底板与钢管连接处的焊缝质量和剪力键布置区域混凝土底板的浇筑质量。

本章参考文献

[1] 西南交通大学. 大直径钢管复合桩整体受力变形机理研究[R]. 2012.

[2] 西南交通大学. 大直径钢管复合桩试验研究[R]. 2012.

[3] 汪宏,李志明,王林,等. 大直径钢管复合桩承载力的非线性分析[J]. 岩土力学, 2005:213-217.

[4] 许启斌. 大直径钢管复合桩承载力的非线性研究[J]. 安徽建筑, 2005(4):49-51.

[5] 付洁馨,曾庆怡. 钢管复合桩承载力与桩土关系的研究[J]. 华南港工, 2000(1):3-14.

[6] 陈英琴. 海上开口钢管复合桩荷载传递机理试验研究[D]. 武汉:武汉理工大学, 2010.

[7] 张明远,黎生南,彭文韬,等. 基于FLAC~(3D)的超长大直径钢管复合桩竖向承载特性模拟[J]. 岩土力学, 2011(9):2856-2860.

[8] 胡利文,贾德庆,傅洁馨,等. 开口钢管复合桩承载力影响因素分析[J]. 岩土工程界, 2005(10):51-54.

[9] 阮长青. 钢管复合桩设计中的若干问题探讨[J]. 地下空间, 2003(1):87-89.

[10] 金东振,施鸣昇,秦玉琪,等. 提高大直径钢管复合桩承载力的探讨[J]. 水运工程, 1980(9):1-6.

[11] 崔树琴,张远芳,李传镱,等. 突变理论在单桩竖向承载力确定中的应用[J]. 水利与建筑工程学报, 2006(2):19-22.

[12] 劳伟康,周立运,王钊. 大直径柔性钢管嵌岩桩水平承载力试验与理论分析[J]. 岩石力学与工程学报, 2004(10):1770-1777.

[13] 覃勇刚,刘钊,李学民,等. 杭州湾大桥南岸超长栈桥钢管复合桩水平极限承载力分析[J]. 公路交通科技, 2006(8):93-96.

[14] 陈平,袁孟全. 提高高桩码头钢管复合桩桩基承载力的方法[J]. 中国港湾建设, 2007(3):1-4.

[15] 郑刚,王丽. 成层土中倾斜荷载作用下桩承载力有限元分析[J]. 岩土力学, 2009(3):680-687.

[16] 郑机. 桥梁水中墩承台预制施工方法探讨[J]. 铁道工程学报, 2011(9):53-57.

[17] 刘旋云,马圭尧. 新三洪奇大桥水中墩承台施工[J]. 公路, 2003(9):68-69.

[18] 黄立维,邢占清,张金接. 海上测风塔基础与承台灌浆连接技术[J]. 水利水电技术, 2009,40(9):85-87.

[19] 官权. 珠江大桥预制承台施工[J]. 科学技术与工程, 2009(18):5585-5588.

[20] 汪宏,曹骞,刘安来,等. 大直径钢管复合桩承载力的研究[C]. 第九届全国岩石力学与工程学术大会, 沈阳, 2006.

[21] 刘雅清. 东海大桥承台混凝土套箱施工方案的选定与实施[J]. 中国港湾建设, 2004(4):13-17.

[22] 米长江,宋来东,白丽锋,等. 青岛海湾大桥非通航孔桥承台混凝土吊箱围堰施工技术[J]. 桥梁建设,2009 增刊(01):55-58.

[23] 朱治宝,刘英. 跨海大桥大型预制墩柱的施工技术[J]. 桥梁建设,2004(05):50-52.

[24] Building code requirements for structural concrete and commentary. ACI(2005).

[25] Recommendations for design and construction of concrete filled steel tubular structures. AIJ(1997).

[26] Specification for structural steel building. AISC(2005).

[27] Aval S B B, Saadeghvaziri M A, Golafshani A A. Comprehensive composite inelastic fiber element for cyclic analysis of concrete-filled steel tube columns[J]. Journal of Engineering Mechanics ASCE,2002,128(4):428-437.

[28] Bode H. Coumns of steel tubular sections filled with concrete-design and application[J]. Acier Stahl Steel,1973,11-12:388-393.

[29] Bridge R Q. Concrete filled steel tubular columns[R]. Report No. R283, School of Civil Engineering, University of Sydney, Sydney, Australia,1976.

[30] Bridge R Q, Patrick M, Webb J. High strengh materials in composite construction[C]. Conference Report of International Conference on Composite Construction- Conventional and Innovative, Innsbruck, Austria,1997:29-40.

[31] British Standards Institutions BS 5400,2005. Steel, concrete and composite bridges, Part 5: Code of practice for design of composite bridges[S]. London, UK.

[32] British Steel,1992. SHS design manual for concrete filled columns, Parts 1, structural design[S]. British steel (now Corus), TD296.

[33] British Steel Tubes and Pipes,1990. Design for SHS fire resistance to BS5950:Part 8[S]. London, UK.

[34] Furlong R W. Strength of steel-encased concrete beam-columns[J]. Journal of Structural Division ASCE,1967,93(ST5):113-124.

[35] Furlong R W. Columns rules of ACI, SSLC, and LRFD compared[J]. Journal of Structural Division ASCE,1983,109(10):2375-2386.

[36] Gardner J, Jacobson E R. Structural behaviour of concrete-filled steel tubes[J]. ACI Structural Journal,1967,64(7):404-413.

[37] Grauer M. Composite columns of hollow steel sections filled with high strength concrete[R]. Division of Concrete Structures, Chalmers University of Technology, Goteborg, Sweden,140,1993.

[38] Han L H. Fire resistance of concrete filled steel tubular columns[J]. Advances in Structural Engineering,1998,2(1):35-39.

[39] Han L H. Tests on stub columns of concrete-filled RHS sections[J]. Journal of Constructional Steel Research,2002,58(3):353-372.

[40] Ichinohe Y, Matsutani T, Nakajima M, et al. Elasto-plastic behavior of concrete filled steel circular columns[C]. Proceedings of the 3rd International Conference on Steel-Concrete Composite Structure(Ⅰ), ASCCS, Fukuoka, Japan,1991:131-136.

第 2 章　大直径钢管复合桩整体受力机理

2.1　概　　述

钢管复合桩具有单桩承载力较高、良好的抗弯能力、沉桩工艺相对简单及排土量较小等诸多优点,其中最突出的优点是由于钢管和混凝土横向变形性能的差异,钢管对核心混凝土产生紧箍力,使得混凝土三向受压,从而限制和延缓了混凝土微裂缝的扩展,抗压强度大为提高,塑性和延性得到改善。很多试验表明:钢管混凝土柱式构件在产生较大的变形时,仍能承受很大的荷载,尤其是动力荷载。当承受轴心受压和偏心受压荷载时,钢管混凝土结构的优越性更为明显。

目前,对于钢管复合桩的研究绝大部分都集中在单根钢管桩竖向或水平向承载力的研究方面,对于钢管复合桩结构与承台整体的协同工作性能以及受力特性等研究不明确,尤其是本项目中采用的预制承台与钢管复合桩连接对桩基整体受力、变形影响的研究基本属于空白状态。当前复合桩基设计理论中大多关注桩-土的共同作用性状,较少涉及承台内力的设计计算方法。现有规范对复合桩基承台梁(板)的内力计算方法也只作了原则性的规定,一般采用连续梁法或弹性地基梁法。但是,桩基-土-承台,钢管复合桩钢-管复合桩,钢管复合桩-土之间的相互影响是很密切也很复杂的,它们构成一个相互作用的整体。其中,承台作为柱下独立承台群桩基础的重要组成部分,起着分配上部荷载至桩并将桩联合成整体共同承担上部荷载的联系作用,而且承台本身也能够提供一定的承载能力,所以受力分析中应考虑钢管群桩、承台、土之间的共同作用,并要着重考虑承台与钢管复合桩直接的连接问题。因此,研究出承台与钢管复合群桩整体的受力机理是十分必要的,这是工程界迫切需要解决的问题。

2.2　埋床式基础承载力及变形特性的数值分析

2.2.1　数值分析模型简介

钢管复合桩基础承载力及变形特性的数值分析,采用 ABAQUS 有限元软件进行模拟,钢管与剪力环采用四节点缩减积分壳单元(S4R),钢筋与箍筋采用两节点三维杆单元(T3D2),混凝土采用六面体线性缩减单元(C3D8R),有限元模型如图2-1所示。

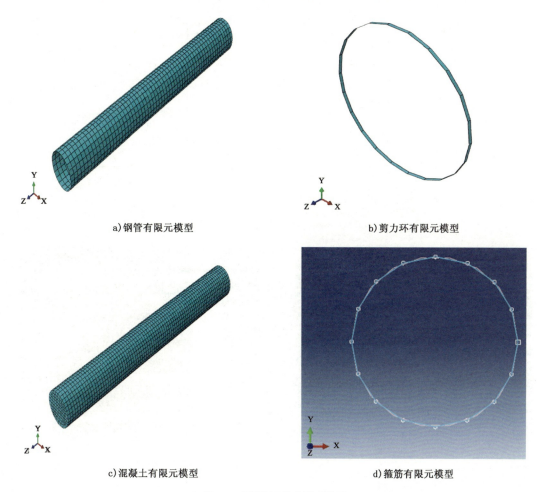

a) 钢管有限元模型　　　　　　　b) 剪力环有限元模型

c) 混凝土有限元模型　　　　　　d) 箍筋有限元模型

图2-1　钢管复合桩有限元模型

钢管与混凝土界面法线方向采用硬接触(Hard Contact),即定义接触面的法向压力可以完全地传递。切向方向有两种定义方法:一种为在切向方向加入钢塑性弹簧单元,另一种为使用摩尔-库仑罚函数摩擦。本次分析根据钢管混凝土的界面传力性能,采用摩尔—库仑罚函数模型进行分析。界面可以传递剪应力,直到剪应力达到临界值,界面产生相对滑动。界面摩擦系数 μ 在泥皮存在时取为0.05,无泥皮时取为0.6,如图2-2所示。

边界条件为一端固定边界,一端自由边界。在轴压、偏压试验中,混凝土与钢管的模型底部固定,顶部由于钢垫板的作用,实际上处于同一平面,故使用刚体约束绑定。推出试验中,仅仅对钢管的底部进行固定,而使混凝土可以产生相对位移,如图2-3所示。

计算时,由于构件是复合受力,采用分步加载方式进行加载,采用力加载方式施加轴力、剪力、弯矩。荷载均在非固定边界上单元节点施加,并采用增量迭代法进行求解。荷载大小根据荷载组合进行调整。荷载加至 1.7 倍工作荷载,由 ABAQUS 软件根据计算收敛性在迭代中自动确定加载步长。

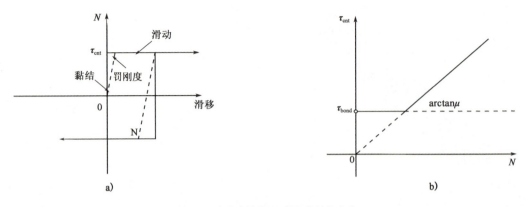

图 2-2 库仑摩擦模型、截面临界剪应力

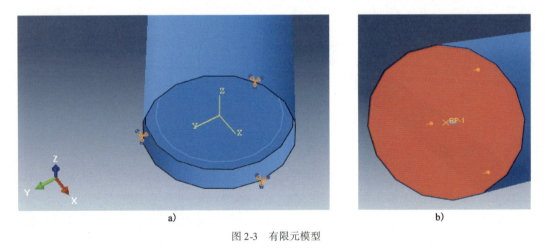

图 2-3 有限元模型

2.2.2 压弯剪试验数值分析研究

1)计算工况及荷载类型

本次研究共对 6 组钢管复合桩进行数值分析,即 G-PY 钢管复合桩(无泥皮)、G-N-PY 钢管复合桩(有泥皮)、G-J-PY 钢管复合桩(8 道剪力环、无泥皮)、G-J-N-PY1 钢管复合桩(6 道剪力环、泥皮)、G-J-N-PY2 钢管复合桩(4 道剪力环、泥皮)、G-J-N-PY3 钢管复合桩(3 道剪力环、泥皮)。其中 G-N-PY 和 G-J-N-PY1 采用最小竖向轴力、剪力与弯矩的组合荷载,剩余四根钢管复合桩采用最大剪力、弯矩、竖向轴力的组合荷载。

2)数值仿真结果分析

(1)G-PY 钢管复合桩(无泥皮)

图 2-4 为 1 倍工作荷载时钢管复合桩核心混凝土应力应变云图。其中,核心混凝土最大

拉应力为 2.25MPa，出现于桩顶附近轴线 3 位置处；最大压应力为 -12.04MPa，出现于桩顶附近轴线 1 位置处；核心混凝土最大拉应变出现在桩顶附近轴线 3 位置处，受拉区出现横向微裂缝；最大压应变为 -355.3με，出现在桩顶附近轴线 1 位置处。

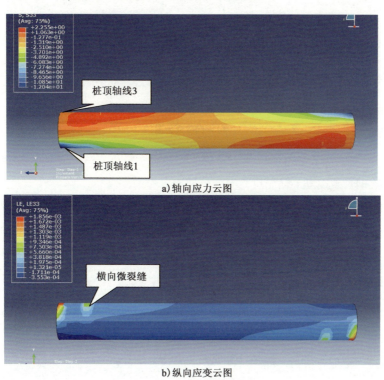

图 2-4 工作荷载钢管复合桩核心混凝土应力应变云图

图 2-5 为 1.7 倍工作荷载时钢管复合桩核心混凝土应力应变云图。其中，核心混凝土最大拉应力为 2.19MPa，出现于桩顶附近轴线 3 位置处；最大压应力为 -19.19MPa，出现于桩顶附近轴线 1 位置处；核心混凝土最大拉应变出现在桩顶附近轴线 3 位置处，受拉区出现横向微裂缝；最大压应变为 -566με，出现在桩顶附近轴线 1 位置处。

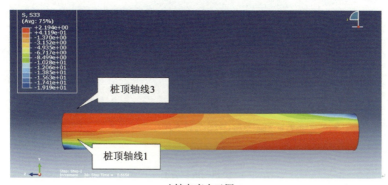

图 2-5

b) 纵向应变云图

图 2-5 1.7 倍工作荷载钢管复合桩核心混凝土应力应变云图

(2) G-N-PY 钢管复合桩(有泥皮)

图 2-6 为 1 倍工作荷载时 G-N-PY 试桩核心混凝土应力应变云图。其中,混凝土最大拉应力为 2.48MPa,出现在桩顶附近轴线 3 位置处;最大压应力为 −10.04MPa,出现在桩顶附近轴线 1 位置处;核心混凝土最大拉应变出现于桩顶附近轴线 3 位置处,最大压应变为 $-296.3\mu\varepsilon$,出现在桩顶附近轴线 1 位置处。

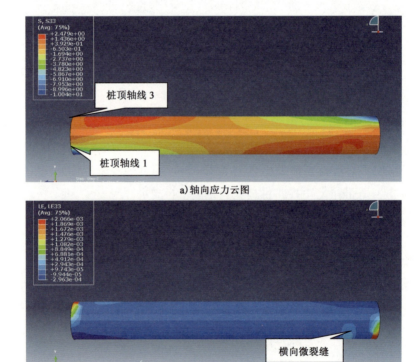

图 2-6 G-N-PY 工作荷载钢管复合桩核心混凝土应力应变云图

图 2-7 为 1.7 倍工作荷载时 G-N-PY 试桩核心混凝土应力应变云图。其中,混凝土最大拉应力为 2.31MPa,出现于桩顶附近轴线 3 位置处;最大压应力为 -18.64 MPa,出现于桩顶附近轴线 1 位置处;混凝土最大拉应变出现于桩顶附近轴线 3 位置处;最大压应变为 -550.6με,出现于桩顶附近轴线 1 位置处。

a) 轴向应力云图

b) 纵向应变云图

图 2-7　1.7 倍工作荷载钢管复合桩核心混凝土应力应变云图

(3) G-J-PY 钢管复合桩(8 道剪力环、无泥皮)

图 2-8 为 1 倍工作荷载时 G-J-PY 试桩核心混凝土应力应变云图。其中,混凝土最大拉应力为 2.45MPa,出现于桩顶附近轴线 3 位置处;最大压应力为 -11.62MPa,出现于桩顶附近轴线 1 位置处;剪力环位置处混凝土最先达到其极限强度,其他位置混凝土处于良好的受压状态,压应变为 -343με。

图 2-9 为 1.7 倍工作荷载时 G-J-PY 试桩核心混凝土应力应变云图。其中,混凝土最大拉应力为 2.08MPa,出现于桩顶附近轴线 3 位置处;最大压应力为 -18.48MPa,出现于桩顶附近轴线 1 位置处;剪力环处混凝土处于受拉状态,此处混凝土拉应变最大达 1.668×10^4με,其他位置混凝土处于良好的受压状态,压应变为 -576.9με。

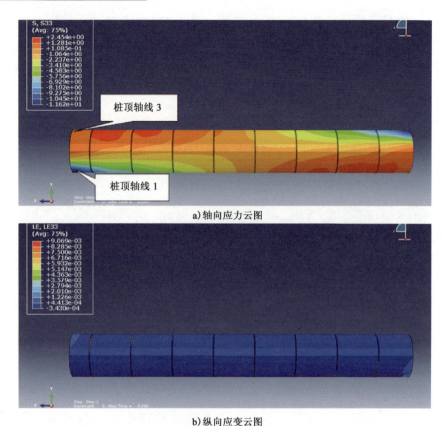

a) 轴向应力云图

b) 纵向应变云图

图 2-8　G-J-PY 工作荷载钢管复合桩核心混凝土应力应变云图

(4) G-J-N-PY1 钢管复合桩(6 道剪力环、泥皮)

图 2-10 为 1 倍工作荷载时 G-J-N-PY1 试桩核心混凝土应力应变云图。其中,混凝土最大拉应力为 2.39MPa,出现于桩顶附近轴线 3 位置处;最大压应力为 -8.30MPa,出现于桩顶附近轴线 1 位置处;剪力环位置处混凝土拉应变最大达 9.296×10^3 με,其他位置混凝土处于良好的受压状态,压应变为 -245.2με。

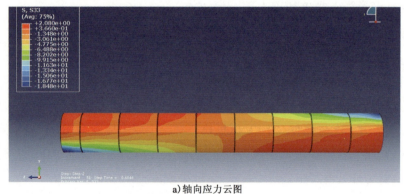

a) 轴向应力云图

图　2-9

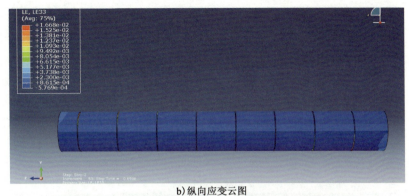

b) 纵向应变云图

图 2-9　1.7 倍工作荷载钢管复合桩核心混凝土应力应变云图

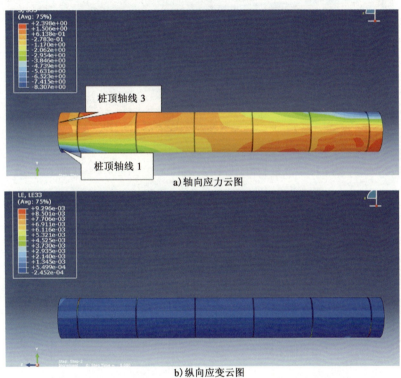

b) 纵向应变云图

图 2-10　G-J-N-PY1 工作荷载钢管复合桩核心混凝土应力应变云图

图 2-11 为 1.7 倍工作荷载时 G-J-N-PY1 试桩核心混凝土应力应变云图。其中，混凝土最大拉应力为 2.13MPa，出现于桩顶附近轴线 3 位置处；最大压应力为 -19.25MPa，出现于桩顶附近轴线 1 位置处；剪力环处混凝土应变值最大，部分截面混凝土处于受拉状态，其他位置混凝土处于良好的受压状态，压应变为 -569.5με。

(5) G-J-N-PY2 钢管复合桩(4 道剪力环、泥皮)

图 2-12 为 1 倍工作荷载时，G-J-N-PY2 核心混凝土轴向应力应变云图。其中，最大压应力为 -12.0MPa(桩顶轴线 1 位置处)，最大拉应力为 2.33MPa(在剪力环附近的轴线 3 位置处)；核心混凝土最大压应变为 -354με，最大拉应变已达混凝土开裂应变。

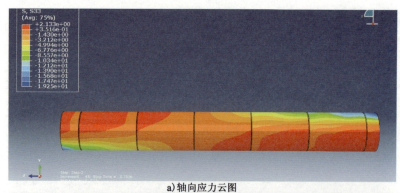

a) 轴向应力云图

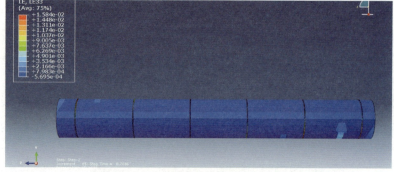

b) 纵向应变云图

图 2-11　1.7 倍工作荷载钢管复合桩核心混凝土应力应变云图

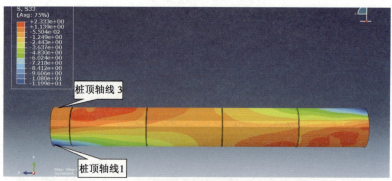

a) 轴向应力云图

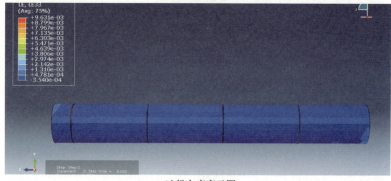

b) 纵向应变云图

图 2-12　G-J-N-PY2 工作荷载钢管复合桩核心混凝土应力应变云图

图 2-13 为 1.7 倍工作荷载时 G-J-N-PY2 核心混凝土轴向应力应变云图。其中,混凝土最大压应力为 −19.9MPa,最大拉应力为 2.27MPa;剪力环位置处核心混凝土处于受拉状态,此处拉应变最大,其他位置处混凝土处于受压状态。

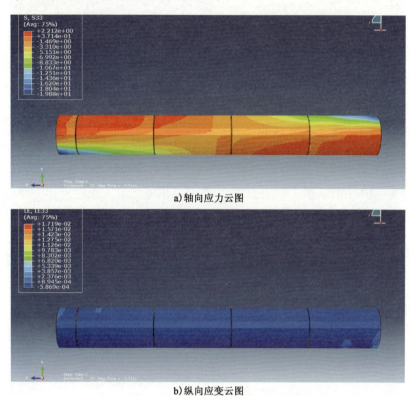

图 2-13 1.7 倍工作荷载钢管复合桩核心混凝土应力应变云图

(6)G-J-N-PY3 钢管复合桩(3 道剪力环、泥皮)

图 2-14 为 1 倍工作荷载时 G-J-N-PY3 核心混凝土轴向应力应变云图。其中,混凝土最大压应力为 −12.03MPa(桩顶轴线 1 位置处),最大拉应力为 2.13MPa(在剪力环附近的轴线 3 位置处);核心混凝土最大压应变为 −355$\mu\varepsilon$,剪力环位置处混凝土拉应变最大。

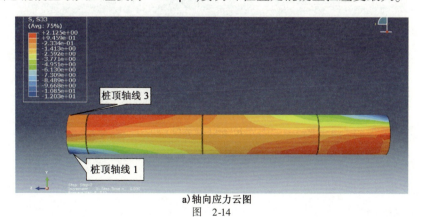

a)轴向应力云图

图 2-14

b) 纵向应变云图

图 2-14　G-J-N-PY3 工作荷载钢管复合桩核心混凝土应力应变云图

图 2-15 为 1.7 倍工作荷载时 G-J-N-PY3 核心混凝土轴向应力应变云图。其中，核心混凝土最大压应力为 -19.7MPa，最大拉应力达 2.27MPa；混凝土最大压应变达 -581.8με，剪力环位置处的核心混凝土拉应变最大。

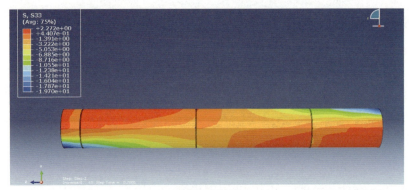

a) 轴向应力云图

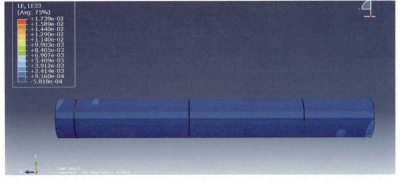

b) 纵向应变云图

图 2-15　1.7 倍工作荷载钢管复合桩核心混凝土应力应变云图

3) 荷载-变形关系曲线

6 组不同类型钢管复合桩在压弯剪受力状态下的荷载-变形关系曲线，如图 2-16 所示。

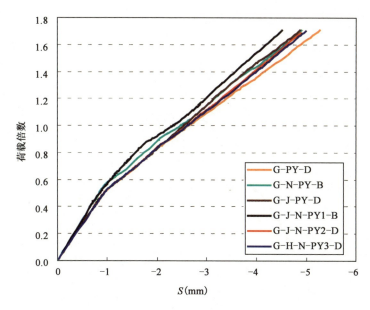

图 2-16 6 组不同类型钢管复合桩横向位移—荷载曲线

由图 2-16 可知,随着荷载增加,桩顶横向位移增大。与典型的压弯剪构件 V-S 关系曲线对比可知,所有钢管复合桩受力及变形均处在弹塑性范围之内。

G-PY、G-J-PY、G-J-N-PY2、G-J-N-PY3 钢管复合桩加载之初,荷载与位移呈线性关系。加至 0.5 倍工作荷载时,横向位移随荷载增加的速率增大。

G-N-PY 钢管复合桩在荷载加载至 0.6 倍工作荷载之前,荷载与位移成线性规律变化,0.6 倍工作荷载之后,位移随荷载增加的速率增大。

G-J-N-PY1 钢管复合桩在荷载加至 0.9 倍工作荷载之前,荷载与位移成直线规律变化,0.9 倍工作荷载之后,位移随荷载增加的速率增大。

G-PY 钢管复合桩的最大横向位移为 5.26mm,G-J-N-PY1 钢管复合桩横向位移最小为 4.51mm。

相同外荷载作用的条件下,带剪力环钢管复合桩弯曲刚度大于无剪力环钢管复合桩弯曲刚度。

6 组不同类型钢管复合桩在压弯剪受力状态下的荷载-变形关系曲线如图 2-17 所示。

由图 2-17 可知,钢管复合桩桩顶钢管应变随着荷载的增加而增大,加载之初,应变与荷载呈直线规律变化,0.6 倍工作荷载后,随着荷载的增加逐渐进入弹塑性状态。

2.2.3 推出试验数值分析研究

1)计算工况及荷载类型

本次研究进行 2 个圆钢管复合桩的推出试验数值分析,见表 2-1,即 G-N-TC(钢管+核心混凝土+防腐层+泥皮)和 G-J-N-TC(钢管+核心混凝土+剪力环+防腐层+泥皮)。

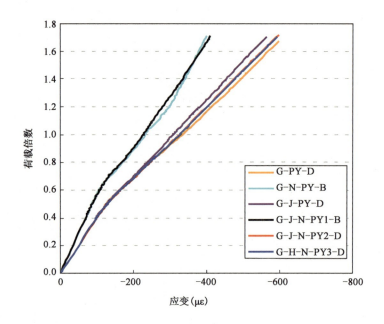

图 2-17 有限元计算钢管复合桩应变-荷载曲线

计算工况及荷载类型 表 2-1

试桩编号	桩径比 L/D	径厚比 D/t	试验类型	荷 载 类 型
G-N-TC	8.33	100	压弯剪推出	最大弯矩+剪力+竖向轴力
G-J-N-TC	8.33	100	压弯剪推出	最大弯矩+剪力+竖向轴力

2)计算结果

(1)G-N-TC 推出试验数值分析

图 2-18 为施加 828kN 荷载时钢管复合桩位移应力图。

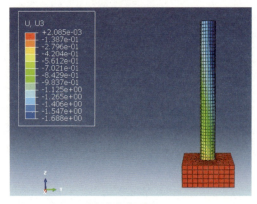
a)竖向位移云图

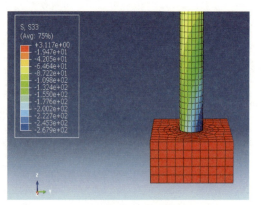
b)屈曲破坏处应力图

图 2-18 G-N-TC 钢管复合桩钢管位移应力图(N=828kN)

由图 2-18 可知,当加载到 $N=828$kN 时,钢管复合桩最大竖向位移出现在桩顶处,最大竖向位移为 1.69mm;最大压应力出现在钢管与承台连接处,最大压应力达 -267.9MPa,接近钢管的屈服强度。此时钢管与混凝土相对位移增大,钢管与核心混凝土之间的黏结强度达到最大值。

图 2-19 为施加 $N=1\,197$kN 荷载时钢管复合桩位移应力图。

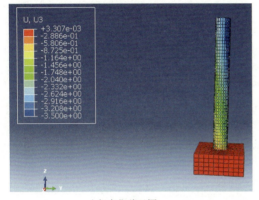
a)竖向位移云图

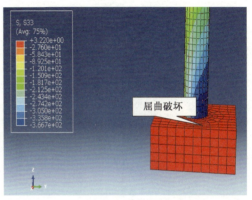
b)屈曲破坏处应力图

图 2-19 G-N-TC 钢管复合桩钢管位移应力图($N=1\,197$kN)

由图 2-19 可知,当加载到 $N=1\,197$kN 时,钢管复合桩最大竖向位移出现在桩顶处,最大竖向位移为 3.5mm;最大压应力出现在钢管与承台连接处,最大压应力达 -366.7MPa,达到了钢管的屈服强度而发生屈服破坏。钢管复合桩横向位移发展迅速,最终表现为失稳破坏。

(2)G-J-N-TC 推出试验数值分析

图 2-20 为施加 1 200kN 荷载时钢管复合桩位移应力图。

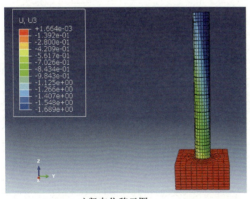
a)竖向位移云图

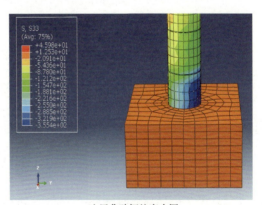
b)屈曲破坏处应力图

图 2-20 G-N-TC 钢管复合桩钢管位移应力图($N=1\,200$kN)

由图2-20可知,当加载到 $N=1\,200\text{kN}$ 时,钢管复合桩最大竖向位移出现在桩顶处,最大竖向位移为1.69mm;钢管最大压应力为 -355.4MPa,出现在钢管与承台连接处,此时压应力已经达到钢管的屈服强度,最终钢管出现屈曲破坏。

3)荷载—滑移关系曲线

图2-21为两种不同类型钢管复合桩荷载—滑移关系曲线。

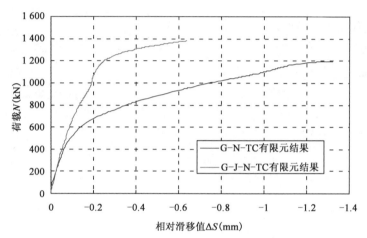

图2-21　G-N-TC 与 G-J-N-TC 钢管复合桩荷载—滑移曲线对比

由图2-21可知,当荷载加至400kN以前,G-J-N-TC 与 G-N-TC 钢管复合桩荷载—滑移曲线变化规律相同,且最大应力都发生在钢管与承台连接处。G-J-N-TC 钢管复合桩黏结破坏荷载为1 200kN,而 G-N-TC 钢管复合桩为828kN,故由于剪力环的存在使得钢管复合桩黏结强度提高45%。同时可以看出,通过剪力环的传递分配作用使得钢管应力增大,混凝土应力减小,充分发挥了钢管的抗压及抗拉性能。

2.2.4　剪力环不同截面形式对钢管复合桩影响分析

1)截面形状

利用有限元软件分别对矩形、梯形、三角形三种不同截面形状(图2-22)进行模拟分析,最终得出不同截面形状剪力环对钢管复合桩受力的影响。

图2-22a)所示剪力环截面形式为矩形,此剪力环截面形式尺寸为:宽度 $b=6\text{mm}$,厚度 $t=3\text{mm}$。外缘长边处与钢管连接,其余各边与核心混凝土黏结。图2-22b)所示剪力环截面形式为梯形,此剪力环截面形式尺寸为:宽度 $b=6\text{mm}$,厚度 $t=3\text{mm}$,短宽度 $b'=2\text{mm}$。外缘长边处与钢管连接,其余各边与核心混凝土黏结。图2-22c)所示剪力环截面形式为三角形,此剪力环截面形式尺寸为:宽度 $b=6\text{mm}$,厚度 $t=3\text{mm}$。底边与钢管连接,其余各边与核心混凝土黏结。

2)计算结果

针对三种剪力环截面形式计算结果,分别对钢管复合桩横向位移以及钢管纵向应变进行对比分析,探讨截面形式对钢管复合桩的影响。

不同剪力环截面形式钢管复合桩横向位移计算结果,如表2-2所示。

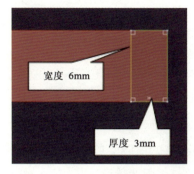
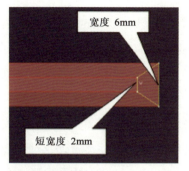
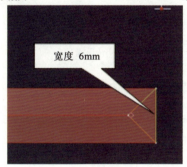

图2-22 三种不同剪力环截面形式

三种截面形式桩身横向位移计算结果　　　　　　　　表2-2

剪力环截面形式	矩形	梯形	三角形
桩顶最大横向位移(mm)	5.11	5.08	5.07

由表2-2可知,相同荷载类型的情况下,当剪力环截面形式为矩形时,桩顶横向位移最大为5.11mm;截面形式为三角形时,桩顶横向位移最小为5.07mm。故截面形式为梯形、三角形时,桩顶横向位移较矩形降低0.6%~0.8%。

由此可见,当剪力环截面形式为矩形时,钢管复合桩的抗弯性能较梯形、三角形低,其抗弯刚度降低0.6%~0.8%。

不同剪力环截面形式钢管复合桩钢管纵向应变计算结果,如表2-3所示。

三种截面形式钢管纵向应变计算结果　　　　　　　　表2-3

剪力环截面形式	矩形	梯形	三角形
钢管最大纵向压应变($\mu\varepsilon$)	-710.2	-710.2	-693.5
钢管最大纵向拉应变($\mu\varepsilon$)	433.8	440.4	421.4

由表2-3可知,相同荷载类型的情况下,当剪力环截面形式为矩形和梯形时,钢管复合桩钢管的纵向压应变最大为 $-710.2\mu\varepsilon$;截面形式为三角形时,钢管的纵向应变最小为 $-693.5\mu\varepsilon$。

当剪力环截面形式为梯形时,钢管纵向拉应变最大为 $440.4\mu\varepsilon$;截面形式为三角形时,钢管的纵向拉应变最小为 $421.4\mu\varepsilon$。

由此可知,当剪力环截面形式为矩形、梯形时,剪力环能够更好地将桩身荷载传递分配至钢管,致使钢管的纵向应变值较截面形式为三角形时钢管的纵向应变大。故可得,剪力环截面形式为矩形或梯形时,钢管复合桩的受力形式更为合理。

综上所述,剪力环截面形式的改变对钢管复合桩的横向变形影响较小,但当剪力环截面形式为矩形或梯形时,钢管复合桩的受力形式更为合理,因此建议采用矩形或梯形的剪力环作为钢管复合桩的常规剪力环。

2.2.5 桩与承台连接节点数值分析研究

埋床式基础施工时,先施工钢管复合桩,再安装预制承台,通过混凝土连接成整体。桩基的钢筋伸入承台与承台钢筋绑扎在一起,再现浇承台与钢管复合桩间预留孔内的混凝土。国内外对钢管复合桩桩身及预制混凝土承台设计应用较少,作为一种新型组合结构构件,承上启下的桩与承台的连接节点的研究还比较少见。

以 P66 墩为例,采用大型有限元程序,将钢管复合桩与预制承台连接构造作为整体模型,模拟设置钢管复合桩与预制承台连接构造整体模型的约束边界条件,对各个主要受力构件进行数值仿真模拟分析,重点了解节点应力分布等受力特点。

1)荷载确定

作用于桥墩上的荷载,包括墩顶恒载、温度力、制动力、摩阻力、风荷载及波流力等的作用。

(1)墩顶荷载

永久作用为 34 300kN,如图2-23所示,单个支点作用力为 17 150kN。

(2)温度力、制动力及摩阻力

上部钢箱梁,热膨胀系数 $1.2\times10^{-5}℃^{-1}$,整体升温21℃,降温 $-30℃$。

水平制动力计算时,滑动支座的摩阻系数,计算滑动支座处主墩和过渡墩水平剪力时取用0.06,计算固定支座处主墩水平剪力时取用0.03。顺桥向由上部传递给桥墩的荷载以支座摩阻力为上限,温度力、制动力、摩阻力及顺桥向风荷载产生的下部的剪力和弯矩的综合值如图2-24所示。

竖向作用力:由温度梯度引起的,最大轴力为343kN,最小轴力为 $-1\,284$kN;墩顶顺桥向最大剪力值采用恒载反力乘以摩阻系数,为 $34\,300\times0.06=2\,058$kN。

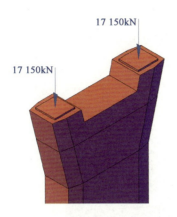 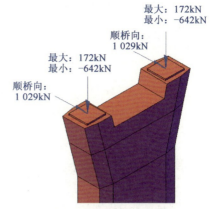

图 2-23　墩顶恒载作用示意图　　　图 2-24　温度、制动力及摩阻力作用示意图

（3）风荷载

①墩顶部分横桥向风荷载。

对于 120 年极限风荷载：根据《公路桥涵设计通用规范》（JTG D60—2015）计算，基本风速 $v_{10}=47.2\mathrm{m/s}$，重现期换算系数 $k_0=1$，地表粗糙度系数为 0.098，地形、地理条件系数 $k_3=1$，阵风风速系数 $k_5=1.38$。

桥面距水面高度 $Z=30.594\mathrm{m}$

风载阻力系数 $k_1=1.3466$（根据风洞试验确定取值）

风速高度变化修正系数 $k_2=(30.594/10)^{0.098}=1.12$

空气重力密度 $\gamma=0.01198\mathrm{kN/m^3}$

设计基准风速 $v_\mathrm{d}=k_2 k_5 v_{10}=72.38\mathrm{m/s}$

设计基准风压 $W_\mathrm{d}=\gamma v_\mathrm{d}^2/(2g)=3.225\mathrm{kPa}$

横向迎风面积 $A_\mathrm{wh}=4.5\times110=495\mathrm{m^2}$

横桥向风荷载标准值 $F_\mathrm{wh}=k_0 k_1 k_3 W_\mathrm{d} A_\mathrm{wh}=2150\mathrm{kN}$

横桥向弯矩 $M_z=F_\mathrm{wh}\times(4.5/2+0.6)=6127\mathrm{kN\cdot m}$

计算模型中墩顶两个支点承受横桥向集中力 $V_y=1075\mathrm{kN}$，竖向作用力取值分别为 589kN 和 −589kN，如图 2-25a）所示。

对于运营风荷载：根据设计提供，桥上有车时，当风荷载参与汽车荷载组合时，桥面最高处的风速 $v_z=25\mathrm{m/s}$。计算得，横桥向风荷载标准值 $F_\mathrm{wh}=603\mathrm{kN}$，横桥向弯矩 $M_z=F_\mathrm{wh}\times(4.5/2+0.6)=1719\mathrm{kN\cdot m}$。计算模型中墩顶两个支点承受横桥向集中力 $V_y=302\mathrm{kN}$，竖向作用力取值分别为 165kN 和 −165kN，如图 2-25b）所示。

②墩身部分横桥向风荷载。

对于 120 年极限风荷载：采用 0.65 倍水面以上墩高处（12.238m）作为基准高度，$k_2=$

$(12.238/10)^{0.098}=1.02$,阻力系数为 1.25;墩身的风荷载合力为 222.42kN,墩身风荷载对墩底产生的弯矩为 3 368kN·m。计算模型中墩身承受风压取值为 3.375 3kPa,如图 2-26a)所示。

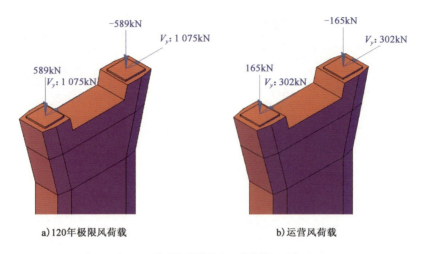

a)120年极限风荷载   b)运营风荷载

图 2-25 墩顶部分横桥向风荷载作用示意图

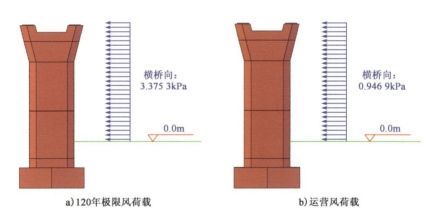

a)120年极限风荷载   b)运营风荷载

图 2-26 墩身部分横桥向风荷载作用示意图

对于运营风荷载:墩身处的风速取桥面最高处的风速 $v_z=25\text{m/s}$。墩身的风荷载合力为 62kN,墩身风荷载对墩底产生的弯矩 945kN·m。计算模型中墩身承受风压取值为 0.946 9kPa,如图 2-26b)所示。

③墩身部分顺桥向风荷载。

对于 120 年极限风荷载:采用 0.65 倍水面以上墩高处(12.238m)作为基准高度,$k_2=(12.238/10)^{0.098}=1.02$,阻力系数为 2.15,由桥墩风荷载产生的墩底(-5.730m)的纵向剪力为 2 745kN,纵向弯矩为 67 210kN·m。计算模型中墩身承受风压取值为 6.600 6kPa,如图 2-27a)所示。

对于运营风荷载:墩身处的风速取桥面最高处的风速 $v_z=25\text{m/s}$。由桥墩风荷载产生的墩底(-5.730m)的纵向剪力为307kN,纵向弯矩为4 643kN·m。计算模型中墩身承受风压取值为1.628 7kPa,如图2-27b)所示。

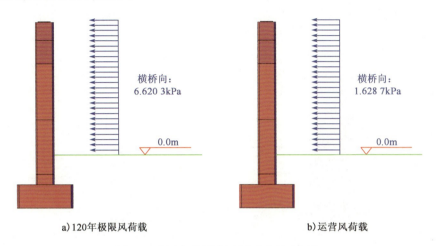

a)120年极限风荷载 b)运营风荷载

图2-27 墩身部分顺桥向风荷载作用示意图

④活载。

考虑冲击系数为1.05及活载发展系数为1.25;车道荷载及多车道折减系数根据《公路桥涵设计通用规范》(JTG D60—2015)取值;模型中最多加载车道数量为8个车道;活载引起桥墩最大轴力为9 729kN,最小轴力为-1 566kN,如图2-28a)所示;最不利偏载作用下引起桥墩承受弯矩为54 528kN·m,该状态计算模型中两个支点的作用力取值分别为7 147kN和-2 055kN(即该工况下桥墩两支点反力值),如图2-28b)所示。

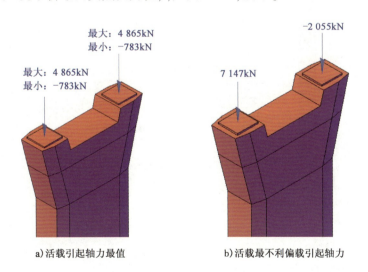

a)活载引起轴力最值 b)活载最不利偏载引起轴力

图2-28 活荷载作用示意图

⑤波浪流力。

对于横桥向百年一遇波浪力:计算模型中,墩身部分施加沿高度变化的倒梯形分布荷载,最高作用点距离墩底 15.9m,作用力大小为 34.22kPa,墩底作用力大小为 12.88kPa,合力大小为 1 294kN,作用点距离墩底 9.20m;承台部分施加沿高度变化的倒梯形分布荷载,顶部作用力大小为 78.84kPa;底部作用力大小为 6.86kPa,合力大小为 2 063kN,作用点距离承台底部 2.88m,如图 2-29 所示。

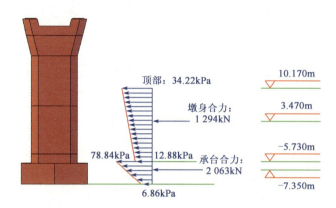

图 2-29　横桥向百年一遇波流力作用示意图

对于顺桥向百年一遇波浪力:计算模型中,墩身部分施加沿高度变化的倒梯形分布荷载,最高作用点距离墩底 18.0m,作用力大小为 25.36kPa,墩底作用力大小为 22.19kPa,合力大小为 4 279kN,作用点距离墩底 9.20m;承台部分施加沿高度变化的倒梯形分布荷载,顶部作用力大小为 48.19kPa;底部作用力大小为 4.19kPa,合力大小为 1 697kN,作用点距离承台底部 2.88m,如图 2-30 所示。

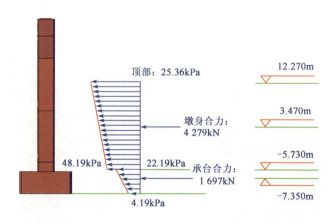

图 2-30　顺桥向百年一遇波流力作用示意图

⑥船撞力。

船撞力,横桥向为 5MN,顺桥向为 2.5MN。根据渔政船撞击桥墩分析的相关技术数据,撞击作用位置距离水面 0.8m。

模型建立:模型中长度的单位为米(m),力的单位为牛(N),应力的单位为帕(Pa)。

P66墩台采用拼装法施工,分为二个节段,下墩身及承台和上墩身,下墩身与承台浇筑在一起,下墩身连同承台的高度为18.50m,承台中预留六个孔洞,承台后浇孔直径在2.00~3.60m之间,如图2-31所示;在后浇孔竖向侧壁上设置剪力键,如图2-32所示;在预制承台底部与钢管复合桩钢管外侧壁之间设置剪力键,与预制承台中的预埋件进行焊接,焊接工作是在局部止水胶囊及速凝砂浆设置完成并抽除钢围堰内的水后进行。图2-33给出了下墩身、承台和钢管复合桩局部整体模型。

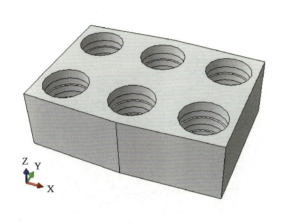

图2-31 承台及后浇孔

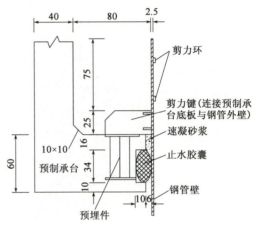

图2-32 钢管复合桩外钢管壁与预制承台局部
连接图(尺寸单位:cm)

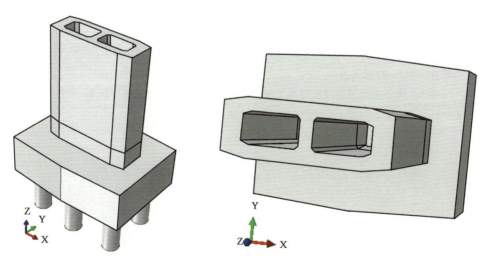

图2-33 下墩身、承台及钢管复合桩整体模型

钢管复合桩伸入到预制承台中1.60m,桩中钢筋伸入到承台且承台内布置完钢筋后,完成承台预留孔的浇筑,同时通过预制承台侧壁的剪力键及钢管与承台间设置的剪力键的加强,使承台与钢管复合桩形成一体。

止水胶囊及速凝砂浆主要起止水作用,结构受力时不予考虑,因此钢管复合桩介入至承台中的 60cm 存在空隙,建立几何模型时需要设置该空隙,如图 2-34 所示。同时为了局部模型不影响承台与钢管复合桩间的局部应力变形状态,钢管复合桩长 4.00m。

本项目计算分析时,除顶端局部与承台连接 4.00m 范围内采用实体模型外,其余钢管复合桩及水泥混凝土桩采用梁单元进行离散,钢管桩从承台底算起长为 55m,直径为 2.00m;向下 49.60m 为直径 1.75m 的钢筋混凝土钻孔灌注桩,桩身混凝土强度等级为 C30。下墩身、承台及钢管复合桩有限元模型如图 2-35 所示。

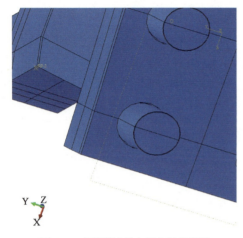

图 2-34 钢管复合桩与承台局部详图

图 2-35 下墩身、承台及钢管复合桩有限元模型

2)整体有限元模型计算结果

本次计算主要对标准组合进行分析,暂未考虑基础变位和地震作用,各计算工况及其荷载作用相应的标准组合,见表 2-4。

港珠澳大桥桥梁桥墩各工况及其荷载作用效应标准组合一览表　　表 2-4

工况	组合编号	作用效应组合(组合编号 1~4 为标准组合;5、6 为长期组合)	备　注
一	1	1.0×结构重力+1.0×水的浮力+1.0×基础变位作用+1.0×汽车荷载	基础变位作用暂未考虑
二	2	1.0×结构重力+1.0×水的浮力+1.0×基础变位作用+1.0×汽车荷载+1.0×运营风力+1.0×波流力+1.0×温度作用+1.0×支座摩阻力	风和波流力为纵桥向
三		1.0×结构重力+1.0×水的浮力+1.0×基础变位作用+1.0×汽车荷载+1.0×运营风力+1.0×波流力+1.0×温度作用+1.0×支座摩阻力	风和波流力为横桥向
四	3	1.0×结构重力+1.0×水的浮力+1.0×基础变位作用+1.0×120 年极限风力+1.0×波流力+1.0×温度作用+1.0×支座摩阻力	风和波流力为横桥向
五		1.0×结构重力+1.0×水的浮力+1.0×基础变位作用+1.0×120 年极限风力+1.0×波流力+1.0×温度作用+1.0×支座摩阻力	风和波流力为纵桥向

续上表

工况	组合编号	作用效应组合（组合编号1~4为标准组合；5、6为长期组合）	备注
六	4	1.0×结构重力+1.0×水的浮力+1.0×船舶撞击作用+0.5×（汽车荷载+运营风力+波流力+温度作用+支座摩阻力）	横桥向撞击，风和波流力为纵桥向
七		1.0×结构重力+1.0×水的浮力+1.0×船舶撞击作用+0.5×（汽车荷载+运营风力+波流力+温度作用+支座摩阻力）	纵桥向撞击，风和波流力为纵桥向
八		1.0×结构重力+1.0×水的浮力+1.0×船舶撞击作用+0.5×（汽车荷载+运营风力+波流力+温度作用+支座摩阻力）	横桥向撞击，风和波流力为横桥向
九		1.0×结构重力+1.0×水的浮力+1.0×船舶撞击作用+0.5×（汽车荷载+运营风力+波流力+温度作用+支座摩阻力）	纵桥向撞击，风和波流力为横桥向
十	5	1.0×结构重力+1.0×水的浮力+1.0×基础变位作用+0.4×汽车荷载+0.75×运营风力+1.0×波流力+0.8×温度作用+1.0×支座摩阻力	风和波流力为横桥向
十一		1.0×结构重力+1.0×水的浮力+1.0×基础变位作用+0.4×汽车荷载+0.75×运营风力+1.0×波流力+0.8×温度作用+1.0×支座摩阻力	风和波流力为纵桥向
十二	6	1.0×结构重力+1.0×水的浮力+1.0×基础变位作用+0.75×120年极限风力+1.0×波流力+0.8×温度作用+1.0×支座摩阻力	风和波流力为纵桥向
十三		1.0×结构重力+1.0×水的浮力+1.0×基础变位作用+0.75×120年极限风力+1.0×波流力+0.8×温度作用+1.0×支座摩阻力	风和波流力为横桥向

注：计算采用国际单位制，力为N，长度为m，应力单位为Pa。

图2-36~图2-48分别给出了表2-5中6种组合13种工况下最大主拉应力在墩身及承台整体模型、下墩身肋板处及承台处的分布。由此可以看出，最大主拉应力发生位置在下墩身肋板处、墩身与承台交接面处以及钢管复合桩与承台连接处。其中承台与钢管复合桩连接处应力分布在1.52~5.10MPa，分布区域很小，位于承台内部，不影响承台结构的受力安全及与钢管复合桩间的连接。

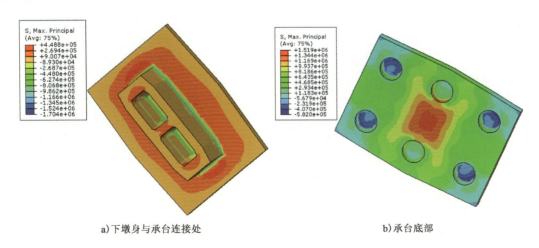

a) 下墩身与承台连接处　　　　　　b) 承台底部

图2-36　工况一最大主拉应力分布

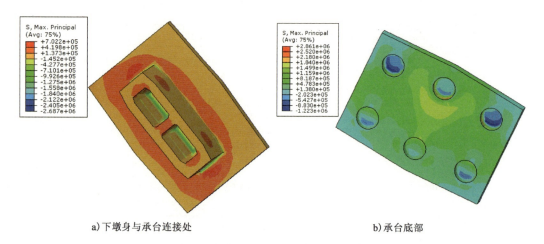

a) 下墩身与承台连接处　　　　　　b) 承台底部

图 2-37　工况二最大主拉应力分布

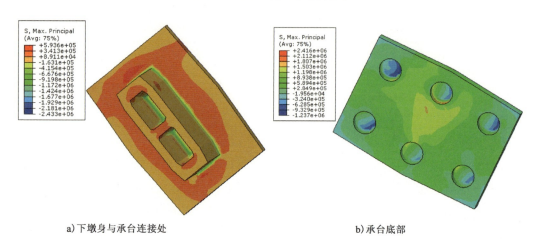

a) 下墩身与承台连接处　　　　　　b) 承台底部

图 2-38　工况三最大主拉应力分布

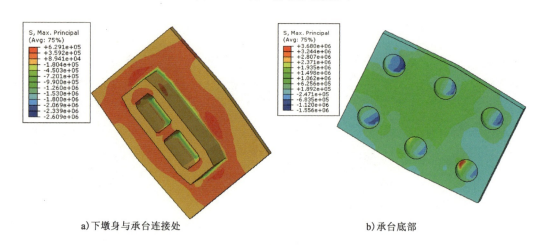

a) 下墩身与承台连接处　　　　　　b) 承台底部

图 2-39　工况四最大主拉应力分布

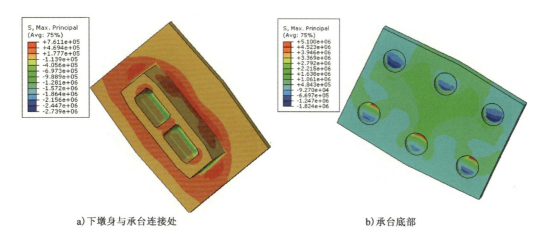

a) 下墩身与承台连接处　　　　　b) 承台底部

图 2-40　工况五最大主拉应力分布

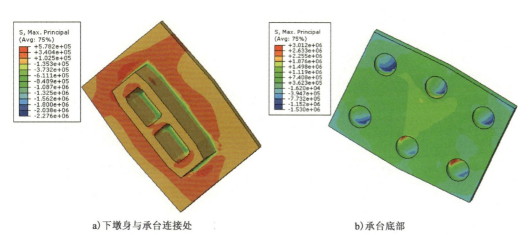

a) 下墩身与承台连接处　　　　　b) 承台底部

图 2-41　工况六最大主拉应力分布

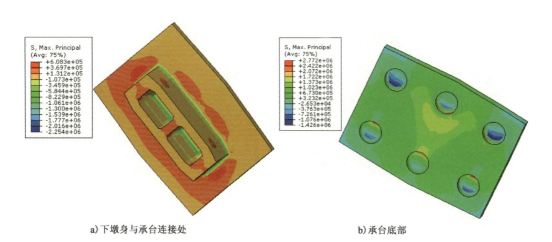

a) 下墩身与承台连接处　　　　　b) 承台底部

图 2-42　工况七最大主拉应力分布

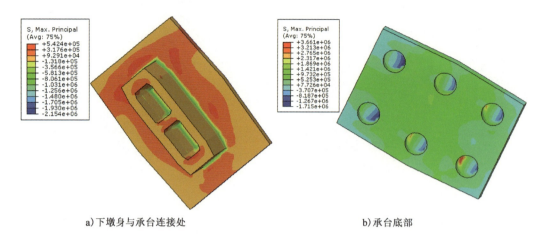

a）下墩身与承台连接处　　　　　　　　b）承台底部

图 2-43　工况八最大主拉应力分布

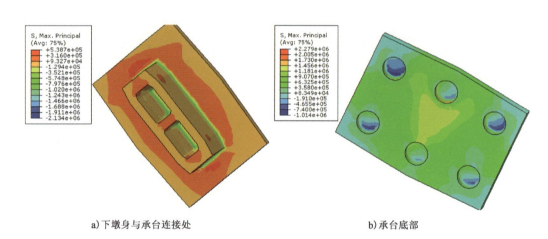

a）下墩身与承台连接处　　　　　　　　b）承台底部

图 2-44　工况九最大主拉应力分布

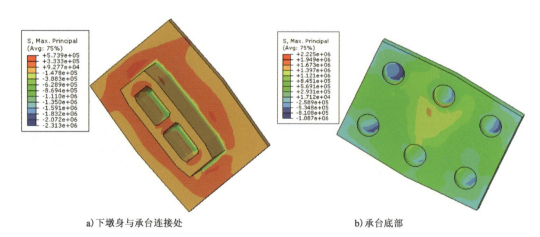

a）下墩身与承台连接处　　　　　　　　b）承台底部

图 2-45　工况十最大主拉应力分布

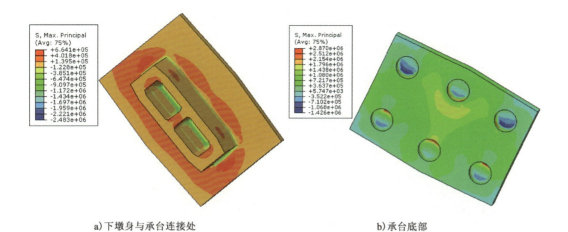

a)下墩身与承台连接处　　　　　　　　b)承台底部

图 2-46　工况十一最大主拉应力分布

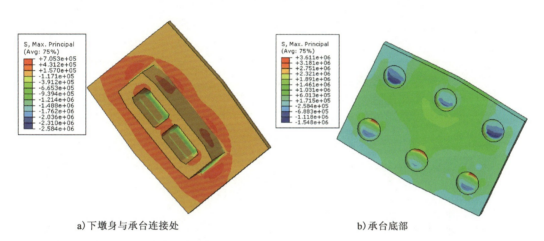

a)下墩身与承台连接处　　　　　　　　b)承台底部

图 2-47　工况十二最大主拉应力分布

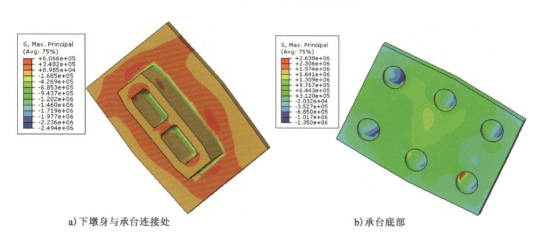

a)下墩身与承台连接处　　　　　　　　b)承台底部

图 2-48　工况十三最大主拉应力分布

不同位置处最大主拉应力(单位:MPa)　　　　表2-5

工况	一	二	三	四	五	六	七	八	九	十	十一	十二	十三
墩身底部(与承台连接处)	-0.42	0.10	-0.25	-0.03	0.76	-0.27	-0.20	-0.33	-0.27	-0.22	-0.01	0.31	-0.11
承台底部	1.52	2.86	2.42	3.68	5.10	3.01	2.77	3.66	2.28	2.22	2.87	3.61	2.63

2.3 埋床式基础模型试验研究

2.3.1 钢管复合桩承载力试验

1)试验模型设计

根据港珠澳大桥钢管复合桩($\phi 2\,200$ mm,壁厚$t=25$ mm)的设计,按照1:7.33的比例缩尺模型,共制作14个试验模型。其中,12个模型钢管内壁带防腐涂层,2个不带防腐涂层,2个增大轴力试验,共进行16次模型试验,见表2-6。

试桩尺寸及相关参数　　　　表2-6

试验序号	试桩编号	简要说明	钢管型号	直径 D(mm)	厚度 t(mm)	径厚比 D/t	测试段长度 l(mm)	桩径比 L/D	总桩长 L(mm)	试验类型	加载类型
1	W-ZY	钢筋混凝土桩		294			2 500	8.5	4 100	压-弯-剪	A
2	W-PY			294			2 500	8.5	4 100	压-弯-剪	D
3	G-PY	钢管无剪力环、无泥皮	$\phi 300 \times 3$	300	3	100	2 500	8.33	4 100	压-弯-剪	D
4	G-ZTC		$\phi 300 \times 3$	300	3	100	2 500	8.33	4 100	推出	A
5	G-J-PY	钢管有剪力环、无泥皮	$\phi 300 \times 3$	300	3	100	2 500	8.33	4 100	压-弯-剪	D
6	G-J-TC		$\phi 300 \times 3$	300	3	100	2 500	8.33	4 100	推出	C
7	G-N-PY	钢管无剪力环、有泥皮	$\phi 300 \times 3$	300	3	100	2 500	8.33	4 100	压-弯-剪	B
8	G-N-PY2(无防腐层)		$\phi 300 \times 3$	300	3	100	2 500	8.33	4 100	压-弯-剪	B
9	G-N-TC		$\phi 300 \times 3$	300	3	100	2 500	8.33	4 100	推出	C
10	G-N-TC2(无防腐涂层)		$\phi 300 \times 3$	300	3	100	2 500	8.33	4 100	推出	C
11	G-J-N-PY1	钢管有剪力环、有泥皮	$\phi 300 \times 3$	300	3	100	2 500	8.33	4 100	压-弯-剪	B
12	G-J-N-PY1(增加轴力)		$\phi 300 \times 3$	300	3	100	2 500	8.33	4 100	压-弯-剪	B
13	G-J-N-PY2		$\phi 300 \times 3$	300	3	100	2 500	8.33	4 100	压-弯-剪	D
14	G-J-N-TC		$\phi 300 \times 3$	300	3	100	2 500	8.33	4 100	推出	C
15	G-J-N-PY3		$\phi 300 \times 3$	300	3	100	2 500	8.33	4 100	压-弯-剪	D
16	G-J-N-PY3(增加轴力)		$\phi 300 \times 3$	300	3	100	2 500	8.33	4 100	压-弯-剪	D

注:加载类型见本小节"2)模型工作荷载参数"。

遵循模型试验的相似性原则，试验模型直径 $D=300\text{mm}$，总长 4.1m，其中试验段长度 $L=2.5\text{m}$，加载段长度 1.2m，锚固段长度 0.4m。钢管壁厚 $t=3\text{mm}$；钢管面积与核心混凝土面积之比（管混比）为 4.1%；剪力环与原设计类型相同，宽度 $b=6\text{mm}$、厚度 $d=3\text{mm}$ 的钢片，间距分别为 $1D(=30\text{cm})$、$1.5D(=45\text{cm})$、$2D(=60\text{cm})$、$3D(=90\text{cm})$；泥皮厚度约 0.1mm（由现场试桩试验确定）。

采用原设计的配筋率进行模型试验复合桩配筋设计，试桩纵向配筋为 $8\phi8$。

钢管和混凝土均采用原设计材料类型和强度等级。剪力环与钢管内壁之间采用焊接连接。

以上模型设计参数及具体布置情况，均以设计提供的初步设计方案为基础，且遵循模型试验的相似性原则确定。

压-弯-剪推出试验 4 组，轴压推出试验 1 组，分别考虑剪力环、泥皮的影响，测试钢管与混凝土内部界面上黏结强度和滑移的大小及变化规律。

轴压试验 1 组，考虑钢筋混凝土构件中轴压力的分布及剪力的传递长度。

压-弯-剪试验 8 组，增大轴力试验 2 组，分别考虑有无钢管、有无剪力环、有无泥皮以及剪力环间距对钢管复合桩承载性能及变形特性的影响。

第一组：无钢管模型试验[2 个构件，如图 2-49a)所示]。

轴压 1 次；压-弯-剪 1 次。

第二组：有钢管且内壁无剪力环、无泥皮[2 个构件，如图 2-49b)所示]。

压-弯-剪 1 次；轴压推出 1 次。

第三组：有钢管且内壁设有剪力环、无泥皮[2 个构件，如图 2-49c)所示]。

压-弯-剪 1 次；压-弯-剪推出 1 次。

第四组：有钢管且内壁无剪力环、有泥皮[2 个构件，如图 2-49d)所示]。

压-弯-剪 1 次；压-弯-剪推出 1 次。

第五组：有钢管且内壁设有剪力环、有泥皮[4 个构件，如图 2-49e)所示]。

压-弯-剪推出 1 次；压-弯-剪 3 次，且两组设置不同的剪力环间距。

在试验条件具备下，增加了 2 次增大轴力试验。

以上各组试验钢管内壁均带 SLF 防腐涂层。为进行对比，本课题进行钢管内壁不带防腐涂层的如下试验。

第六组：有钢管无剪力环、有泥皮、无防腐涂层[2 个构件，如图 2-49d)所示]。

压-弯-剪和压-弯-剪推出各 1 次。

2) 模型工作荷载参数

依据截面应力相等原则，钢管复合桩模型试验施加荷载（试桩工作荷载）如表 2-7 所示。

组合加载试验（单桩最不利组合加载）主要包括：

①最大竖向轴力+剪力+弯矩。

②最小竖向轴力+剪力+弯矩。

③最大弯矩+剪力+竖向轴力。

④最大剪力+弯矩+竖向轴力。

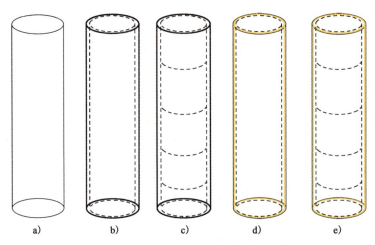

图 2-49　各试桩示意图

试验施加荷载 F/实际加载值　　　　　　　　　表 2-7

工况	试验轴力(kN)	试验弯矩(kN·m)	试验剪力(kN)	荷载类型
N_{max}	862/1 940*	30	25	A
N_{min}	13/132*	30	25	B
M_{max}	812	39	31	C
V_{max}	78/402*	39	31	D

注:*表示加至1.7倍工作荷载后,试桩未达到破坏而后继续增加至最终荷载(增大轴力试验)。

通过钢管复合桩受力性能模型试验研究,充分了解不同荷载组合作用下钢管和混凝土的工作状态和破坏形态。

3)测试内容及加载方法

(1)测试内容

①桩身应变和弯矩的分布及变化规律。

②有/无泥皮条件下,钢管与核心混凝土应力-应变随荷载增加的协同变化规律。

③有/无泥皮条件下,有/无剪力环嵌固钢管与核心混凝土纵向变形关系曲线。

④泥皮作用下,钢管与核心混凝土间黏结滑移对钢管复合桩承载力和组合刚度的影响。

⑤有/无泥皮条件下,有/无剪力环嵌固钢管与核心混凝土界面黏结应力的分布规律及其变化特征。

⑥有/无泥皮条件下,钢管复合桩在加载过程中荷载-位移的变化特征。

⑦有/无泥皮条件下,有/无剪力环嵌固钢管复合桩极限承载力与变形特性。

⑧有/无防腐涂层条件下,钢管与核心混凝土应力-应变随荷载增加的协同变化规律,钢管与混凝土界面黏结应力的分布规律及其变化特征。

（2）加载方法

试验采用国际先进的计算机控制电液伺服压剪试验机(MTS)和电液伺服协调加载试验系统,实现试件的竖向、水平向荷载的施加。

轴压试验和压弯剪试验时,试件上、下两端钢管顶面和混凝土顶面平齐,在模型上端的钢筋混凝土端面上放置一块比钢管略大的圆形钢垫板,加载过程中,试件上端钢管与核心混凝土共同受力。通过位移传感器量测试件不同位置处的横向位移,由此测出试桩的荷载 V 和横向位移 S 的 V-S 曲线。通过钢管表面电阻应变片测得桩身应变。试验加载装置及试件安装如图 2-50a)所示。图中 A～E 为测试桩身横向位移传感器的布置位置,对应尺寸如表 2-8 所示,试验段桩长为 2.5m。

横向位移测试断面　　　　　　　　　表 2-8

横向位移测试断面	断面距测试桩顶距离(m)	横向位移测试断面	断面距测试桩顶距离(m)
A	0.05	D	1.85
B	0.65	E	2.35
C	1.25		

推出试验试桩钢管一端留有一段 50mm 长的未灌注混凝土的空钢管,在另一端的钢筋混凝土端面上放置一块比钢管内径略小的圆形钢垫板(加载垫板)。试验加载过程中,试件一端由核心混凝土受力,另一端由钢管受力,通过钢管与混凝土之间的黏结力,将荷载传至钢管中。这样,在钢管混凝土的组合界面上即产生剪切力,将钢筋混凝土推出钢管,同时用位移计量测钢管与混凝土之间的相对滑移值 ΔS。由此测出荷载 N 和滑移 ΔS 的 N-ΔS 关系曲线。

加载时进行分级加载,加载端由核心混凝土受力,另一端则由钢管受力,通过钢管与混凝土界面上的黏结力将荷载传递给核心混凝土。混凝土应力自加载端至下,逐渐减小,钢管应力则逐渐增大。加载方式及布置如图 2-50 所示。

4）试验结果分析

（1）压-弯-剪试验结果分析

表 2-9 分别从桩顶横向位移、桩身最大纵向应变、桩身最大环向应变、剪力环最大应变等方面,对压-弯-剪试验结果进行了汇总。

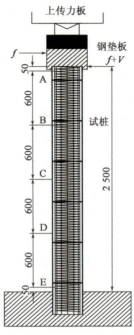

a) 试验加载装置及试件安装(尺寸单位：mm)

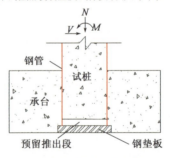

b) 推出试验端部布置图

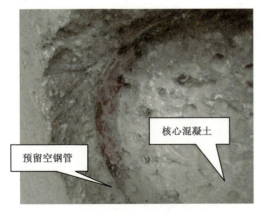

c) 推出试验端部预留段

d) 推出试验端部钢垫板

图 2-50

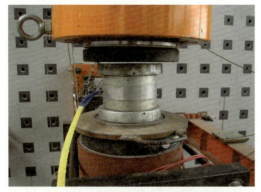

e) 推出试验加载端布置

f) 推出试验试桩

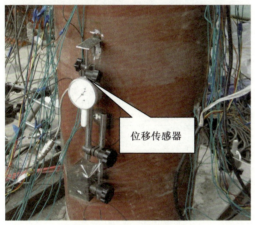

g) 推出试验位移传感器布置

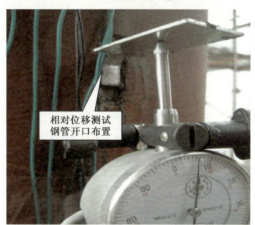

h) 推出试验相对位移测试图

图 2-50 加载方式及布置

各试验结果汇总表　　　　　　　　表 2-9

试桩编号	最终加载值 (kN/kN·m/kN)	剪力环间距(cm)/道数	最大横向位移(mm)	钢管最大纵向应变(压/拉)(με)	最大环向应变(压/拉)(με)	混凝土最大纵向应变(压/拉)(με)	剪力环最大应变(压/拉)(με)
G-PY	402/67/53		5.06	−721/526	−131/204	−441/474	
G-N-PY	132/50/42		4.59	−581/589	−159/112	−156/95	
G-N-PY2(无防腐层)	132/50/42		4.50	−465/306	−243/108	−169/80	
G-J-PY	402/67/53	30/8	4.61	−769/744	−134/210	−688/78	−71/208
G-J-N-PY1	132/50/42	45/6	4.30	−550/750	−124/129	−198/416	−83/108
G-J-N-PY1(增大轴力)	2 103/27/22	45/6	1.12	−1 837/0	0/925	−1 375/0	0/340
G-J-N-PY2	402/67/53	60/4	4.68	−797/544	−105/211	−395/465	−218/189
G-J-N-PY3	402/67/53	90/3	4.78	−916/145	−8/538	−692/0	−268/142
G-J-N-PY3(增大轴力)	2 221/67/53	90/3	4.61	−3 696/0	0/1 141	−1 184/0	0/609

W-PY 无钢管混凝土桩的横向位移最大为 8.52mm，由表 2-9 可以看出，G-J-N-PY1 钢管复合桩的横向位移最小为 4.3mm，由此可见，钢管复合桩的抗弯性能较无钢管混凝土桩高。

W-ZY 无钢管混凝土桩桩身纵向压应变最大为 $-1677\mu\varepsilon$，此时混凝土压应力已达其屈服强度；G-J-N-PY1 钢管复合桩钢管纵向拉应变最大值为 $750\mu\varepsilon$；G-N-PY2（无防腐层）钢管复合桩的环向压应变最大值为 $-243\mu\varepsilon$，G-J-N-PY3 钢管复合桩环向拉应变最大值为 $538\mu\varepsilon$。

剪力环应变随着剪力环道数的增加而减小，G-J-N-PY3 钢管复合桩剪力环压应变最大值为 $-268\mu\varepsilon$，G-J-N-PY3（增大轴力）钢管复合桩剪力环拉应变最大值为 $609\mu\varepsilon$。

（2）推出试验结果分析

本次研究进行 5 根圆钢管复合桩的推出试验，见表 2-6。在桩径比、含钢率、径厚比、紧箍系数都相同的情况下，5 组复合桩荷载-滑移曲线和黏结强度-滑移曲线见图 2-51、图 2-52。

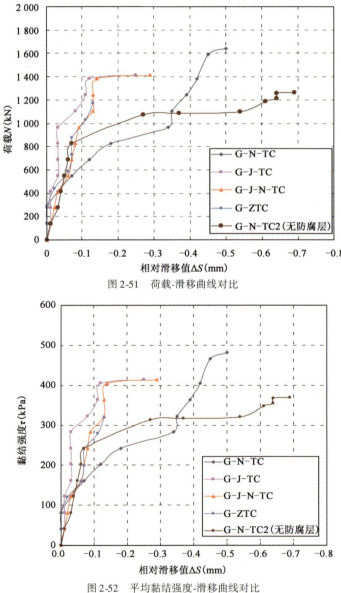

图 2-51 荷载-滑移曲线对比

图 2-52 平均黏结强度-滑移曲线对比

G-N-TC、G-J-TC、G-J-N-TC、G-ZTC 四根试桩钢管内壁均涂有防腐涂层，G-N-TC2（无防腐层）试桩无防腐涂层。由图2-51、图2-52可知：

①5根钢管复合桩的初始滑移荷载范围在300～400kN，试桩的极限黏结强度值为0.242～0.404MPa。

②防腐涂层对钢管复合桩的黏结强度并无明显影响。

③剪力环的存在使得钢管复合桩极限黏结强度增加66.7%，同时使核心混凝土上的力传递至钢管，减小钢管与核心混凝土之间的相对滑移。

5）试验结果与数值模拟结果对比分析

（1）压-弯-剪试验与数值模拟结果对比

图2-53给出了钢管复合桩压弯剪复杂受力状态下的荷载-横向变形计算结果与试验结果曲线。

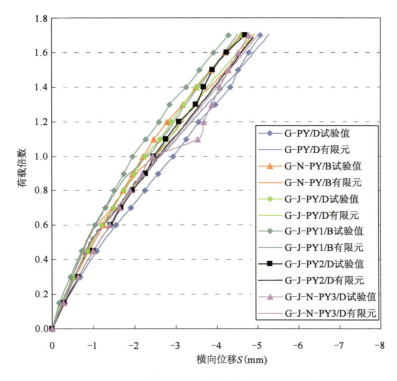

图2-53　有限元计算结果与试验结果汇总对比

由图2-53可知，计算结果与试验结果吻合较好，本课题选用的数值计算能较好地模拟钢管复合桩压弯剪力学性能。在此基础上，采用有限元法对压弯剪构件的工作机理进行分析。压弯剪试桩的破坏形式主要表现出弯曲破坏和剪切破坏的特征，最终由钢管发生局部向外鼓屈而破坏。

钢管复合桩在压弯剪复杂受荷下，核心混凝土由于受到钢管的约束作用，处于三向受压的应力状态,有效地阻止了混凝土因滑移所产生的脆性破坏,提高了其强度。同时,钢管由于内填混凝土的存在,使其受力过程避免或延缓了屈曲失稳的发生,保证了钢材性能的充分发挥。因此,由于钢管与核心混凝土之间的相互作用,协同工作,使得钢管复合桩在压弯剪受荷时具有较好的塑性性能。

(2)推出试验与数值模拟分析结果对比

将 G-N-TC、G-J-N-TC 钢管复合桩试验结果与有限元计算结果进行对比,如图 2-54、图 2-55 所示。

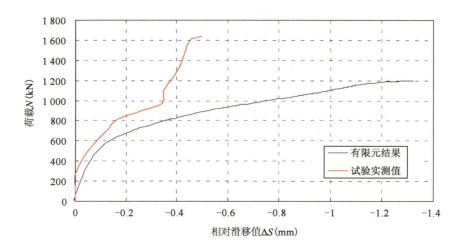

图 2-54 G-N-TC 复合桩有限元计算结果与试验结果对比

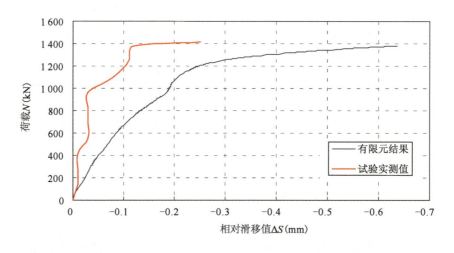

图 2-55 G-J-N-TC 复合桩有限元计算结果与试验结果对比

由图 2-54 可知,有限元计算结果与试验结果吻合较好,G-N-TC 钢管复合桩黏结破坏荷载为 828kN,黏结强度为 242kPa。

由图 2-55 可知,有限元计算结果与试验结果曲线吻合较好,G-J-N-TC 钢管复合桩黏结破坏荷载为 1 200kN,较试验结果 1 380kN 降低 14%。

2.3.2 钢管复合桩与预制承台连接构造受力性能试验

为了验证钢管复合桩与预制承台的连接构造的受力性能,开展缩尺试验以进一步对钢管复合桩与承台连接性能进行研究,给钢管复合桩与承台的连接设计以有益的参考。

1) 试验目的

开展大直径钢管复合桩与预制承台连接构造分别在顺桥向及横桥向最大竖向荷载、最大水平向荷载、最大弯矩的组合荷载作用下各种受力工况的承载性能模型试验。通过缩尺模型(1:7.33)试验,研究钢管复合桩承台节点模型在轴力、弯矩、水平力等荷载作用下的破坏形式及承载力。

2) 试验工况

根据表 2-10 所列设计荷载,结合模型缩尺比例,设置模型加载工况如表 2-10 所示。

模型加载工况表　　　　　　　　　　表 2-10

工况	N	M_y	M_z	Q_z	Q_y
单位	kN	kN·m	kN·m	kN	kN
工况 1	750	9.3	0	3	0
工况 2	750	0	20	0	1.2
工况 3	0	37	0	0	0
工况 4	0	0	20	0	1.2

注：N 为轴力,压为正;M_y 为顺桥向弯矩;Q_z 为顺桥向剪力;M_z 为横桥向弯矩;Q_y 为横桥向剪力。

3) 模型设计

(1) 相似分析

模型各个参量包括尺寸、应力、荷载、面积、惯性矩等,需满足相似关系。在结构处于弹性工作状态时,结构的静力分析问题一般包括如下各物理量:结构和构件的线性尺寸(包括长、宽、高),结构或构件的截面积 A、体积 V、惯性矩 I、挠度 δ、应力 σ、集中力 P、力矩 M、均布荷载 q,弹性模量 E,泊松比 μ、应变 ε、扭转角 φ、密度 ρ 等。

其中,应力、挠度、弯矩、荷载、面积、惯性矩的相似关系如下:

$C_\sigma = C_E, C_\delta = C_L, C_P = C_E C_L^2, C_q = C_E C_L, C_M = C_E C_L^3, C_A = C_L^2, C_\rho = C_E/C_L, C_I = C_L^4$。

本模型拟按 1:7.33 缩尺,即 $C_L = 1/7.33$,模型试验详细相似关系见表 2-11。

模型试验相似关系表　　　　　　　　　　表 2-11

物理量	原型	模型	相似系数
长度	L_p	$L_m = L_p \cdot (1/n)$	1/7.33
截面积	A_p	$A_m = A_p \cdot (1/n^2)$	1/54

续上表

物理量	原型	模型	相似系数
弹性模量	E_p	E_m	1
应力	σ_p	$\sigma_m = \sigma_p$	1
应变	ε_p	$\varepsilon_m = \varepsilon_p$	1
线位移	δ_p	$\delta_m = \delta_p \cdot (1/n)$	1/7.33
角位移	α_p	$\alpha_m = \alpha_p$	1
集中荷载	F_p	$F_m = F_p \cdot (1/n^2)$	1/54
剪力	Q_p	$Q_m = Q_p \cdot (1/n^2)$	1/54
反力	R_p	$R_m = R_p \cdot (1/n^2)$	1/54
弯矩	M_p	$M_m = M_p \cdot (1/n^3)$	1/394

模型混凝土普通钢筋按配筋率与实际工程相等设计,并兼顾构造要求。

(2)模型尺寸

由于试验目的为测试钢管复合桩与承台节点的连接性能,受试验场地及试验设备的限制,将承台倒置,对复合桩施加荷载。

为准确模拟节点受力边界条件,将承台及 6 根钢管复合桩缩尺制作为整体模型。承台原型尺寸为 15.6m×10.6m×5m,钢管复合桩外径 2.2m。模型尺寸取 2.22m×1.52m×0.7m,钢管复合桩模型采用外径 30mm,壁厚 5mm 的无缝钢管,内填混凝土。考虑到加载需要,管复合桩模型伸出承台 70cm。试验模型尺寸如图 2-56 ~ 图 2-58 所示。

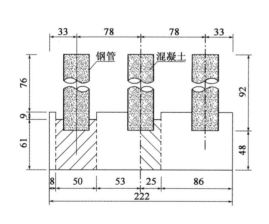

图 2-56 试验模型立面图(尺寸单位:cm)

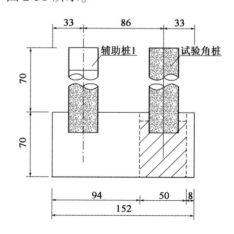

图 2-57 试验模型侧面图(尺寸单位:cm)

试验模型的各部位尺寸基本按照模型与实桥的相似比严格缩尺而来,只有个别部位的尺寸有较小改动,首先是钢管桩模型厚度,其次是承台长边曲线被拉成直线。这些改动无碍试验精度,却能减轻模型制作难度,保证试验的顺利进行。

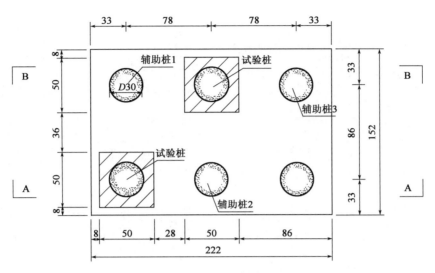

图 2-58 试验模型平面图(尺寸单位:cm)

(3)制作工序

按照试验状态(即承台在下,桩身朝上)进行模型构件施工,并通过分次浇注节点处混凝土模拟实际工程中的节点混凝土龄期差别。具体施工流程如下:

承台模板安装→承台钢筋绑扎→承台浇筑→钢管安装→连接处及钢管内钢筋安装→连接混凝土及钢管内混凝土浇筑。如图 2-59 所示。

(4)材料参数

①钢管采用无缝钢管,材质为 Q345C。钢材的力学性能指标见表 2-12。

钢材的力学性能指标　　　　表 2-12

钢材	标准值 f_y(MPa)	抗拉、抗弯和抗压 f(MPa)	抗剪 f_v(MPa)	泊松比 v	弹性模量 E_s(MPa)
Q345	345	300	175	0.3	2.06×10^5

②钢筋材料及力学参数。

试桩根据设计方提供设计钢管复合桩和预制承台的配筋率进行配筋设计,选取钢筋直径为 8mm、10mm 和 16mm 的二级钢筋(HRB335)。钢筋的力学性能指标见表 2-13。

钢筋的力学性能指标　　　　表 2-13

钢筋	强度标准值(MPa)		强度设计值(MPa)		弹性模量 E_s(MPa)
	f_{sk}	f'_{sk}	f_{sd}	f'_{sd}	
HRB335	335	335	280	280	2.0×10^5

③混凝土材料及力学参数。

承台混凝土采用商品混凝土,浇筑完成后进行 28 天的养护期。混凝土的力学性能指标见表 2-14。

a) 模型钢筋绑扎

b) 第一次混凝土浇筑

c) 第一次混凝土浇筑完毕

d) 第二次混凝土浇筑

e) 模型加载图

f) 模型抗滑约束

图 2-59　施工流程图

混凝土的力学性能指标　　　　　　　　　表 2-14

混凝土等级	强度标准值（MPa）		强度设计值（MPa）		弹性模量 E_c（MPa）
	f_{ck}	f_{tk}	f_{cd}	f_{td}	
C45	29.6	2.51	20.5	1.74	3.35×10^4

　　针对桩与承台节点，在各个工况下有限元数值分析结果，获得节点模型荷载的边界条件，再利用多通道电液伺服加载系统对模型施加荷载。试验采用反力架加载，荷载根据模型与设

计的相似关系由荷载相似原则确定。多通道伺服加载方案如图 2-60 所示；各工况加载示意如图 2-61 所示。

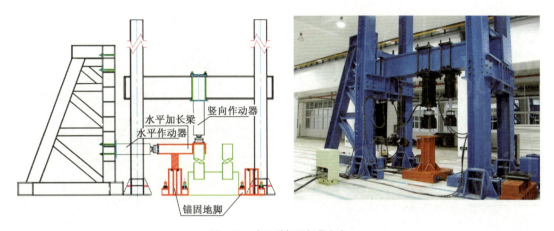

图 2-60　多通道伺服加载方案

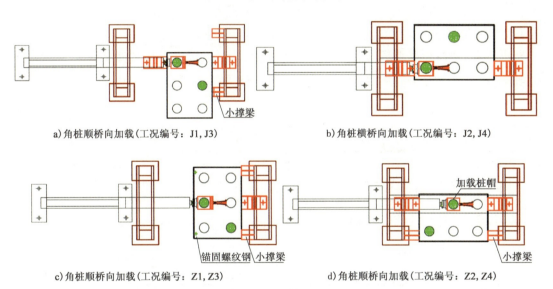

图 2-61　各工况加载示意图

4）测试方案及测点布置

试验时对节点处承台混凝土应力、试验桩顶位移进行测试，并在破坏试验工况下观测节点破坏形态和裂缝开展情况。

(1) 应力测试

应力测试采用表贴式电阻应变片。根据节点受力仿真分析结果，对试验桩节点的受力不利位置、关键部位以及钢管复合桩上布置应力测点，在受力复杂部位布置三向应变花。通过应力测试，为结构的安全性判断提供依据。测试仪器采用多通道数据采集仪，如图 2-62、图 2-63 所示。

（2）位移测试

位移测试采用百分表进行，主要测量桩的横向位移，以反映节点工作状态。数显百分表如图 2-64 所示。

图 2-62　电阻式应变片及静态数据采集仪

（3）裂缝观测

加载期间，通过裂缝观测仪实时观测节点附近混凝土裂缝出现及发展情况，同理论分析结果对比，并据此作为是否停止加载的依据。如图 2-65、图 2-66 所示。

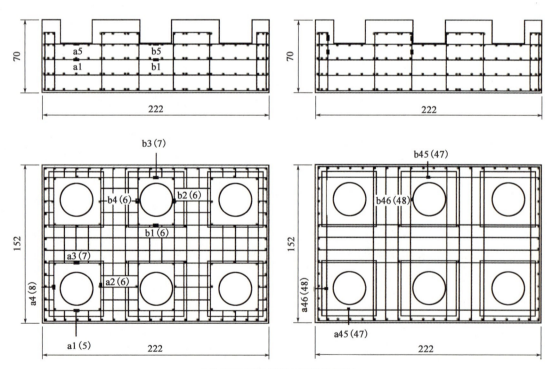

a）节点预制承台混凝土钢筋应变测点

图　2-63

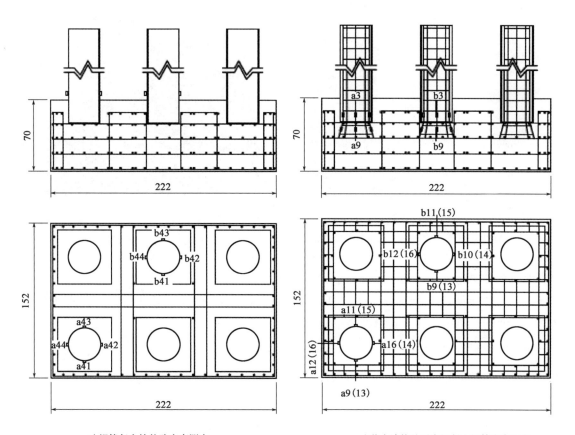

b) 钢管复合桩外壁应变测点　　　　c) 节点连接处后浇混凝土钢筋应变测点

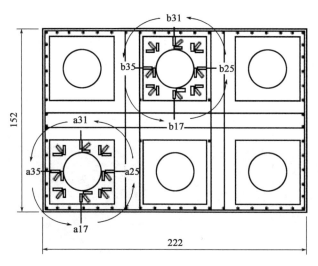

d) 节点附近表层混凝土应变测点

图 2-63　应变测点布置图(尺寸单位:cm)

图 2-64　数显百分表　　　　图 2-65　TC10085 裂缝观测仪　　　　图 2-66　试验数据采集过程中

5）试验数据分析

试验过程中，通过位移计测量桩顶水平及竖向位移，通过千斤顶并辅助力传感器测量施加力值。在节点处混凝土表面刷漆，以便观察裂缝。

通过以上数据，绘制不同试验工况下的荷载—位移曲线，观察记录各工况节点破坏特征。数据分析时，工况 1、工况 2 以 N 为荷载代表值，工况 3、工况 4 以 V1 为荷载代表值。

(1) 节点破坏形态

试验过程中，节点受力性能良好，J1、J2、Z1、Z2 四个工况中，节点未发现裂缝出现；J3、J4、Z3 及 Z4 工况下，仅在钢管复合桩底部受拉侧的钢混结合面出现一道弧形细微裂缝。各工况均未发现钢管复合桩外壁及周边混凝土屈服破坏特征。

破坏加载阶段，当加载力达到 230kN 时（破坏加载系数 $K=4.1$），试验桩底部受拉侧裂缝发展明显，位移值开始呈现屈服现象，随后利用位移控制加载，至加载力达 280kN，出现力值下降，判定节点屈服。

裂缝出现区域与数值仿真分析结果一致（图 2-67 ~ 图 2-69）。

图 2-67　J3 工况加载完成桩底受拉侧微裂缝　　　　图 2-68　Z3 工况加载至 250kN 时桩承台交界处裂缝

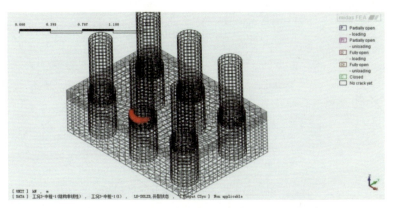

图 2-69 破坏工况下考虑材料非线性的分析结果(开裂区域分布)

(2)试验力-位移曲线

对试验过程中采集的数据进行处理,得到节点模型的力-位移曲线(图 2-70)。试验模型的荷载-位移曲线是试验模型在单调荷载作用下受力性能变化的综合反映,典型的力-位移曲线有明显的比例极限、屈服点以及极限荷载,在一定程度上可反映节点的延性性质。

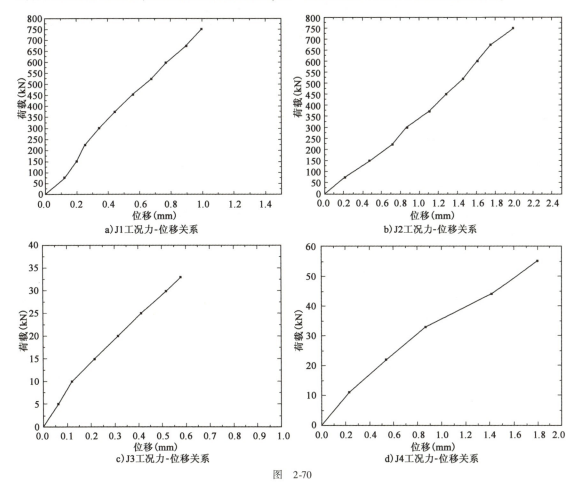

图 2-70

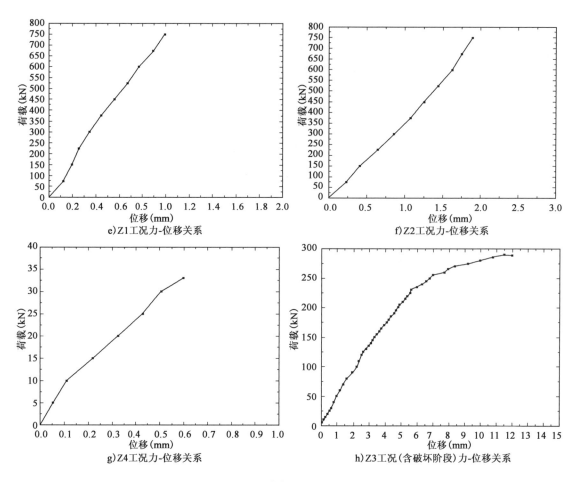

图 2-70 荷载—位移关系图

节点试验中,实测节点位移值数据除反映节点变形特征外,还取决于钢管复合桩自身变形情况。一方面,位移值的大小同时取决于桩身刚度,位移值是节点转角与桩身弯曲挠度共同造成的;另一方面,由于试验荷载是针对节点受力设置,并进行了等效处理,桩身结构内力未达到其设计极值,始终处于弹性受力阶段(根据钢管桩应力及表观情况判断),因此试验位移采集数值的非线性特征可以作为节点工作性能的判定依据。

通过荷载-位移曲线可以看出,除破坏工况外,其余验证性工况下均呈现线性受力特征,且曲线形态相似;显示节点在设计荷载作用下,工作状态良好,节点纵、横桥向刚度相近。

破坏工况,当荷载达到230kN(破坏加载系数 $K=4.1$)时,位移出现突然增大现象,显示节点出现非线性受力行为,至荷载达到280kN,出现屈服现象。

(3)荷载-应变分析

荷载-应变关系表示各测点在试验过程中应变随荷载变化的情况。为清晰明了,选取部分有代表性测点及工况的应变结果进行分析。如图2-71~图2-75所示。

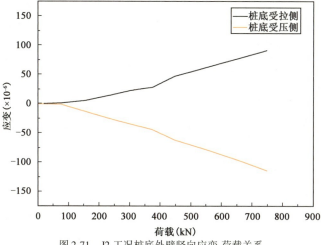

图 2-71　J2 工况桩底外壁竖向应变-荷载关系

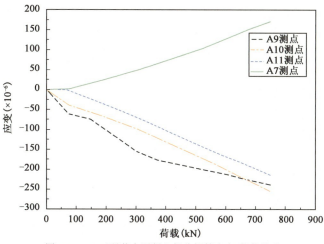

图 2-72　J2 工况节点混凝土部分钢筋应变-荷载关系

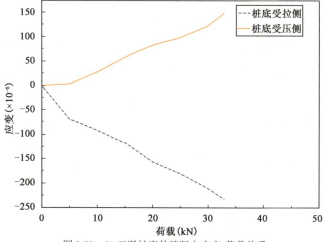

图 2-73　J4 工况桩底外壁竖向应变-荷载关系

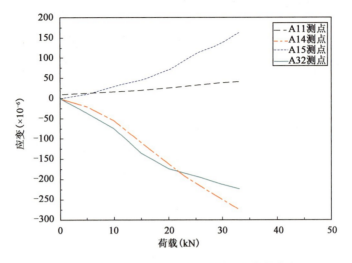

图 2-74 J4 工况节点混凝土部分钢筋应变-荷载关系

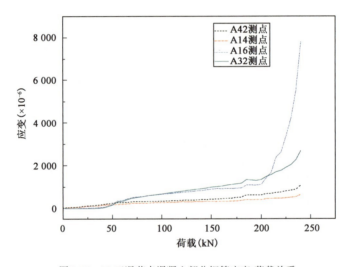

图 2-75 Z3 工况节点混凝土部分钢筋应变-荷载关系

由荷载-应变数据中可以看出,在试验过程当中,沿受力方向钢管复合桩的两侧分别处于拉压两种受力状态,说明在水平荷载作用下桩顶存在弯矩作用。在试验阶段,随着荷载的增加,桩底外壁及节点混凝土应变也相应增加,总体呈线性特征。

在试验模型达到屈服点前后,部分节点内部位置处应变现突变,这是由于局部混凝土出现受拉破坏造成的。

6）试验结论

（1）试验模型所采用的节点设计,具有良好的变形能力,具有良好的延性。预制承台-钢管复合桩节点工作状况良好,节点屈服之前,仅在钢管复合桩后形成微裂缝,在达到设计屈服承载力之前节点承载性能良好,能达到设计要求。

(2)对试验模型的荷载-位移曲线进行详细分析,得出节点的屈服荷载及极限承载力,为设计提供参考。

(3)对试验模型的测点应变变化情况进行了分析,明确了试验过程中试验模型的受力情况。

2.4 埋床式基础承载性能及设计方法研究

2.4.1 竖向承载力计算方法

桩的竖向承载特性,主要是指竖向荷载作用下的单桩竖向承载力和桩顶竖向位移,是桩基设计的重要指标。对钢管复合桩而言,钢管与核心混凝土能否共同工作是影响其承载力的关键。承受竖向荷载的桩是通过桩端阻力和桩侧摩阻力将上部荷载传递到深部土层的,因而桩的竖向承载力与桩所穿过的整个土层的状况(包括土层的强度、变形性质和应力历史)、桩底持力层的性质(包括土层的强度和变形性质)、桩的外形和尺寸、桩体材料强度以及成桩方法等密切相关。

在竖向荷载作用下,桩承载能力的丧失一般表现为如下三种形式:

(1)桩周土体的强度不足,不足以安全承受桩传递的上部荷载作用,进而发生桩周土体破坏。(外部强度破坏)

(2)桩身材料的强度不够,桩身被压坏或者拉坏。(内部强度破坏)

(3)桩发生过大位移而不适于继续安全承载。(沉降变形控制)

因此,根据桩承载能力丧失的三种表现形式,在进行桩竖向承载力计算时有三种控制标准,即:外部强度控制标准、内部强度控制标准和沉降控制标准。

以港珠澳大桥 P61 墩钢管复合桩单桩竖向承载力为例,依据上述三种桩基竖向承载力控制标准和计算方法,进行钢管复合桩承载力的计算与对比分析。

基础为 6 根直径 2.2m 的钢管复合桩,钢管壁厚 25mm,预留腐蚀厚度 3mm,桩基横向中心距 5m,纵向外排桩基中心距 5.5m,纵向内排桩基中心距 6.3m,桩基钢管材质 Q345C,内填混凝土强度等级 C35,弹性模量为 $E_c = 3.15 \times 10^4$ MPa。承台为六边形,长边 14.4m,短边 9.9m,长边中点外扩 0.4m,高 4.5m,承台顶高程 −6m,承台混凝土强度等级 C45。

桩长 $L = 87.4$m。地面以上 $l_0 = 7$m,埋入土中 $l = 80.4$m,桩径 $D = 2.2$m。钢管长度为 $L' = 55$m,其中地面以上 $l'_0 = 7$m,埋入土中 $l' = 48$m。群桩基础如图 2-76 所示。

桩周土体计算参数见表 2-15,源于设计方提供的相关地勘资料。

上述三种控制标准得出的钢管复合桩极限承载力结果汇总,如表 2-16 和图 2-77 所示。

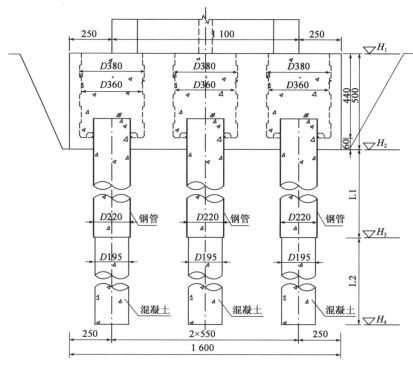

图 2-76 群桩基础图(尺寸单位:cm)

土 层 参 数 表 表 2-15

土 层	土层厚度(m)	桩侧摩阻力标准值 q_{sik}(kPa)	桩端岩土承载力标准值 q_{pk}(kPa)
淤泥、淤泥质黏土	9.55	11	
淤泥质黏土	11.76	18	
淤泥质黏土夹砂	7.77	20	
淤泥质黏土夹砂	12.18	32	
中砂(密实)	15.6	95	
粗砾砂混卵石砂	1.7	120	
粗砾砂	6.7	100	
中风化花岗岩	15.15	80	4 500

单桩极限承载力结果 表 2-16

分类	外部强度控制标准			内部强度控制标准							沉降控制标准
	德国 DIN 4014	日本 RJ 2000	JTG D63 —2007	ACI (2005)	AIJ (1997)	AISC (2005)	BS5400 (2005)	DBJ 13-51—2003	EC4 (2004)	GJB 4142 —2000	
极限承载力(kN)	58 092.92	64 643.35	41 854.33	85 663.8	122 526.4	90 777.1	102 691.1	117 139.6	118 094	114 204.8	73 839.6
平均压应力混凝土标准值(%)	51.66	57.48	37.22	76.17	108.95	80.72	91.31	104.16	105.01	101.55	65.66
汇总			最小		最大						

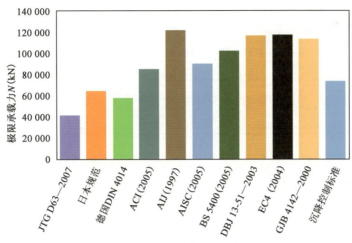

图 2-77 单桩承载力计算结果

由表 2-16 可知,按单桩内部强度控制标准确定的钢管复合桩极限承载力较其他两种控制标准的结果都大,其中 AIJ(1997)规范确定的承载力最大,较由单桩外部强度控制标准确定的单桩承载力大 105%~193%。

可见,单桩外部强度控制标准确定的钢管复合桩极限承载力最小。其中,《公路桥涵地基与基础设计规范》(JTG D63—2007)给出的理论值最小,仅为 41.85MN。这主要是给定的、桩端中风化花岗岩承载力标准值偏低的缘故。德国规范 DIN 4014 和日本规范 RJ 2000 给出的计算值很接近。

沉降控制标准确定单桩极限承载力与允许最大沉降量有关,两者呈直线规律变化。当允许最大沉降量取值 s_0 =50mm 时,确定的单桩承载力为 73 839.6kN。

通过以上对比研究可以得出如下结论:

(1)由内部强度控制标准确定的钢管复合桩极限承载力偏大,由这样的极限轴向承载力计算得出混凝土应力达到甚至超过其标准值,偏于不安全,不宜作为钢管复合桩单桩竖向承载力的极限值。

(2)在轴向荷载作用下,单桩极限承载力主要取决于桩周土的抗剪强度、桩端支承情况、桩的尺寸以及桩的类型等条件,即由钢管复合桩外部强度控制标准计算的承载力极限值最不利。

(3)由上述外强度控制标准计算得出的单桩极限承载力以及相应的单桩平均压应力,满足设计要求,应作为钢管复合桩单桩承载力的极限值。

(4)综上所述,对于港珠澳大桥钢管复合桩单桩承载力,建议根据桩周土的抗剪强度及桩端支承情况,即桩的外部强度控制标准进行计算确定。

2.4.2 水平荷载作用下承载性能研究

下面利用《公路桥涵地基与基础设计规范》(JTG D63—2007)给出的水平承载力计算方法和

桥梁桩基经典的"m"法,对港珠澳大桥钢管复合桩的单桩水平承载力和位移进行研究分析。

土层参数按照 K18+783～K20+653 段非通航孔桥钻孔的实际数据选取,见表2-17。P61 墩桩长为 $L=87.4m$,其中,地面以上(包括淤泥质黏土)7m,埋入土中 80.4m,钢管复合桩外径 2.2m。钢管的长度取为 $L_1=55m$,其中地面以上 7m,埋入土中 48m,钢管的壁厚为 $t=25mm$。核心混凝土桩体采用 C35,弹性模量为 31.5GPa。土层参数数据源于相关地勘资料和报告。

土 层 参 数 表 表2-17

土　　层	$m(kN/m^4)$	土层厚度(m)
淤泥质黏土	5 000	9.55
淤泥质黏土夹砂	8 000	11.76
淤泥质黏土夹砂	5 000	7.77
中砂(密实)	15 000	12.18
粗砾砂混卵石砂	50 000	15.6
粗砾砂	50 000	1.7
中风化花岗岩	100 000	6.7

采用现行规范对无钢管混凝土桩和钢管复合桩水平承载力进行计算,并通过对比,分析钢管对无钢管混凝土桩水平承载能力的提高程度。

1)无钢管混凝土桩水平承载性能分析

无钢管混凝土桩主要以混凝土在弯矩作用下受拉破坏为控制原则进行计算。

(1)最不利控制截面

假定作用在桩顶水平荷载 $H=800kN$,根据"m"法,无钢管混凝土桩身截面弯矩随计算深度的关系曲线如图2-78所示。

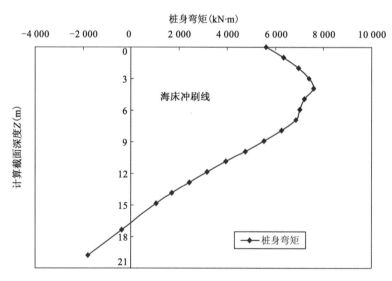

图2-78 无钢管混凝土桩计算深度—桩身截面弯矩

由图 2-78 可知,桩身最大弯矩值出现在埋深 3.96m 处,最大值为 7 586.05kN·m。

(2)最大水平控制荷载

根据上述计算结果,可以计算出桩身最大拉应力为:

$$\sigma_{max} = \frac{M_{max}}{W_z} = \frac{M_{max}}{\pi d_0^3/32} = 7.26\text{MPa}$$

由于 C35 的极限抗拉强度为 2.51MPa,所以该拉应力已经超过混凝土的抗拉强度值而使桩身发生拉裂破坏。若以设计抗拉强度 2.20MPa 进行控制,算得桩身可以承受的极限弯矩为:

$$M'_{max} = \sigma_{max} W_z = f_{ck} W_z = 2.20 \times 1.045 = 2\,299\text{kN} \cdot \text{m}$$

从而算得桩顶可以承受的最大水平荷载为:

$$H_{max} = H \frac{M'_{max}}{M_{max}} = 242.45\text{kN}$$

(3)桩身位移—深度曲线关系

以 242.45kN 水平荷载进行控制,桩身任意截面的位移表达式如下:

$$x_z = x_0 A_1 + \frac{\varphi_0}{\alpha} B_1 + \frac{M_0}{\alpha^2 EI} C_1 + \frac{Q_0}{\alpha^3 EI} D_1$$

式中,各计算参数均可查表或计算得到。

图 2-79 为无钢管混凝土桩身水平位移随埋深的关系曲线。

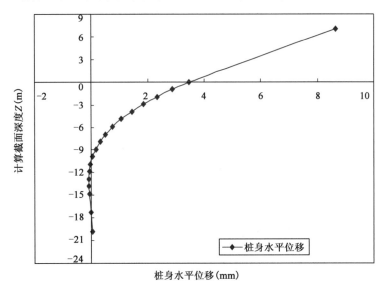

图 2-79 无钢管混凝土桩计算深度—桩身水平位移曲线

由图 2-79 可以看出,桩身最大水平位移位于桩顶处(承台底面),为 8.64mm,并且位移随计算截面深度的增加而减小,此时地面处的水平位移为 3.46mm。

2)有钢管混凝土复合桩水平承载性能分析

有钢管混凝土复合桩除了以桩身截面强度控制外,还以水平位移进行控制。

(1)桩身截面强度控制

由于钢管的抗拉强度要比混凝土抗拉强度大得多,与"无钢管混凝土桩水平承载力"计算方法相似,有钢管混凝土复合桩桩顶可以承受的最大水平荷载为:

$$H_{max} = H\frac{M'_{max}}{M_{max}} = 6\ 523.5\text{kN}$$

图 2-80 为有钢管混凝土复合桩桩身水平位移随埋深的关系曲线。

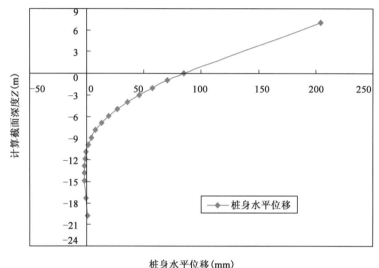

图 2-80 有钢管混凝土复合桩计算深度—桩身水平位移曲线

由图 2-80 可以看出,桩身最大水平位移位于桩顶处,为 204mm,并且位移随计算截面深度的增加而减小,此时地面处的水平位移为 84.64mm。

显然,要使钢管强度充分发挥时所需要的桩顶水平荷载相当大,此时桩顶水平位移已超过其桥梁结构正常使用的范围。也就是说,由钢管复合桩内部强度控制标准所计算的桩顶水平荷载偏大。此时,钢管复合桩应由桩基位移控制标准进行设计。

钢管复合桩水平承载力由桩身材料确定时算得桩顶最大剪力 $H = 6\ 523.5\text{kN}$,由此求得的桩顶最大水平位移为 0.204m,已超过通常桥梁结构正常使用的界限值,此时钢管复合桩的水平承载力由桩顶位移控制确定。

(2)水平位移控制

以桩顶水平位移 50mm 进行控制计算,按照上述方法,有钢管混凝土复合桩桩身截面弯矩随埋深的关系曲线见图 2-81,桩身位移随埋深的关系曲线见图 2-82。

由图 2-81、图 2-82 可以看出：

①桩身最大水平位移位于桩顶处,为 50mm,并且位移随计算截面深度的增加而减小,海床面处桩身水平位移为 19.1mm。

②桩顶最大水平力为 1 470.8kN,桩身最大弯矩为 14 142.9kN·m。

③对于钢管复合桩,其水平承载力极限值由桩顶水平位移控制。

④由钢管复合桩内部强度控制标准所计算的桩顶水平荷载偏大,不宜作为其水平极限承载力。

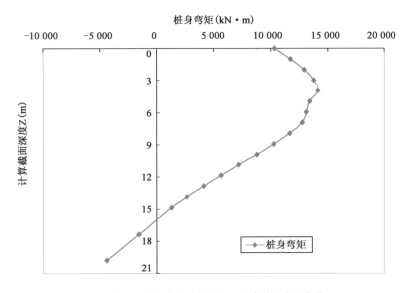

图 2-81 钢管复合桩计算深度—桩身截面弯矩曲线

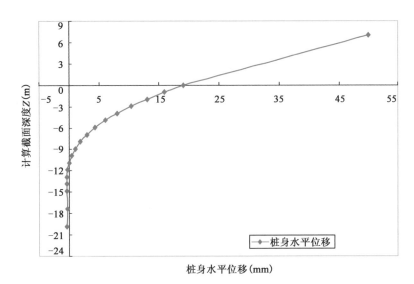

图 2-82 钢管复合桩计算深度—桩身水平位移曲线

3)两种不同类型桩基水平承载力对比分析

将无钢管混凝土桩与钢管复合桩水平承载力计算结果进行对比分析,计算结果如表2-18所示。

有/无钢管水平承载力对比　　　　表2-18

分 类	水平极限承载力（kN）	桩身最大弯矩（kN·m）	桩顶最大水平位移（mm）	地面处水平位移（mm）	备 注
无钢管混凝土桩	242.45	2 299	8.64	3.46	最大弯矩控制
钢管复合桩（水平荷载）	242.45	2 390	7.3	2.86	水平荷载相等
钢管复合桩（桩身强度控制）	6 523.5	6.275×10^4	204	84.64	最大弯矩控制
钢管复合桩（横向位移控制）	1 470.84	1.41×10^4	50	19.1	横向位移控制

通过以上有/无钢管水平承载力对比分析可知:

(1)钢管复合桩水平承载力由桥梁结构横向位移,即由桩顶允许水平位移控制。

(2)由钢管复合桩内部强度控制标准所计算的桩顶极限水平荷载偏大,不宜作为其水平极限承载力。

(3)对于无钢管混凝土桩,其水平承载力极限值由桩身混凝土抗拉强度控制。

(4)在相同水平荷载条件下,钢管复合桩横向变形小于无钢管混凝土桩,约为无钢管混凝土桩的0.8倍。钢管复合桩横向变形不仅取决于桩身刚度,也取决于桩周土体的水平抗力特性。

2.4.3 钢管复合桩设计计算方法建议

钢管复合桩单桩的设计计算,通常进行单桩外部强度控制、内部强度控制和沉降变形控制三方面的设计计算,即:

①以单桩外部强度控制标准为依据,根据桩周岩土体的极限承载力和特征,进行钢管复合桩单桩外部极限承载力计算。

②以单桩内部强度控制标准为依据,根据所选用的桩身材料极限承载力和特征,进行钢管复合桩单桩内部极限承载力计算。

③以单桩的受力、刚度和桩周土体特性为依据,进行单桩沉降和水平变形的计算。

通过上述钢管复合桩承载性能的研究可知,在本专题研究条件范围内,钢管复合桩单桩竖向极限承载力受桩身外部强度标准所控制,钢管复合桩单桩横向极限承载力受桩顶允许位移标准所控制;钢管复合桩单桩极限承载力设计应按外部强度控制标准进行,并依据现行相关桩基规范进行承载力、沉降变形和桩身强度等相关方面的设计与检算。

在进行钢管复合桩竖向/水平向承载力、竖向沉降/横向变形和桩身内部强度设计计算和检算时,可采用本专题研究提出的刚度修正公式,进行单桩承载力及沉降变形的设计计算和校核。

下面统一给出不同荷载范围内的、考虑泥皮/防腐涂层、剪力环不同组合效应下的钢管复合桩抗压、抗弯刚度计算公式,供进行钢管复合桩设计计算时用。

(1)当桩顶荷载≤0.8倍(无剪力环)/1.0倍(有剪力环)工作荷载时:

①若考虑泥皮及防腐涂层的弱化效应,此时钢管复合桩的刚度应采用修正刚度公式进行计算,如表2-19所示。

考虑泥皮防腐层弱化效应钢管复合桩刚度修正公式 表2-19

试桩编号	轴压刚度	抗弯刚度 $P \leqslant 0.8F$
G-PY	$(EA)_G = E_s A_s + 0.96 E_c A_c$	$(EI)_G = E_s I_s + 0.91 E_c I_c$
G-N-PY	$(EA)_N = E_s A_s + 0.92 E_c A_c$	$(EI)_N = E_s I_s + 0.90 E_c I_c$
G-N-PY2(无防腐涂层)	$(EA)_{Nw} = E_s A_s + 0.96 E_c A_c$	$(EI)_{Nw} = E_s I_s + 0.92 E_c I_c$

依据桩基理论,利用上述刚度修正公式,采用现行桩基规范进行钢管复合桩单桩承载力设计。

②考虑剪力环、泥皮及防腐层共同作用时,钢管复合桩刚度应采用刚度修正公式进行计算,如表2-20所示。

考虑剪力环泥皮防腐层弱化效应钢管复合桩刚度修正公式 表2-20

试桩编号	轴压刚度	抗弯刚度 $P \leqslant 1.0F$
G-J-PY	$(EA)_J = E_s A_s + 1.09 E_c A_c$	$(EI)_J = E_s I_s + 1.14 E_c I_c$
G-J-N-PY1	$(EA)_{JN6} = E_s A_s + 1.023 E_c A_c$	$(EI)_{JN6} = E_s I_s + 1.03 E_c I_c$
G-J-N-PY2	$(EA)_{JN4} = E_s A_s + 1.013 E_c A_c$	$(EI)_{JN4} = E_s I_s + 1.013 E_c I_c$
G-J-N-PY3	$(EA)_{JN3} = E_s A_s + 0.99 E_c A_c$	$(EI)_{JN3} = E_s I_s + 0.99 E_c I_c$

利用刚度修正公式,依据桩基理论采用现行桩基规范进行钢管复合桩单桩承载力设计。

(2)当桩顶荷载>0.8倍(无剪力环)/1.0倍(有剪力环)工作荷载时:

①若钢管复合桩考虑泥皮及防腐涂层的弱化效应,此时钢管复合桩的刚度应采用刚度修正公式进行计算,如表2-21所示。

考虑泥皮防腐层弱化效应钢管复合桩刚度修正公式 表2-21

试桩编号	轴压刚度	抗弯刚度 $P > 0.8F$
G-PY	$(EA)_G = E_s A_s + 0.96 E_c A_c$	$(EI)_G = E_s I_s + 0.91 \cdot \dfrac{3}{4\sqrt{n}} E_c I_c$
G-N-PY	$(EA)_N = E_s A_s + 0.92 E_c A_c$	$(EI)_N = E_s I_s + 0.9 \cdot \dfrac{3}{4\sqrt{n}} E_c I_c$
G-N-PY2(无防腐涂层)	$(EA)_{Nw} = E_s A_s + 0.96 E_c A_c$	$(EI)_{Nw} = E_s I_s + 0.92 \cdot \dfrac{3}{4\sqrt{n}} E_c I_c$

依据桩基理论,利用上述刚度修正公式,采用现行桩基规范进行钢管复合桩单桩承载力设计。

②考虑剪力环、泥皮及防腐层共同作用时,钢管复合桩刚度应采用刚度修正公式进行计算,如表2-22所示。

考虑剪力环泥皮防腐层弱化效应钢管复合桩刚度修正公式　　表2-22

试桩编号	轴压刚度	抗弯刚度 $P>1.0F$
G-J-PY	$(EA)_J = E_s A_s + 1.09 E_c A_c$	$(EI)_J = E_s I_s + 1.14 \cdot \dfrac{1}{\sqrt{n}} E_c I_c$
G-J-N-PY1	$(EA)_{JN6} = E_s A_s + 1.023 E_c A_c$	$(EI)_{JN6} = E_s I_s + 1.03 \cdot \dfrac{24}{25\sqrt{n}} E_c I_c$
G-J-N-PY2	$(EA)_{JN4} = E_s A_s + 1.013 E_c A_c$	$(EI)_{JN4} = E_s I_s + 1.013 \cdot \dfrac{19}{20\sqrt{n}} E_c I_c$
G-J-N-PY3	$(EA)_{JN3} = E_s A_s + 0.99 E_c A_c$	$(EI)_{JN3} = E_s I_s + 0.99 \cdot \dfrac{19}{20\sqrt{n}} E_c I_c$

利用修正刚度公式,依据桩基理论采用现行桩基规范进行钢管复合桩单桩承载力设计。

2.5 小　　结

本章通过对埋床式钢管复合桩基础承载力及变形特性的数值分析和模型试验研究,得出如下主要结论:

(1)在压、弯、剪荷载条件下,当14根试桩外荷载加至1.7倍工作荷载时,整体上钢管复合桩横向和纵向变形基本处于弹性范围,未出现明显的塑性变形。因此,在泥皮(厚度约为0.1mm)、防腐涂层和剪力环(间距≤2D)共同作用下,钢管复合桩的承载能力和变形特征能够满足港珠澳大桥桩基承载及变形要求。

(2)在压、弯、剪复杂荷载条件下,钢管复合桩推出试验的最终破坏位置为试桩与承台连接处,破坏现象均为钢管屈曲破坏;钢管与核心混凝土的黏结强度为0.242~0.404MPa,黏结破坏时相对滑移量均小于0.2mm。

(3)钢管复合桩受力性能及变形较无钢管混凝土桩有明显的改善。由于钢管与混凝土的共同作用,横向变形减小40%~46%;竖向变形减小10%~26%;抗弯刚度增大40%~46%;抗压刚度增大10%~26%。对于有、无钢管混凝土桩,桩顶界面处截面受弯变形满足平截面假定的弯压比分别小于0.11和0.133,弯压比增大了21%,钢管的加固效应明显。核心混凝土拉应变增加30%~40%,压应变减小35%~45%,承担了70%~80%的竖向荷载;而钢管竖向荷载分担比为20%~30%,即20%~30%的竖向荷载由钢管承担,有剪力环时钢管荷载分担比取大值。

（4）钢管套箍效应使核心混凝土桩承载力有明显提高。在本次试验范围内（带剪力环、泥皮、防腐涂层、$D/t=100$、剪力环间距 $=3D$），在混凝土桩身轴向应变相同条件下，钢管复合桩轴向承载力较无钢管混凝土桩提高了36%；由于钢管的套箍效应使钢管复合桩承载力大于钢管桩承载力与混凝土桩承载力之和且提高了8.23%，较混凝土桩承载力提高了89.5%。在竖向荷载作用下，紧箍力自桩顶至桩端依次增加，桩端最大达2.32MPa。

（5）剪力环对钢管复合桩的水平及纵向位移起很大的抑制作用。有剪力环钢管复合桩平均水平位移为无剪力环钢管复合桩水平位移的85%左右。有剪力环钢管复合桩平均水平位移：无剪力环钢管复合桩平均水平位移：无钢管混凝土桩水平位移 $=1:1.22:2.35$，说明剪力环、钢管有效地减小了桩的水平位移。带剪力环钢管复合桩桩身截面应变沿截面分布呈"m"形或倒"V"形，剪力环的存在使得钢管纵向应变增大；钢管纵向应变和剪力环环向应变随着间距增大而增大。

（6）泥皮对钢管及混凝土的抗压及抗弯刚度的影响。与无钢管混凝土桩相比，泥皮（厚度约为0.1mm）使得钢管复合桩抗心混凝土的抗压和抗弯刚度分别降低了4%和8%；与无泥皮钢管复合桩相比，泥皮使得钢管复合桩抗压和抗弯刚度分别减低了3%和1%左右。

（7）SLF对钢管及混凝土的抗压及抗弯刚度的影响。与无钢管混凝土桩相比，SLF防腐涂层使得钢管复合桩核心混凝土抗压和抗弯刚度分别减小了4%和9%；与无防腐涂层钢管复合桩相比，防腐涂层使得钢管复合桩抗压和抗弯刚度分别降低了3%和1%~2%；横向位移较无防腐涂层桩增加了约2%。

（8）当泥皮和防腐涂层共同存在时，对钢管复合桩抗压和抗弯刚度的影响与两者之一单独存在时基本相同。泥皮和防腐涂层的影响较小且在可控范围内。剪力环的设置使得钢管复合桩抗弯刚度显著提高，剪力环间距、是否带有泥皮和防腐涂层对钢管复合桩抗弯刚度提高有一定的影响。当泥皮、防腐涂层和剪力环（剪力环间距$\leqslant 2D$）共同作用时，剪力环的加固作用完全可以克服泥皮、防腐涂层对刚度的有限影响，此时可不考虑泥皮、防腐涂层的弱化作用，钢管与核心混凝土两者黏结可靠。有/无防腐涂层和有/无泥皮时，钢管与核心混凝土的黏结强度无明显变化；剪力环的存在使得钢管复合桩极限黏结强度增加66.7%，同时使核心混凝土传递至钢管上的力增大，使核心混凝土与钢管之间的相对滑移减小。

本章参考文献

[1] 西南交通大学. 大直径钢管复合桩整体受力变形机理研究[R]. 2012.
[2] 西南交通大学. 大直径钢管复合桩试验研究[R]. 2012.
[3] 汪宏,李志明,王林,等. 大直径钢管复合桩承载力的非线性分析[J]. 岩土力学, 2005:213-217.
[4] 许启斌. 大直径钢管复合桩承载力的非线性研究[J]. 安徽建筑, 2005(4):49-51.

[5] 付洁馨,曾庆怡. 钢管复合桩承载力与桩土关系的研究[J]. 华南港工,2000(1):3-14.

[6] 陈英琴. 海上开口钢管复合桩荷载传递机理试验研究[D]. 武汉:武汉理工大学,2010.

[7] 张明远,黎生南,彭文韬,等. 基于FLAC(3D)的超长大直径钢管复合桩竖向承载特性模拟[J]. 岩土力学,2011(9):2856-2860.

[8] 胡利文,贾德庆,傅洁馨,等. 开口钢管复合桩承载力影响因素分析[J]. 岩土工程界,2005(10):51-54.

[9] 阮长青. 钢管复合桩设计中的若干问题探讨[J]. 地下空间,2003(1):87-89.

[10] 金东振,施鸣昇,秦玉琪,等. 提高大直径钢管复合桩承载力的探讨[J]. 水运工程,1980(9):1-6.

[11] 崔树琴,张远芳,李传镔,等. 突变理论在单桩竖向承载力确定中的应用[J]. 水利与建筑工程学报,2006(2):19-22.

[12] 劳伟康,周立运,王钊. 大直径柔性钢管嵌岩桩水平承载力试验与理论分析[J]. 岩石力学与工程学报,2004(10):1770-1777.

[13] 覃勇刚,刘钊,李学民,等. 杭州湾大桥南岸超长栈桥钢管复合桩水平极限承载力分析[J]. 公路交通科技,2006(8):93-96.

[14] 陈平,袁孟全. 提高高桩码头钢管复合桩桩基承载力的方法[J]. 中国港湾建设,2007(3):1-4.

[15] 郑刚,王丽. 成层土中倾斜荷载作用下桩承载力有限元分析[J]. 岩土力学,2009(3):680-687.

[16] 郑机. 桥梁水中墩承台预制施工方法探讨[J]. 铁道工程学报,2011(9):53-57.

[17] 刘旋云,马圭尧. 新三洪奇大桥水中墩承台施工[J]. 公路,2003(9):68-69.

[18] 黄立维,邢占清,张金接. 海上测风塔基础与承台灌浆连接技术[J]. 水利水电技术,2009,40(9):85-87.

[19] 官权. 珠江大桥预制承台施工[J]. 科学技术与工程,2009(18):5585-5588.

[20] 汪宏,曹骞,刘安来,等. 大直径钢管复合桩承载力的研究[C]. 第九届全国岩石力学与工程学术大会,沈阳,2006.

[21] 王鑫,南喜涛,苏永,等. 钢管壁厚度对方钢管混凝土柱受力性能的影响[J]. 中国科技博览,2009(4):234.

[22] Dai Z D. Protection of steel piles in harboursby using dz tape and cathodic polarization[J]. Chinese Journal of Oceanology and Limnology,1987(4):340-350.

[23] Liu R,Li Z H. Soil plug effect prediction and pile driveability analysis for large-diameter steel piles in ocean engineering[J]. China Ocean Engineering,2009(1):107-118.

第3章 基坑边坡稳定及回淤量

3.1 概 述

桥梁承台最大局部冲刷深度以及冲刷坑形态的准确预测,是桥梁基础合理设计和安全运营的重要保障。目前对于海洋环境下预制基础的回淤还没有成熟的计算方法,对于桥墩基础埋置施工期的冲刷计算还存在问题。由于基础附近水流泥沙运动十分复杂,影响因素众多,特别是其中的桥墩局部冲刷及回淤,至今人们对其机理的认识和在理论上的研究还很有限,还不能对此问题进行圆满的解决。目前模型试验及原位观测是确定基坑冲淤量最简单有效的方法,大量的工程实践证明,试验观测结果的精度能够满足工程建设的要求。

港珠澳大桥非通航孔桥基础为群桩埋置式基础,施工期基坑局部冲刷及回淤对结构安装带来影响,确定基坑回淤量多少直接关系到基础超挖量的确定。因此,必须通过基坑边坡稳定、基底回淤量观测确定合理的开挖边坡比和超挖量,既满足基础墩台安装要求,又使工效得到保证,同时又不至于设置不合理的边坡比和超挖量而增加基坑开挖工作量,从而增加施工成本。基于上述考虑,在桥位处选择典型区域开展了原位基坑开挖工艺试验。

原位试验开挖位置位于 K22+853,向北偏离桥轴线 150m,位置如图 3-1 所示。基坑开挖及回淤观测试验的主要目的是确定实际工程中基坑开挖最适合的边坡比和超挖量,试验采用理论计算分析与现场原位观测相结合的方法,合适的基坑开挖边坡比和超挖量,为桥梁工程的建设提供依据。

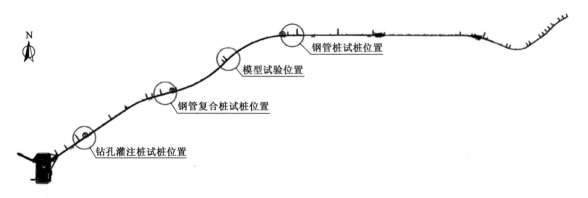

图 3-1 承台足尺试验总平面布置图

3.2 基坑开挖边坡比

3.2.1 边坡稳定数值分析

1）地质条件分析

原位试验基坑开挖穿越地层主要为①1、①2 层淤泥,③2 层淤泥质黏土,③2-2 层流塑粉质黏土夹砂和③3 层软~可塑粉质黏土,地层以流~软塑黏性土为主,局部为软~可塑黏性土和中密粉砂,围岩均为Ⅵ级,工程可挖性属Ⅰ级。对土层的描述见表 3-1。

土层工程地质特征　　　　表 3-1

地层编号	地层名称	颜色	特 征
①1	淤泥	灰黄色	流塑,滑腻;局部混有粉细砂粒,本层主要为浮泥,海床表部均有分布
①2	淤泥	灰色、深灰色	流塑,滑腻;含少量贝壳碎屑,间夹粉细砂薄层,局部呈互层状,偶见有腐木
③2	淤泥质黏土	灰色	流塑,显波状层理,层面多附有粉细砂粒;含少量贝壳碎屑,局部富集
③2-2	流塑粉质黏土夹砂	灰色	流塑,显水平层理,层面多附有粉细砂粒,间夹有数毫米~数厘米厚薄层粉砂
③3	黏土	灰黄色、灰白色	可塑~软塑为主,局部硬塑。除珠海、澳门近岸地段较厚外,海中大部地段较薄或缺失

具体的土层土壤指标参照港珠澳大桥沉管隧道基坑开挖的相关设计,得出如表 3-2 所示的土壤指标。

土 层 土 壤 指 标　　　　表 3-2

地层编号及名称	重度 γ	黏聚力 c	内摩擦角 φ	计算内摩擦角 φ_c	压缩模量 E_s 0.1~0.2	地基承载力基本容许值 $[f_{a0}]$	动泊松比 μ	静止侧压力系数 K_0	机床系数 K	渗透系数 $k(\times 10^{-6})$
	kN/m³	kPa	(°)	(°)	MPa	kPa			MPa/m	cm/s
①1 淤泥	16.1	3.9	1.8	5	1.79	40	0.498	0.70	2	0.47
①2 淤泥	16.3	5.3	2.2	6	1.87	50	0.497	0.70	3	0.29
②1 黏土	19.1	16.2	7.9	20	4.41	180	0.490	0.50	20	2.46

由于试验试挖槽槽底的高程为 -11m 左右,基坑仅深 5m,所以所有基坑均处在淤泥之中,又各处淤泥厚度不一,①1 淤泥较厚,为简便计,偏保守取所有淤泥均取为①1 淤泥。淤泥质土重度统一取 16kN/m³,黏聚力统一取 8.1kPa。

2）荷载及工况

影响本试验试挖槽边坡稳定的主要作用为基槽边坡自重、波浪以及流场的影响。试挖槽水深较浅,可变作用主要考虑波浪力的影响。从偏安全的角度分析,选取各个方向有效波高的最大值予以考虑。试挖槽边坡稳定作用分类以及波浪计算参数如表 3-3、表 3-4 所示。

作用分类

表 3-3

编号	作用分类	作用名称	编号	作用分类	作用名称
1	永久作用	基槽边坡自重	2	可变作用	波浪

波浪计算参数

表 3-4

波浪方向	重现期(年)	有效波高 H_s(m)	波长 L(m)	有效周期 T_s(s)
SSW	10	2.38	96.4	8.7
S	10	2.49	96.4	8.7
SSE	10	2.54	96.4	8.7
SE	10	1.31	85.7	8

注:1. 各波浪方向的波浪要素中采用对应高水位的波高值。
2. 各波浪方向的波浪从偏安全考虑取四个隧道观测点的有效波高的最大值。

试挖槽边坡稳定性计算主要考虑正常波浪工况和偶然波浪工况(10 年一遇波浪)这两种情况,其荷载组合区别主要是波高不同。正常波浪条件为 $H_s=0.8\text{m}, T=6\text{s}$(根据统计资料,此种波浪条件涵盖了 91% 的海况),偶然波浪条件见表 3-4。

正常波浪工况下,必须保证试挖槽边坡的稳定,偶然波浪工况(10 年一遇波浪工况)下,也必须保证试挖槽不能发生滑坡等太大的变形,故两者要求的安全系数也有差别,见表 3-5。

边坡稳定性计算设计标准

表 3-5

编号	工况简述	荷 载 组 合	土层参数取用	要求安全系数
1	正常波浪工况	永久作用 + 波浪(正常波高)	十字板	1.3
2	偶然波浪工况	永久作用 + 波浪(10 年重现期)	十字板	1.0

注:桥段无抗剪强度参数资料,故取隧道段资料进行计算。

由于该基坑属于短期边坡,故不考虑后期强度增长,仅取不排水强度 C_u 值,且十字板测试(表 3-6)属于原位试验,较直剪试验更可靠,因此取十字板强度值。

隧道段软土十字板测试数据分层统计表

表 3-6

指标名称	①1 淤泥	①2 淤泥	①3 淤泥质土
	C_u(kPa)	C_u(kPa)	C_u(kPa)
平均值	8.1	17.0	26.4

3)计算方法

试挖槽边坡稳定采用 G-SLOPE 软件进行稳定性验算。该软件可将动力、静力、渗流与边坡稳定极限平衡法进行耦合;同时,可以计算边坡动力各个时步的安全系数,可考虑动力、波浪及水下边坡渗流等因素,是本次基槽边坡稳定性分析的主要方法和手段。G-SLOPE 分析中土体材料模型在静力分析时,采用摩尔—库仑材料模型;在进行动力分析时,采用等效线性模型。地震动力通过其 QUAKE/W 模块,输入地震波进行动力计算,将各时步的应力场及孔压场导入 SLOPE/W 模块中进行稳定性分析。将波浪动力简化为大小随时间变化、只考虑竖向变化的近似模拟波浪的压力函数,采用考虑波浪随水深衰减后在基槽处的波压作为该压力函数的值,以此压力函数作为动应力边界条件进行动力计算,将各时步的应力场及孔压场导入 SLOPE/W 模块中进行稳定性分析。

4)计算原理及计算参数

G-SLOPE 软件计算原理及假定如下:

(1)稳定性安全系数计算采用 Morgenstern-Price。

(2)根据波浪理论,等效波浪静力简化模式如图 3-2 所示。

从动力计算中找出最不利布置的波浪,然后将此波浪作用分离成波压与孔压,用三角形或曲线近似正弦波压与孔压并布置在边坡表面。如图 3-3、图 3-4 所示。

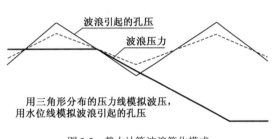
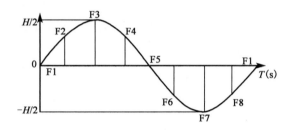

图 3-2 静力计算波浪简化模式　　　　图 3-3 动力计算简化模式

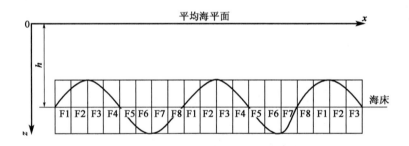

图 3-4 波浪波动随时间变化的全过程模拟示意图

(3)考虑地质的不确定性,对于不利断面采用邻近的不利钻孔参数。

(4)不考虑表层 2m 清除的有利作用。

5)边坡稳定性计算

(1)计算剖面选取

假定纵剖面与横剖面取相同坡比,墩台尺寸及基坑开挖长宽尺寸按照桥梁工程,以坡比 1∶5 为例进行说明。如图 3-5 所示。

(2)安全系数计算结果

分别计算出正常工况和 10 年波浪一遇工况情况下,试挖槽边坡比 1∶3、1∶4、1∶5 的安全系数,计算结果如表 3-7 所示,计算工况示意图如图 3-6 ~ 图 3-8 所示。

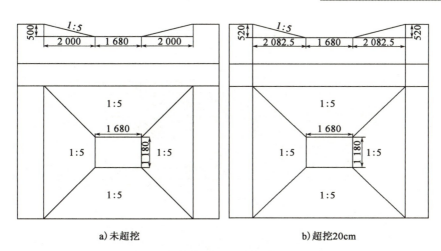

a) 未超挖　　　　　　　　b) 超挖20cm

图 3-5　基坑平剖面图(尺寸单位:cm)

试挖槽边坡稳定安全系数计算　　　　表 3-7

坡比	正常波浪工况	偶然波浪工况	坡比	正常波浪工况	偶然波浪工况
1:3	1.346	0.948	1:5	1.481	1.055
1:4	1.405	0.985			

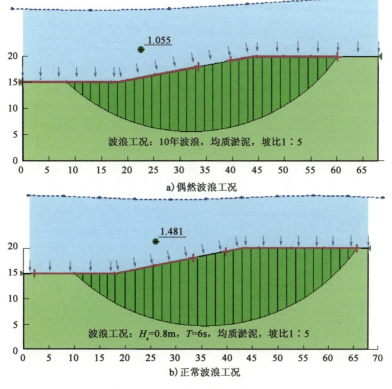

a) 偶然波浪工况

b) 正常波浪工况

图 3-6　坡比为 1:5 时计算结果示意图

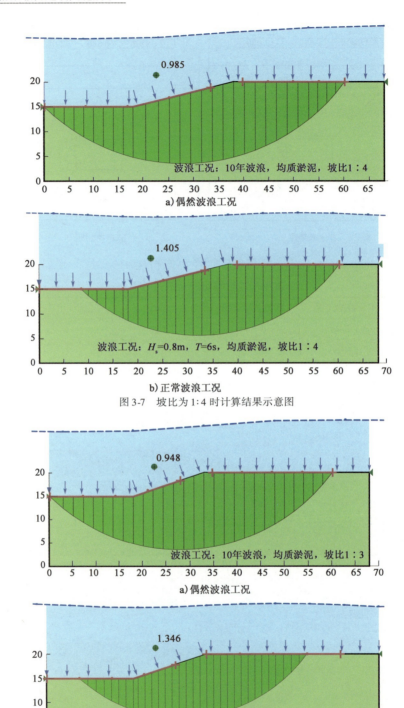

a) 偶然波浪工况

b) 正常波浪工况

图 3-7　坡比为 1:4 时计算结果示意图

a) 偶然波浪工况

b) 正常波浪工况

图 3-8　坡比为 1:3 时计算结果示意图

关于滑动面位置的说明：由于边坡存在期较短，认为边坡土体处于不排水状态，仅有黏聚力，无摩擦力，故滑面较深。

从上述分析结果可知，1:3、1:4、1:5这三个坡比在正常波浪工况下边坡稳定安全系数均大于1.3，满足要求；但是，在偶然波浪工况条件下，只有1:5的开挖坡比的边坡稳定安全系数满足规范规定的大于1.0的要求。

为了验证上述有关基坑边坡稳定性分析结果，结合埋置承台足尺工艺试验实际情况，基坑边坡选取1:4、1:5、1:6这三种坡比进行现场试验。

3.2.2 边坡稳定监测

本项目进行的水下地形测量范围为试验墩台中心周围各外扩100m，大小为200m×200m，采用的坐标系为港珠澳大桥桥梁独立工程坐标系，高程采用1985国家高程基准。

在桩基施工前采用传统的单波束测深仪定期和不定期地进行试挖槽基坑挖后水下地形测量工作，而当锚桩施沉并完成平联后，由于锚桩中间部位空间较小，测量船只无法进入，在导向架一层平台安装完成后，利用GPS-RTK+测深锤的方法对基坑中间部位进行测量。单波束测深仪采用仪器为天宝GPS R6一台，华测测深仪D330一台，另配备交通船一艘作为测量船使用，测量点间距为5m×10m。采用多波束测深仪，检验单波束成果。多波束测深仪型号为R2Sonic 2024，配备交通船一艘作为测量船使用。

1）测点布置

水深测量测点共94个，其中槽内4个，东北边坡坡比为1:6，测点数26个，东南边坡坡比为1:4，测点数18个，西南和西北边坡坡比均为1:5，测点数分别为21个、25个。测点的布置以及基坑见图3-9。

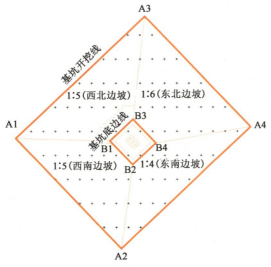

图3-9 基坑回淤测试点分布示意图

2）单波束水深测量

基坑试挖槽成槽后共进行 8 次单波束水深测量，如图 3-10 所示。

a)

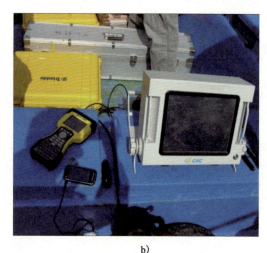
b)

图 3-10　单波束海上测量

单波束测深仪法测量步骤主要为：

（1）测量开始前，对 GPS 及测深仪进行参数设置并进行测试。GPS 的测试为对设计已知控制点进行复核测量，测深仪以测绳对测深数据进行复核，确定测量仪器工作状态良好，方可进行水下地形测量工作。

（2）根据已知的坐标数据，指引交通船到达测量水域。

（3）到达指定测量水域后，连接测量仪器设备，在船舷中部固定测深仪换能器，使其固定不动且保持垂直。开机后，设定入水深度、GPS 天线高等相关数据，按照测线间距 20m，测点间距 5m 开始测量，记录测量数据。

（4）测量完成后，检查数据记录是否完整，确定无误后，完成外业测量工作。

（5）对测量外业观测数据进行汇总整理，并绘制水下地形图。

（6）通过对测量数据的整理分析，算出回淤量。

3）多波束水深测量

多波束测深仪型号为 R2Sonic 2024，多波束测量示意图如图 3-11 所示，根据其测量结果绘制的地形图如图 3-12 所示。

本项目多波束测深仪测量范围为试验墩台中心周围各外扩 100m，大小为 200m × 200m。根据试挖槽及周围水深合理布置测线，保证不漏测，实际测量时保证测线覆盖面部分重叠，采用东西走线测量。测量船上线测量时严禁采取急转弯上线，需在测区外平稳航行上线，航行速度控制不超过 8 节，测量按计划和规范操作进行。

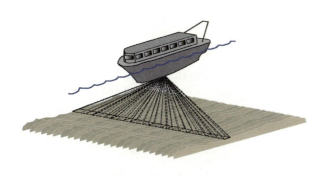 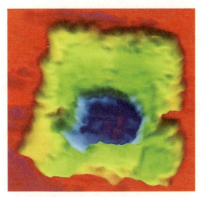

图 3-11　多波束测量示意图　　　　　图 3-12　多波束测量地形图

多波束测深仪使用声速剖面仪测得工作区域声速,为保证声速准确性更高,测量人员先将探头放在水面下约 2m 处稳定 5min,保证探头温度与水温一致,然后缓慢下放探头至水深约 22m 处,缓慢提升探头,并将声速读入计算机储存。采用 PDS2000 软件施测,由计算机自动采集同步记录 DGPS 的实时坐标、水深数据、罗经数据、三维涌浪数据等。

测量数据采用国际通用软件 CARIS HIPS 和 SIPS 6.0 多波束处理软件进行内业处理。对其原始数据进行独立编辑,剔除假数据,然后对其声速、潮位、入水等进行综合改正,最后通过子块编辑对水深数据再次进行假水深删除,改正后的数据转换成 DWG 格式的图形文件,利用 AutoCAD 软件进行出图编辑。多波束海上测量如图 3-13 所示。

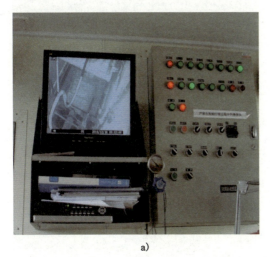

a)　　　　　　　　　　　　　　　b)

图 3-13　多波束海上测量

4)边坡稳定性分析

本试验利用多次单波束跟踪测量的数据,对成槽后三种斜率边坡(1:4、1:5、1:6)自 12 月份以来的测量数据进行了对比分析。为便于评价边坡的稳定程度,自行定义了以下几个专用名词:

(1)边坡稳定:通过水深测量,边坡没有发生明显坍塌、滑坡、变形的情况。

(2)局部坍塌:指在边坡上,由于分层开挖后形成台阶状的凸出点,在水流作用下随时间的塌落变化。

(3)边坡蠕变:随着时间变化,边坡上部分发生下陷、边坡下部分发生隆起的滑移现象。

(4)滑坡:边坡土体在水流影响下,在重力作用下出现整体或分散的顺坡下滑的现象,主要特征表现为上边坡出现局部跌坎,下边坡局部隆起。

2011年12月15日试验基坑开挖完成之后直至2012年1月25日锚桩施沉完成并已形成平联之前,已对试验范围进行了5次的单波束检测,根据以上的稳定程度约定,初步认为基坑的四边边坡都表现为总体稳定,没有滑坡情况出现。主要变化是边坡出现一定量的淤积。

总体情况可以从前后观测的单波束测出的等深线的对比看出。

①单波束测量值经过 Tecplot 软件处理后得出的水深图形如图 3-14~图 3-18 所示(图中单位均为 m)。

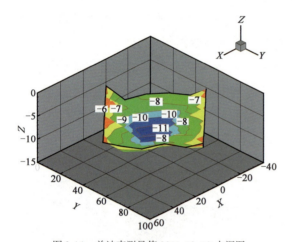

图 3-14 单波束测量值 2011.12.19 水深图

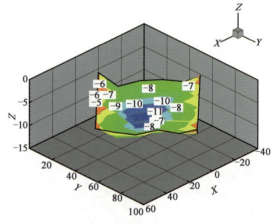

图 3-15 单波束测量值 2011.12.22 水深图

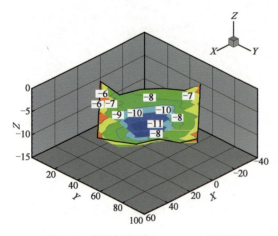

图 3-16 单波束测量值 2011.12.27 水深图

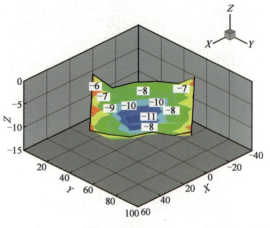

图 3-17 单波束测量值 2011.12.31 水深图

2012年1月25日锚桩已经振沉并已形成平联,图3-19所示为此时的水深图。

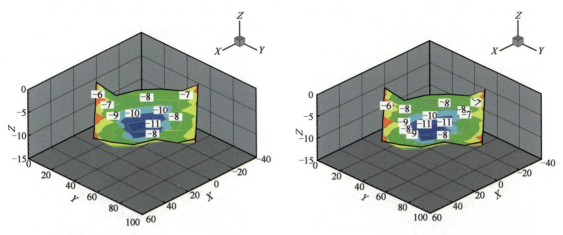

图3-18　单波束测量值2012.1.9水深图　　　图3-19　单波束测量值2012.1.25水深图

2012年1月30日是钢管桩振沉完成后进行的第一次测量,由于受到钢管桩振沉时振动的影响,通过对测量数据的整理分析发现,基坑底部回淤量明显增大,为37cm左右,总回淤量达到44cm左右。水深图如图3-20所示。

2012年2月14日为预制墩台吊装前的回淤测量。由于受到海上阵风(阵风7~8级)天气的影响及大量施工船只对基坑周围水流形成阻滞造成回淤,通过对测量数据的整理分析发现,基坑底部回淤量为10cm左右。总回淤量为80cm左右。由于预制墩台吊装后,基坑底部已无法进行回淤监测,故本次为回淤监测的最后一次测量。水深图如图3-21所示。

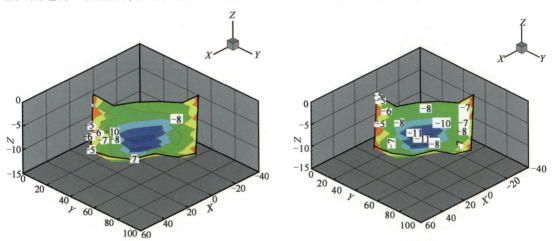

图3-20　单波束测量值2012.1.30水深图　　　图3-21　单波束测量值2012.2.8水深图

从2011年12月19日到2012年1月25日三维水深图可以看出,挖槽未发生明显变化。2011年12月19日刚施工完毕,施工形成的地形与经过30多天水流冲淤后形成的地形形状较为一致,未发生较大较为明显的冲淤,地形地貌总体上未见明显变化。图3-22所示为2011年

12月19日与2012年1月25日的对比图。

由图3-22可见,2012年1月25日(黑色线)的地形地貌与2011年12月19日(红色线)相比,未见有大面积的变化。从边坡的形状来看,东北向边坡(1∶6)回淤效果较好,与开挖后的原地形基本一致;西北边坡和西南边坡(1∶5)经过39天的冲刷,有少许蠕变的趋向;东南边坡(1∶4)也出现了一定的变形,不过总体来看比较稳定。

图3-23所示为2012年1月30日与2012年1月25日的对比图。

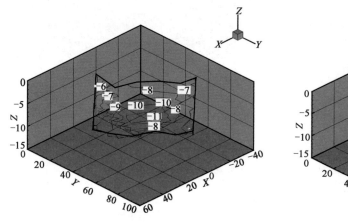

图3-22　12月19日与1月25日对比图　　　　图3-23　1月30日与1月25日对比图

由图3-23可见,2012年1月30日(黑色线)的地形地貌与2012年1月25日(红色线)相比,未见有大面积的变化。由于受到钢管桩振沉时振动的影响,东北边坡、东南边坡以及西北边坡都出现了一定的冲刷,试挖槽槽底出现了不到40cm的回淤。从边坡的形状来看,东北边坡(坡比1∶6)形状保持得最好,稳定性最高。

图3-24所示为2012年2月8日与2012年1月30日的对比图。

由图3-24可见,2012年2月8日(黑色线)的地形地貌与2012年1月30日(红色线)相比,边坡形状变化不大。四个方向的边坡在此期间冲淤基本平衡。由于受到钻机吸泥时振动和近期集中的海上阵风(阵风7~8级)天气的影响,试挖槽槽底回淤大约25cm。从边坡的形状来看,东北边坡(坡比1∶6)形状保持得最好,稳定性最高。

图3-25所示为2012年2月8日、14日与2012年1月30日的对比图。

由图3-25可见,2012年2月14日(蓝色线)、2012年2月8日(绿色线)的地形地貌与2012年1月30日(红色线)相比,边坡形状变化不大。四个方向的边坡在此期间冲淤基本平衡。由于受到钻机吸泥时振动和近期集中的海上阵风(阵风7~8级)天气以及大量施工船只对基坑周围水流形成阻滞造成回淤的影响,试挖槽槽底回淤大约35cm。从边坡的形状来看,东北边坡(坡比1∶6)形状保持得最好,稳定性最高。

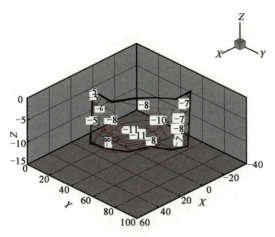 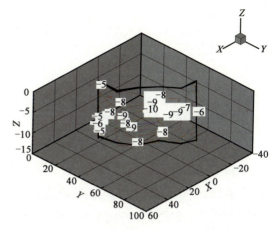

图 3-24　2 月 8 日与 1 月 30 日对比图　　　　图 3-25　2 月 8 日、14 日与 1 月 30 日对比图

②单波束水深等深线变化分析

根据 2011 年 12 月 19 日~2012 年 2 月 8 日的 8 次测量数据绘制水深图,形成等深线,等深线每间隔 1m 绘制。将 8 次测量等深线都画出来,分析变化情况如下。为了对比方便,绘出二维和三维的情况,如图 3-26、图 3-27 所示。

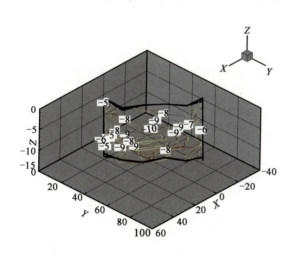 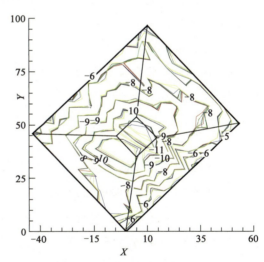

图 3-26　等深线变化对比图(三维)　　　　图 3-27　等深线变化对比图(二维)

注:黑色代表 2011 年 12 月 19 日测量,红色代表 12 月 22 日、12 月 27 日测量,绿色代表 12 月 31 日、2012 年 1 月 9 日测量,蓝色代表 2012 年 1 月 25 日、1 月 30 日测量,黄色代表 2012 年 2 月 8 日、2 月 14 日测量,测量单位均为 m。

根据上面等深线变化情况可以看出:从总体上看,各等深线逐步缓慢向槽底移动,东北向坡缓(1:6)更容易淤积,东南向坡陡(1:4)不容易淤积。从稳定性来看,东北向边坡(1:6)最好,东南向边坡(1:4)有蠕变的趋势,有可能会发生局部坍塌。

3.3 基坑超挖量

3.3.1 基坑回淤理论

长期以来,在淤泥质与粉沙质海滩、河口建港,泥沙回淤一直是人们普遍关注的问题。早在20世纪50年代天津港建港时国内专家学者就对此进行研究讨论并取得初步成果;1973年周恩来总理提出"三年改变港口面貌"的口号,连云港成立建港指挥部,各研究所和高等院校对连云港的泥沙问题进行了深入的研究,在外航道的回淤预测方面取得了丰富的成果。至今关于淤泥质、粉沙质海岸的回淤研究成果已达到一个相对成熟的理论阶段,出现了一大批关于回淤预测的方法。但在沙质海岸的泥沙回淤研究尚不成熟,仍处于研究的初级阶段。目前,对于淤泥质、粉沙质海岸航道回淤预测方法主要有四种,即试挖槽、物理模型预测、半理论半经验公式预测和数学模型预测。下面对半理论半经验公式进行介绍。

1)基坑回淤公式

随着对泥沙研究理论的不断完善,研究领域的逐步广泛,国内许多专家学者提出很多关于回淤预测的半理论半经验公式。

(1)刘家驹公式

南京水利科学研究院刘家驹从浅滩浑水横跨航道,挖槽内流速减小,挟沙能力降低,从而引起泥沙淤积的基本概念出发,推导建立了连云港地区外海航道回淤预报模式:

$$P = \omega S t K_1 \left[1 - \left(\frac{h_1}{h_2}\right)^3\right] \frac{\sin\theta}{\gamma_0} \tag{3-1}$$

后来作者又考虑了浑水横越航道和浑水顺沿航道所引起的淤积,对公式(3-1)进行了修改,从而得到了目前广泛使用的公式模式:

$$P = \omega S t \{K_1[1-(h_1/h_2)^3]\sin\theta + K_2[1-(1+h_1/h_2)d_1/(2h_2)]\cos\theta\}/\gamma_0 \tag{3-2}$$

式中:P——淤泥质海岸航道淤积厚度(m);

ω——淤泥质泥沙的絮凝沉速(m/s),计算中取 $\omega = 0.0004 \sim 0.0005$ m/s;

S——波浪和潮流共同作用下淤泥质海岸的水体平均含沙量(kg/m³);

γ_0——与粒径有关的表层淤积物的干密度(kg/m³);

t——淤积历时(s);

K_1、K_2——航道横流和顺流淤积系数,在缺少现场资料的情况下,取 $K_1=0.35$,$K_2=0.13$;

h_1、h_2——浅滩平均水深和航道开挖水深(m);

θ——航道走向与平均潮流流向夹角(°)。

在没有完整的现场资料情况下,可用式(3-3)计算水体的平均含沙量,同时该式也是在有实测含沙量时含沙量的检验公式：

$$S = 0.0273\gamma_s(|v_1| + |v_2|)/(gh_1) \tag{3-3}$$

式中：v_1——潮流和风吹流的时段平均合成流速(m/s)；

　　　v_2——波浪水质点的平均水平速度(m/s)，正常波浪情况下波动水质点的平均速度 $v_2 = 0.2(H/d_1)C$，其中，H 为波高(m)，C 为波速(m/s)；

　　　γ_s——泥沙颗粒密度(kg/m³)；

　　　g——重力加速度(m/s²)。

淤积干密度 γ_0 在回淤计算中，是一个比较重要的物理量，可以根据淤泥质泥沙的中值粒径 D_{50}(mm)，采用下述公式进行计算：

$$\gamma_0 = 1750 D_{50}^{0.183}$$

由于刘家驹公式当时只是针对淤泥质海岸提出的，考虑到其公式建立在悬沙落淤的机理，有应用粉沙质、沙质海岸的可能性，为拓展其应用空间，刘家驹提出在非淤泥质海岸应用此公式时公式结构形式和 K_1、K_2 取值不变，但对 ω 和 S 做出以下修正：当 $0.015\text{mm} < d_{50} < 0.03\text{mm}$ 时，ω 一般取 $0.0004 \sim 0.0005\text{m/s}$；当 $0.03\text{mm} < d_{50} < 0.11\text{mm}$ 时，ω 以分散体的单颗沉速 ω_k 代替；$\omega > 0.11\text{mm}$ 时，取 $\omega = \omega_0(0.11/d_{50})^2$；$S$ 则采用具有挟沙力概念的含沙量，$S_k = S[D_0/(D_k + a/D_k)]$，式中 D_0 为特定粒径，取 0.11mm；a 为特定面积，取 0.0024mm^2；D_k 为大于 0.03mm 的泥沙粒径；S_k 为粒径对应于 D_k 的含沙量。

刘家驹公式适用于正常水动力条件(或较长时间的平均水动力条件)下的航道淤积计算，在各个参数中 S、ω、γ_0、γ_s 属于泥沙因素，当然 S 还与动力因素密切有关，V_1、V_2 为水动力因素，d_1、d_2 为工程环境因素。

(2)罗肇森公式

南京水利科学研究院罗肇森认为波、流(包括潮流和风吹流)共同作用下的输沙机理是波浪轨道速度掀沙与挟沙，波浪传质速度、潮流速度和风吹流的合成速度输沙。根据波动水流能量及泥沙运动原理，参考窦国仁推导底沙输沙率的方法，推导出波浪、潮流和风吹流共同作用下的底沙输沙率公式。

河口航道开挖初期的回淤厚度计算公式为：

$$P = \alpha\omega_f St\left[1 - \left(\frac{h_1}{h_2}\right)^3\right]\frac{(\cos n\theta)^{-1}}{\gamma_0} \tag{3-4}$$

河口航道开挖后的常年回淤厚度计算公式为：

$$P = \alpha\omega_f St\left[1 - \left(\frac{v_2}{v_1}\right)^2\left(\frac{h_1}{h_2}\right)\right]\frac{(\cos n\theta)^{-1}}{\gamma_0}$$

式中：P——淤泥质海岸航道淤积厚度(m)；

α——泥沙沉降几率,不同泥沙颗粒粒径下的 α 值见表3-8;

ω_f——与粒径及含盐度有关的泥沙絮凝沉速(m/s);

S——波浪和潮流共同作用下淤泥质海岸的水体平均含沙量(kg/m³);

γ_0——与粒径有关的表层淤积物的干密度(kg/m³);

t——淤积历时(s);

v_1、v_2——航道开挖前、后的流速(m/s);

h_1、h_2——航道开挖前、后的水深(m);

n——转向系数;

θ——水流方向与航道轴向的夹角(°)。

为方便计算,$n\theta = 0.934\theta - 3.61$。

α 取 值 表3-8

d(mm)	<0.03	0.05	0.10	0.15	0.20	>0.20
α	0.67	0.68	0.72	0.78	0.83	0.84

(3)虞-金公式

华东师范大学虞志英和连云港建港指挥部金镠认为浅滩挖槽中的冲淤,取决于潮流与波浪底切力和沉积物水动力特性之间的对比,推导建立了外航道回淤预报模式,1/4全潮内挖槽内淤积量表达式为:

$$D_t = S_{滩} h_{槽} \{[1 - \exp(-\omega^2 T_{槽}/\varepsilon)] / [1 - \exp(-\omega^2 h_{槽}/\varepsilon)]\} \tag{3-5}$$

式中:$S_{滩}$——挖槽所在滩面处的水体垂线平均含沙量(kg/m³);

$T_{槽}$——挖槽淤积历时(s);

$h_{槽}$——开挖后水槽深度(m);

ω——沉降速度(m/s);

ε——水流紊动量系数。

(4)曹祖德公式

交通运输部天津水运科学研究所曹祖德在研究淤泥质海滩问题上,认为水流斜越航道时的变化是引起航道回淤的根本原因,分析了水流越过航道的变化,考虑了航道深度、宽度、水流与航道交角等因素对航道回淤的影响,提出了开敞航道回淤计算公式:

$$\overline{P} = \alpha \omega S \eta_h \eta_b / \gamma_0 \tag{3-6}$$

$$\eta_h = 1 - (h_1/h_2)^3 \sin^2\theta_1 - (h_1/h_2)^{0.56}\cos^2\theta_1$$

$$\eta_b = b_k h_2 [1 - \exp(bh_1/b_k h_2)] / bh_1$$

$$b_k = \frac{U_2 \sin\theta_2}{\alpha \omega} h_1 = \frac{U_1 \sin\theta_1}{\alpha \omega} \cdot \frac{h_1^2}{h_2}$$

式中：$\bar{P}$——航道横断面平均淤积厚度(m)；

α——泥沙沉降几率；

ω——沉降速度(m/s)；

γ_0——与粒径有关的表层淤积物的干密度(kg/m³)；

S——波浪和潮流共同作用下淤泥质海岸的水体平均含沙量(kg/m³)；

U_1、U_2——航道外、内流速(m/s)；

h_1、h_2——航道开挖前、后的水深(m)；

b——槽底宽(m)；

θ_1、θ_2——航道外、内水流与航道的夹角(°)。

此公式在珠江口伶仃洋广州港出港航道扩建方案回淤预测中得到验证，计算结果与物模、数模计算结果相近。

(5) 乐培九公式

交通运输部天津水运科学研究所乐培九根据饱和输沙（认为航槽的出口断面含沙量 S 饱和）和非饱和输沙（认为航槽的出口断面含沙量 S 不一定达到饱和）原理，按照从航道在水流方向上的长度的大小得出一组回淤预报公式：

当 ΔL 较小的时候：

$$P = \alpha\omega S_{*1}t[1 - (h_1/h_2)^{3m}]/\gamma_0 \tag{3-7}$$

当 ΔL 较大的时候：

$$P = qS_{*1}t[1 - (h_1/h_2)^{3m}][1 - \exp(-\alpha\omega\Delta L/q_1)]/(\Delta L\gamma_0) \tag{3-8}$$

式中：P——淤泥质海岸航道淤积厚度(m)；

α——泥沙沉降几率；

ω——沉降速度(m/s)；

S_{*1}——开挖前挟沙能力(kg/m³)；

t——淤积历时(s)；

h_1、h_2——航道开挖前、后的水深(m)；

γ_0——与粒径有关的表层淤积物的干密度(kg/m³)；

m——水流泥沙相关函数，由当地实测资料确定；

ΔL——挖槽与水流方向相交的截面长度(m)；

q_1——航道开挖前单宽流量(m²/s)。

(6) 李旺生公式

天津水运科学研究所李旺生考虑挖槽后的流速变化，从输沙方程及河床变形方程出发得到回淤计算公式：

$$P = 0.01K\omega St[1 - (h_1/h_2)^3\sin^2\theta - (v_2/v_1)^2(h_1/h_2)\cos^2\theta]/\gamma_0 \tag{3-9}$$

式中:P——淤积厚度(m);

K——综合待定系数;

S——波浪和潮流共同作用下淤泥质海岸的水体平均含沙量(kg/m³);

ω——泥沙沉降速度(m/s);

t——冲淤历时(s);

v_1、v_2——航道开挖前、后的流速(m/s);

γ_0——与粒径有关的表层淤积物的干密度(kg/m³);

θ——水流方向与航道轴向的夹角(°)。

(7)陈一梅公式

沙质海岸在回淤研究中处于初期阶段,理论尚不成熟,而东南大学陈一梅从沙质海岸的水流泥沙运动基本理论出发,提出了沙质海岸河口泥沙回淤计算模式,推导出了适合闽江通海航道的回淤强度计算公式:

$$\Delta z = KS\omega t[1 - K_1(v_2/v_1)^2(h_1/h_2)]/\gamma_0 \tag{3-10}$$

式中:Δz——挖槽淤积厚度(m);

K——综合待定系数,闽江外沙取为1.05;

K_1——冲淤系数,闽江外沙挖槽不冲不淤时取值0.78;

S——波浪和潮流共同作用下淤泥质海岸的水体平均含沙量(kg/m³);

ω——泥沙沉降速度(m/s);

t——冲淤历时(s);

v_1、v_2——航道开挖前、后的流速(m/s);

h_1、h_2——航道开挖前、后的水深(m);

γ_0——与粒径有关的表层淤积物的干密度(kg/m³)。

(8)褚裕良公式

珠江三角洲横门出海航道烂山浅滩以推移质造床为主,河海大学褚裕良针对推移质造床的水流、泥沙特点,将推移质看作接近床面运动的浓度较高的悬移质来处理,提出了计算推移质水道冲淤模式和公式:

$$\Delta \eta_b = K\alpha\omega S_{*2}t[(v_1/v_2)^{2.5}(h_2/h_1)^{0.5} - 1]/\gamma_0 \tag{3-11}$$

式中:$\Delta \eta_b$——推移质引起的冲淤厚度(m);

K——综合系数;

α——推移质泥沙沉降几率;

ω——推移质泥沙沉降速度(m/s);

S_{*2}——航道开挖后单位体积内推移质泥沙量(kg/m³);

t——冲淤历时(s);

v_1、v_2——航道开挖前、后的流速(m/s);

h_1、h_2——航道开挖前、后的水深(m);

γ_0——与粒径有关的表层淤积物的干密度(kg/m^3)。

该方法在该地区航道预测中较好地反映了河口推移质引起的冲淤情况,较为准确地计算了推移质河床的冲淤数量和冲淤过程。

以上关于淤泥质、粉沙质海岸航道回淤的半理论半经验公式,充分考虑到影响淤泥的各种因素,理论相对成熟,大都经过实际验证得来,具有较高的参考价值。但半理论半经验公式中的参数取值往往是影响公式进行回淤预测的关键,尽管均是淤泥质或粉沙质海岸,但由于风、浪、流及地形等因素的差异造成航道回淤的程度也是不一样的。如何正确选择参数成为回淤公式使用的一大难题,但由于半理论半经验公式简单易行,且有较强的理论基础,在工程实践中预报相对准确,人力物力浪费较小,因而受到广泛欢迎。

2) 回淤主要影响因素

在基坑开挖过程中,回淤对施工质量、成槽深度和施工工期有很大影响,因此充分研究基坑开挖过程中影响回淤的因素,以便在施工过程中,更有针对性地采取必要的措施,减少回淤。

(1) 基坑回淤与含沙量、泥沙沉降速度、水流流速有关

对淤泥质基坑开挖而言,回淤物泥沙主要来源于基坑开挖部分的原状土,泥沙运动形态以悬移为主,对较细颗粒的基坑底部可能有浮泥运动。在基坑开挖过程中,打破海底原有平衡状态,在波浪和海流作用下,基坑发生回淤。当海水挟沙能力一定时,水体含沙量越大,回淤量越多。泥沙沉降速度越快,相应的回淤速度也快。

(2) 基坑回淤与角度 θ 有关

θ 角为水流流向与基坑横向的夹角,如图 3-28 所示。U_2、U_1 分别为基坑内外海水流速;

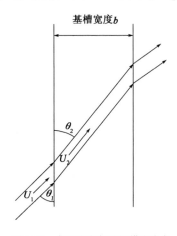

图 3-28　水流流向与基坑横向夹角

θ_2、θ_1 分别为基坑内外海水流速与基坑的横向夹角。根据上述回淤厚度公式可以看出，回淤厚度与 θ 有关，且回淤量随着 θ 的增加而增加，$\theta = 90°$ 时，回淤量最大；$\theta = 0°$ 时，回淤量最小。

(3) 基坑回淤与基坑开挖的宽度和深度有关

基坑回淤与基坑开挖宽度有关。因基坑开挖而引起的悬沙，开始沉积速度较快，以后因含沙量降低，沉积逐渐减慢，达到某一临界距离后，含沙量减至临界值，淤积停止。在基坑内回淤的临界宽度为：

$$b_k = \frac{v_2 \sin\theta_2}{\alpha\omega} h_1 = \frac{v_1 \sin\theta_1}{\alpha\omega} \frac{h_1^2}{h_2}$$

式中：h_1、h_2——航道开挖前、后的水深（m）；

v_1、v_2——航道外、内的流速（m/s）；

θ_1、θ_2——航道外、内水流与航道的夹角（°）。

基坑开挖宽度不同，其内部回淤也不同，如图 3-29 所示，分析了 3 种回淤情况。当 $b < b_k$ 时，平均淤量最大，但回淤总量最小；当 $b > b_k$ 时，平均淤量最小，但回淤总量最大。由此可见，基坑的回淤量随着基坑开挖宽度的增加而增加，但基坑断面平均淤量则随着基坑开挖宽度的增加而减小，当达到某一临界宽度后，基坑回淤量保持不变，不因基坑开挖宽度的增加而增加。

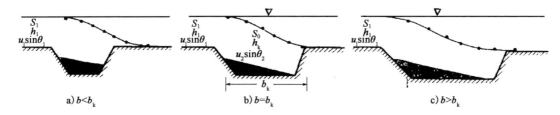

图 3-29 基坑回淤与基坑宽度的关系

通过回淤预测公式，可以看出，基坑的回淤量与基坑开挖深度成正比，随着基坑开挖深度的增加而增大。但当达到某一深度后，挖深再增加，回淤却增加得不多。

3) 基坑回淤量验算

(1) 测点选取及设计流速、流向

工程区海域潮流属于不规则半日潮类型，呈现往复流运动形式。本海区浅水效应较为显著，具体表现在涨、落潮流的不对称性及涨、落潮历时不等较明显。2004 年 6 月在拟建工程海域沿备选线位共布置了 9 个水文测点，进行大、中、小潮全潮水文观测。实测资料表明，本海域水流具有落潮流速大于涨潮流速，中部海域潮流流速比两边大的特点。各测点涨急时垂线平均流向基本为 N 向，落急时垂线平均流向基本为 S 向。除靠近东西两侧近岸两测站外，各测点大潮实测涨急垂线平均流向和 N 向偏差小于 12°，落急垂线平均流向和 S 向偏差也小于 12°。靠近大屿山 SW01 测点涨急垂线平均流向为 32°，落急垂线平均流向为 214°。工程区海域大潮期实测海流资料见表 3-9。

洪季各测点垂线最大平均流速(cm/s)及流向(°)　　　　表3-9

测 点	水深(m)	纬 度	经 度	涨潮		落潮	
				流速	流向	流速	流向
SW01	11.0	22°16′26.85″N	113°50′40.76″E	55	32	84	214
SW02	16.0	22°16′26.68″N	113°48′18.98″E	75	0	92	190
SW03	8.0	22°16′26.51″N	113°46′09.86″E	60	349	99	175
SW04	6.5	22°16′26.21″N	113°43′45.90″E	66	2	71	189
SW05	5.5	22°14′05.36″N	113°39′43.40″E	48	354	65	177
SW06	5.0	22°11′23.05″N	113°36′35.00″E	45	331	67	171
SW07	18.5	22°14′26.19″N	113°48′55.43″E	77	12	97	192
SW08	8.5	22°14′05.97″N	113°46′45.58″E	52	349	88	180
SW09	7.5	22°14′05.39″N	113°43′57.14″E	63	354	77	172

2009年3~4月在拟建工程海域沿备选线位共布置了11个水文测点，进行大、小潮水文观测。实测资料表明，西侧近岸的观测垂线上的水流流速要相对小于其他垂线上的水流流速。

大潮期间，各垂线水流表现出了往复流的特性。由于水流观测区域较广，受地形及其他因素影响，各垂线涨、落潮主流向存在一定差异，但是涨潮主流向基本在N向附近(NW~NE)，落潮主流向基本在S向附近(SE~SW)。除CL02和CL05垂线涨潮最大流速小于落潮最大流速，其余垂线涨、落潮最大流速相差不大。

工程海域大潮实测水流垂线平均资料见表3-10。

枯季(大潮)各测点最大垂线平均流速(cm/s)及流向(°)　　　　表3-10

测 点	水深(m)	纬 度	经 度	涨潮		落潮	
				流速	流向	流速	流向
CL01	5.0	22°22′38.7″N	113°50′26.4″E	72	352	62	77
CL02	8.5	22°22′30.3″N	113°46′04.7″E	88	350	130	76
CL03	9.5	22°16′53.7″N	113°50′48.9″E	81	26	83	214
CL04	9.4	22°17′00.7″N	113°48′49.2″E	87	359	78	197
CL05	7.0	22°17′01.5″N	113°46′41.5″E	82	339	136	166
CL06	6.2	22°16′58.4″N	113°43′41.8″E	75	16	74	167
CL07	5.2	22°15′13.0″N	113°39′55.4″E	77	342	70	166
CL08	4.4	22°13′30.4″N	113°36′10.8″E	58	13	58	178
CL09	3.0	22°12′38.9″N	113°34′49.3″E	38	356	44	177
CL10	25.0	22°13′01.1″N	113°48′10.3″E	97	5	97	176
CL11	6.4	22°12′58.5″N	113°42′28.9″E	76	357	86	182

试挖槽基坑的位置大概在洪季大潮测点的 SW9 位置以及枯季大潮 CL11 位置。

(2) 回淤厚度验证

考虑到 2012 年 1 月 25 日测量时，锚桩已经振沉并已形成平联，2012 年 1 月 30 日测量时试挖槽钢管桩振沉，2012 年 2 月 8 日测量时钻机吸泥振动、海上阵风(阵风 7～8 级)影响等，这些因素都可能对试挖槽槽底的回淤有所影响。因此验证时只考虑 2011 年 12 月 19 日～2012 年 1 月 9 日这 21 天试挖槽槽底回淤量。

在 2004 年 6 月水文观测期间进行了含沙量和底质取样，含沙量取样分析表明：工程水域的含沙量分布特点是西侧高于东侧，落潮大于涨潮。测验水域平均含沙量为 0.012kg/m³，实测最大含沙量为 0.141kg/m³，出现在 SW07、SW09 站；最小含沙量为 0.000 2kg/m³，出现在 SW01 站。悬沙由湾内向海域输出，净输沙量平均为 570kg/(m·d)。测点 SW09 的平均含沙量按 0.141kg/m³。

淤积历时按 21 天进行计算，即 1 814 400s，淤积物的干密度对淤泥质海岸在 600～900kg/m³ 之间，取 600kg/m³。细颗粒泥沙絮凝团的沉降速度在 0.01～0.06cm/s 之间，取为 0.06cm/s。

试挖槽处水深大概为 5.5m，基坑底水深大概为 11.5m。假定基坑与水流每差 15°进行一次计算。由于式(3-1)中基坑回淤深度与流速无关，故洪季和枯季试挖槽槽底回淤情况相同，见表 3-11。

试挖槽槽底回淤深度计算　　表 3-11

基坑与水流夹角(°)	0	15	30	45	60	75	90
回淤厚度(m)	0.080	0.083	0.080	0.072	0.080	0.083	0.080

注：由于基坑大概呈一个正方形，基坑与水流呈 0°角，也就是与另一个方向呈 90°角。故基坑与水流呈 0°角时，θ 取为 90°进行计算。

由表 3-11 计算结果可知，试挖槽基坑理论计算得出 21 天大概回淤了 8cm，而用单波束实测得出 21 天的最大回淤量为 7cm，两者结果基本吻合。故可以用经验公式来推算基坑超挖量。

4) 基坑超挖量计算

基坑回淤与时间是紧密相关的。根据式(3-2)，在一定的时间内，基坑回淤厚度与时间成正比关系。时间拖得越长，回淤量越大，基底处理工程量就越大，同时拖延工期。因此应该尽量缩短基坑成槽时间。本工程中对回淤 1 个月、2 个月、3 个月以及半年时间的基坑回淤厚度进行计算。公式中细颗粒泥沙絮凝团的沉降速度在 0.01～0.06cm/s 之间，随着时间的增加，絮凝团的沉降速度会降低。一般情况下，基槽的回淤在一年左右会趋于稳定。故在本工程中，絮凝团的沉降速度按每两个月下降 0.01cm/s 进行考虑，前两个月按 0.06cm/s 计算。根据表 3-10 的计算情况，偏安全考虑的情况下，选择基坑与水流呈 75°和 90°两种情况进行计算，计算结果见表 3-12。

试挖槽超挖深度计算 表3-12

回淤时间(月)	1		2		3		6	
基坑与水流夹角(°)	75	90	75	90	75	90	75	90
回淤厚度(m)	0.12	0.12	0.24	0.23	0.33	0.32	0.59	0.57

注：超挖量等于超挖深度乘以超挖面积。

由表3-12计算结果可知，试挖槽开挖1个月后需超挖12cm左右，试挖槽开挖2个月后需超挖24cm左右，3个月后需超挖33cm左右，半年后需超挖59cm左右。在实际工程中，试挖槽超挖还考虑到锚桩振沉、钢管桩振沉、可能出现的阵风以及施工船只对基坑周围水流形成阻滞等因素的影响。

5）基坑减淤对策

在基坑开挖过程中，由于挖泥施工改变原有平衡状态，引起基坑回淤，增加基坑开挖施工的工程量，同时对施工质量有一定负面影响。为减少回淤对基坑开挖施工及成槽质量的影响，可采取以下措施减小基坑回淤：

（1）选用合适挖泥设备及施工工艺

在深水基坑开挖过程中，施工设备选择的优劣是关系到基坑成型施工成败的关键因素之一。在外海基坑开挖施工中，因水深且下覆深厚软弱地层，采用抓斗式挖泥船进行基坑开挖施工，如果对抓斗斗容选用不当，会造成每次基坑被扰动的土体小于抓斗斗容，从而增加水体中的含沙量，即增加回淤量。因此在基坑开挖施工前，应结合施工位置处地质水文等情况，选用合适的挖泥船及抓斗斗容。

此外基坑开挖施工工艺对基坑回淤也有很大影响。在基坑开挖前，确定基坑开挖分段、分层、分条方法，从而减小开挖区域与未开挖区域的高差，降低回淤量。

因此，在基坑开挖施工前，综合各种因素的影响，选用合理的施工工艺及施工设备，对增加工作效率，缩短工期，保证成槽质量起到积极的推动作用。

（2）挖泥船开挖方向对回淤影响

在同类施工中，根据施工经验，当挖泥船开挖方向与潮流方向相同时，更容易掌握回淤深度，更好解决回淤问题，生产效率也高。

（3）挖泥厚度对回淤影响

在挖泥施工中，一次挖泥厚度对回淤也产生很大影响。在外海深水地区，引起回淤的主要原因是，开挖过程中对海底进行扰动，引起悬移质运动。因此根据挖泥船性能控制一次挖泥厚度。当挖泥层过薄时，开挖效率降低；当开挖层过厚时，挖泥船超负荷运行，机械回淤量过大，影响开挖质量和效率。因此在施工中，根据地质情况及挖泥船类型，确定最佳挖泥厚度，减少施工对回淤的影响。

(4)减少基坑成槽时间

基坑回淤与时间是紧密相关的,时间拖得越长,回淤量越大,基底处理工程量就越大,同时拖延工期。因此应该尽量缩短基坑成槽时间。即基坑成槽施工结束后,并且已经进行了基底清淤处理后,应尽快组织相关单位进行验收。验收通过后,应快速进行基底处理、基坑回填,以减少回淤的影响。

3.3.2 基坑原位回淤观测

本次基坑原位回淤观测试验采用多波束和单波束两种测深系统,测量及分析结果如下文。

1)精度测量分析

多波束和单波束测深系统测量的最后结果是相对于某一个基准面的水深。由于船舶的运动,加上海平面经常受到潮汐和气象条件的影响而时涨时落,以及海水中一些半浮沉杂质物体返回的假回声等复杂原因,最后所得水深测量资料的精度不仅依赖于各种先进的硬件设备,还依赖于完备的辅助设备数据和先进的数据处理技术。海上测量工作必须在不断运动着的海面上进行,无法对固定特征点进行重复观测,而其连续观测的结果总是对应着与原观测点接近但又不同点的观测数据,所以不存在平差问题。影响测深数据质量和精度的主要因素是系统多源的仪器误差和外界环境因素。

多波束测量存在的主要误差包括:定位数据和测深数据的时间延迟误差,换能器安装角度校准不合理而造成纵摇、横摇、艏摇的角度误差,以及声速测定的误差、潮汐控制的误差。本身多波束 R2Sonic 2024 属于高频率测深,系统本身的测深精度在该区域大约可以达到 2cm。通过选择合理测试区域,进行系统的安装和校准是可以补偿或修正系统误差,存在的主要误差基本上体现于声速测定的误差和潮汐控制的误差。

单波束测量存在的主要误差包括:支架安装角度校准不合理而造成纵摇、横摇、艏摇的角度误差,风浪引起的误差以及声速测定的误差、潮汐控制的误差等。单波束测深仪华测 D330 是单频测深仪,按军工产品要求设计,具有高速、稳定等优点,主机的密封性、防水性都较强,支架牢固且 180°可调,灵活方便。华测 D330 单频测深仪测深精度较高,可以达到 ±10mm + 0.1% × 水深(本工程 ±20mm 左右)。其水深分析软件可自动过滤二次回波,具有专业的定深设置功能,能剔除杂波的干扰,确保水深的正确性。

2)单波束回淤检测分析

将试挖槽槽底及其周边四个边坡划分为 5 个相对平缓区域,进行单波束回淤监测与分析,如图 3-30 所示。

2011 年 12 月 19 日 ~ 2012 年 2 月 8 日单波束测量数据分区计算回淤量及回淤厚度数据如表 3-13 ~ 表 3-16 所示。

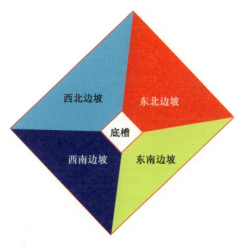

图 3-30 单波束回淤监测分区示意图

试挖槽各区域回淤厚度表（单位：m） 表 3-13

日　期	西南边坡	东南边坡	东北边坡	西北边坡	槽底	备　注
12 月 19 日	0	0	0	0	0	
12 月 22 日	0.02	0.028	0.026	0.021	0.04	与 12.19 对比
12 月 27 日	0.018	0.014	0.018	0.011	0.03	与 12.22 对比
12 月 31 日	-0.011	-0.007	-0.008	-0.009	-0.01	与 12.27 对比
1 月 9 日	-0.011	-0.008	-0.012	-0.01	-0.01	与 12.31 对比
1 月 25 日	0.028	0.029	0.028	0.078	0.025	与 1.9 对比
1 月 30 日	0.03	-0.043	-0.054	-0.035	0.365	与 1.25 对比
2 月 8 日	0.001	-0.002	0	0	0.255	与 1.30 对比
2 月 14 日	-0.013	-0.017	-0.029	-0.027	0.14	与 2.8 对比

注：表中数据以相邻两次单波束测量数据作为源数据，计算某区的回淤厚度。

试挖槽各区域累计回淤厚度表（单位：m） 表 3-14

日　期	西南边坡	东南边坡	东北边坡	西北边坡	槽底	备　注
12 月 19 日	0	0	0	0	0	
12 月 22 日	0.02	0.028	0.026	0.021	0.04	与 12.19 对比
12 月 27 日	0.038	0.042	0.044	0.032	0.07	与 12.19 对比
12 月 31 日	0.029	0.035	0.036	0.023	0.06	与 12.19 对比

续上表

日 期	西南边坡	东南边坡	东北边坡	西北边坡	槽底	备 注
1月9日	0.018	0.027	0.024	0.013	0.05	与12.19对比
1月25日	0.046	0.056	0.052	0.091	0.075	与12.19对比
1月30日	0.076	0.013	-0.02	0.056	0.44	与12.19对比
2月8日	0.077	0.011	-0.02	0.056	0.695	与12.19对比
2月14日	0.064	-0.006	-0.031	0.027	0.835	与12.19对比

注：表中数据以每一次的单波束测量数据与12月19日单波束水深测量数据作比较，计算某区的累计回淤厚度。

试挖槽各区域回淤工程量表（单位：m） 表3-15

日 期	西南边坡	东南边坡	东北边坡	西北边坡	槽底	备 注
12月19日	0	0	0	0	0	
12月22日	21.12	26.67	32.95	25.26	7.13	与12.19对比
12月27日	18.61	13.08	23.32	13.32	5.34	与12.22对比
12月31日	-12.57	-6.54	-9.63	-11.02	-1.78	与12.27对比
1月9日	-11.57	-7.55	-15.21	-12.40	-1.78	与12.31对比
1月25日	29.16	27.67	34.97	93.69	4.45	与1.9对比
1月30日	31.68	-41.76	-67.92	-41.34	65.02	与1.25对比
2月8日	1.51	-1.51	-0.51	-0.46	45.43	与1.30对比
2月14日	-13.58	-16.1	-36.49	-32.15	24.91	与2.8对比

注：表中数据以相邻两次单波束测量数据作为源数据，计算某区的回淤工程量，各区回淤工程量等于各区面积乘以各区过程回淤厚度。

试挖槽各区域累计回淤工程量表（单位：m） 表3-16

日 期	西南边坡	东南边坡	东北边坡	西北边坡	槽底	备 注
12月19日	0	0	0	0	0	
12月22日	21.12	26.67	32.95	25.26	7.13	与12.19对比
12月27日	39.73	39.75	56.27	38.58	12.47	与12.19对比
12月31日	27.16	33.21	46.64	27.56	10.69	与12.19对比
1月9日	16.61	25.66	31.43	15.16	8.91	与12.19对比
1月25日	45.77	53.33	66.4	67.51	13.36	与12.19对比
1月30日	60.84	11.57	-1.52	26.17	78.38	与12.19对比
2月8日	62.35	10.06	-2.03	25.71	123.81	与12.19对比
2月14日	64.36	-6.04	-38.52	34.9	148.72	与12.19对比

注：表中数据以每一次的单波束测量数据与12月19日单波束水深测量数据作比较，各区累计回淤工程量等于各区面积乘以各区累计回淤厚度。

下面以单波束水深测量数据作为源数据形成各区回淤厚度曲线,分析各区2011年12月19日~2012年2月8日期间回淤情况。

3)边坡区域回淤情况分析

(1)西南边坡回淤情况分析

试挖槽西南边坡坡比为1:5,面积1 056m²,单波束过程回淤情况及累计回淤情况见图3-31。

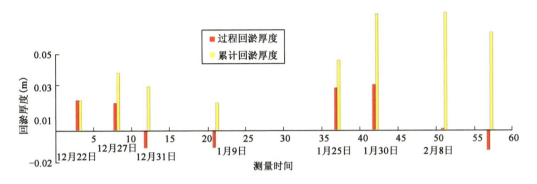

图3-31　西南边坡回淤厚度曲线图

由图3-31可知,12月22日~27日、1月25日~2月8日期间西南边坡出现一定量的淤积,12月31日~1月9日、2月8日~2月14日期间西南边坡出现一定的冲刷。最大的淤积出现在2月8日,回淤厚度为0.077m,对应回淤量77.94m³。观测期间主要为淤积。

(2)东南边坡回淤情况分析

试挖槽东南边坡坡比为1:4,面积956m²,单波束过程回淤情况及累计回淤情况见图3-32。

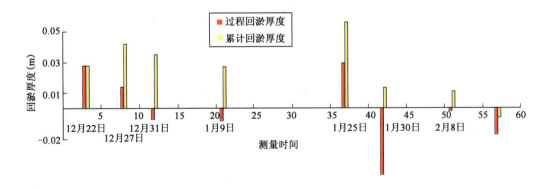

图3-32　东南边坡回淤厚度曲线图

由图3-32可知,在观测期间有冲有淤。最大的淤积出现在1月25日,回淤厚度为0.056m,对应回淤量53.33m³。观测期间冲淤基本平衡。

(3) 东北边坡回淤情况分析

试挖槽东北边坡坡比为1:6,面积1 267m²,单波束过程回淤情况及累计回淤情况见图3-33。

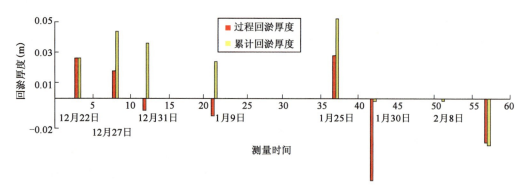

图3-33 东北边坡回淤厚度曲线图

由图3-33可知,在观测期间有冲有淤,冲淤基本平衡。最大的淤积出现在1月25日,回淤厚度为0.052m,对应回淤量66.4m³。最大的冲刷出现在2月14日,冲刷深度为0.031m,对应冲刷量38.52m³。观测期间出现一定的冲刷。

(4) 西北边坡回淤情况分析

试挖槽西北边坡坡比为1:5,面积1 194m²,单波束过程回淤情况及累计回淤情况见图3-34。

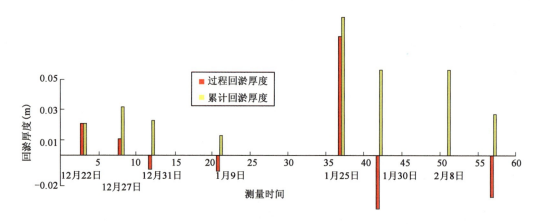

图3-34 西北边坡回淤厚度曲线图

由图3-34可知,最大的淤积出现在1月25日,回淤厚度为0.091m,对应回淤量108.85m³。观测期间主要为淤积。

4) 槽底区域回淤情况分析

试挖槽槽底区域面积为178m²,自2011年12月19日至2012年2月14日,累计完成基坑开挖前水下地形测量、基坑开挖后水下地形测量及总计8期的回淤监测水下地形测量,基坑底区域回淤量观测结果(回淤厚度)如表3-17所示,基坑底回淤量(回淤厚度)随时间的变化情况如图3-35所示。

基坑内回淤量汇总表　　　　　　　　　　　表3-17

序号	测量期次	测量日期	基坑单期回淤量(cm)	基坑内总回淤量(cm)	说明
0	基坑开挖后水下地形测量	2011.12.19	0	0	
1	回淤观测第一期	2011.12.27	2	2	
2	回淤观测第二期	2011.12.31	2	5	
3	回淤观测第三期	2012.01.03	1~2	5~6	
4	回淤观测第四期	2012.01.09	2	8	锚桩插打完成
5	回淤观测第五期	2012.01.25	1	7~8	导向架一层平台安装完成
6	回淤观测第六期	2012.01.29	40	45	钢管桩振沉完成
7	回淤观测第七期	2012.02.07	25	65	钢管桩吸泥及填芯混凝土浇筑完成
8	回淤观测第八期	2012.02.14	10	83	预制墩台吊装前

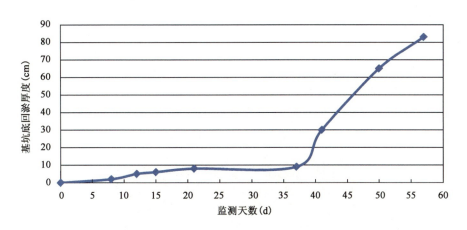

图3-35　累计基坑底回淤量监测变化曲线图

由图3-35可知,2011年12月19日~2012年2月14日期间槽底总体来说呈回淤状态,回淤趋势明显,最大回淤厚度达0.830m,最大回淤量为148.72m³。2011年12月27日~2012年1月25日,试挖槽的回淤量相对较小。此后由于受到钢管桩振沉时振动的影响、钻机吸泥时振动、海上阵风(阵风7~8级)天气以及施工船只对基坑周围水流形成阻滞等的影响,回淤量大幅增加。

5)槽底回淤增大可能性分析

(1)试挖槽附近区域采砂活动

试挖槽上游内伶仃岛以北矾石水道以西区域为砂源区,多家单位长年于此利用射流船进行采沙作业且产量巨大,海沙开采后尚需在现场进行冲洗。海沙开采及现场冲洗对海床进行扰动并造成海域水体悬移物质增加。

由于航道疏浚作业、采砂作业等造成试挖槽周边水体悬移物质增多,而试挖槽附近500m范围内相对平整,仅试挖槽如坑般置于其中,水流将上下游来沙、浮泥等携带至槽中,造成试挖槽槽底淤积。只是平时当地海水很清,细颗粒泥沙组成的海床也比较稳定,所以槽底回淤不大,而当上游有浑水下来,必将会淤积在试挖槽内。因此可以推断,只要附近有大型疏浚施工,该试挖槽槽底发生较强回淤是不可避免的。

(2)风暴潮对试挖槽回淤影响分析

深槽骤淤是指深槽底部在特定条件下产生的快速淤积,通常以浮泥形式出现。深槽产生骤淤的基本条件:①有丰富的细颗粒物质的供应源;②迅速衰减的动力条件;③存在明显的负地形。三个条件必须同时得到满足,深槽才能产生骤淤。

①丰富的细颗粒物质来源是深槽产生骤淤的物质基础。

试挖槽所在伶仃洋海区的悬移质含沙量具有深槽小、浅滩大、东部低、西部高、枯季清、汛期浑等主要分布特征,多年平均含沙量在 $0 \sim 0.2 \mathrm{kg/m^3}$ 之间变化,平均含沙量小。

②迅速衰减的水动力是深槽骤淤的动力基础。

试挖槽表层流速大于槽底流速,槽底流速接近于0。当水流流过试挖槽时,流速迅速衰减,水流动力也随之迅速衰减。

③负地形是深槽骤淤的地貌基础。

试挖槽所在区域周边自然水深为5~6m,而试挖槽成槽开挖水深为12m左右,使得试挖槽如坑般置于此(图3-36),这一地形满足产生骤淤的地貌基础。

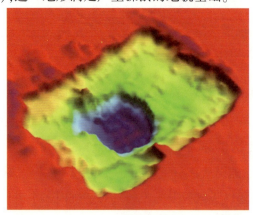

图3-36 试挖槽地形图

由以上几点分析可知,由于试挖槽所在区域水体含沙量不高,理论上风暴潮对试挖槽造成骤淤的几率不高。如需准确的验证,则只需试挖槽成槽后继续进行观测,等经历台风之后,对台前后水深进行测量分析,就可以判断台风是否会导致试挖槽骤淤以及与理论情况的判断是否一致。

3.4 小　　结

本章通过采用基坑理论计算分析与现场测量研究相结合的方法,得到的主要结论如下:

(1)通过边坡坡比分析,算出不考虑沉桩对基坑的影响时,正常波浪条件下,试挖槽边坡坡比1:3~1:5都满足稳定要求;但在十年一遇的波浪条件下,只有1:5的坡比刚满足要求。根据G-slope软件分析以及现场观测数据得出:试挖槽边坡比1:5的安全富余度不够,实际工程中试挖槽边坡比选取1:6较为合适。故试挖槽边坡选取1:4、1:5、1:6这三个坡比进行测量,自2011年12月19日~2012年2月14日,根据9次测量结果反映,边坡均未出现较为明显滑坡现象。随着时间变化,试挖槽施工阶段阶梯状开挖的边坡逐步趋于平滑。试挖槽边坡比1:4、1:5边坡位置出现了蠕变现象,边坡整体不太稳定。

(2)由2011年12月19日~2012年2月14日期间内的测量数据分析可知:试挖槽槽底呈现出淤积状态,在2011年12月19日~2012年1月9日期间,最大淤积厚度约为0.07m,最大淤积量12.47m³。在2012年1月25日~2012年2月8日期间,由于受到钢管桩振沉时振动的影响、钻机吸泥时振动、海上阵风(阵风7~8级)天气以及施工船只对基坑周围水流形成阻滞的影响,回淤量大幅增加,最大淤积厚度大概0.835m,最大淤积量148.72m³。

(3)通过现场观测及经验公式相验证,针对项目所在区域建设条件得出基坑的开挖参数:在偏安全的情况下,考虑基坑开挖至预制墩台安装施工完成的时间间隔为1~2个月时,基坑开挖边坡比建议取1:6,基底超挖量(深度)取1.5m左右,基坑底平面位置开挖边界线考虑取2m的超宽为佳。其他类似项目的边坡值应具体分析后确定。

本章参考文献

[1] 刘家驹.粉沙淤泥质海岸的航道淤积[J].水利水运工程学报,2004(01):6-11.

[2] 乐培九,阎金祥.航道开挖后的淤积计算方法[J].泥沙研究,1990(02):38-46.

[3] 乐培九,张华庆.河口海湾地区航道挖槽回淤的估算方法[J].水道港口,1993(02):54-63.

[4] 罗肇森.河口航道开挖后的回淤计算[J].泥沙研究,1987(02):13-20.

[5] 刘家驹.连云港外航道的回淤计算及预报[J].水利水运工程学报,1980(04):31-42.

[6] 陈一梅.沙质海岸河口航道回淤计算方法及其应用[J].河海大学学报,2000(06):82-86.

[7] Andre Robert, Andre G. Roy. On the fractal interpretation of the mainstreamlength-drainage area relationship

[J]. Water Resources Research,1990,26(5):839-842.

[8] RenzoRosso,Baldassare Bacchi, Paolo La Barbera. Fractal relation of mainstream length tocatchment area in river networks[J]. Water Resources Research, 1991, 27(3):381-387.

[9] Sean P. Breyer,R. Scott Snow. Drainage basin perimeters:a fractal significance[C]. In:R. S. Snow and L. Mayer (Editors), Fractal in Geomorphology. Geomorphology,1992, 5:143-157.

[10] C. A. Ballinger, W. Podolny Jr., M. J. Abrahams. A report on the design and construction of segmental prestressed concrete bridges in Western Europe—1977[J]. International Road Federation, Washington D. C., June, 1978.

[11] F. Leonhardt. Die Spannbeton-Schrag-Kabel Bruken uber den Columbia River Zwischen Paseo und Kennawick im Etaat Washington. U. S. A., Beton und Stahllelonban, 1980.

[12] N. Fujisawa, H. Tomo. Computer-aided Cable Adjustment of Stayed Bridges. Proceedings of IABSE, 1985.

[13] K. Furukawa, K. Inoue, H. Nakayama, et al. Studies on the management system of cable stayed bridges under construction using multiobjective programming method[J]. Proceedings of Japanese Society of Civil Engineers, Japan, 374(I-6), 1986.

[14] SLOPE/W for Slope Stability Analysis(Version 5) user's guide[J]. GEO-SLOPE OFFICE. 1998.

[15] 侯烨,刘洋,曹延美.公路边坡稳定模拟分析及治理措施[J].辽宁建材,2011.

[16] 李国庆.单波束探测仪设计与实现[D].哈尔滨:哈尔滨工程大学,2009.

[17] 黄春娥,龚晓南,顾晓鲁.考虑渗流的基坑边坡稳定分析[J].土木工程学报,2001.

[18] 丁文军.基坑边坡稳定的控制方法技术和预算分析[J].沿海企业与科技,2010.

[19] 陈志民,蔡南树,辛文杰.珠江口伶仃洋航道的回淤分析[J].海洋工程,2002,20(3).

[20] 陈培焕,佘小建,季荣耀.泉州湾滩槽演变及深水航道的回淤研究[J].第十三届中国海洋(岸)工程学术讨论会论文集,2007:583-588.

[21] 中华人民共和国行业标准.JTS 145-2—2013 海港水文规范[S].北京:人民交通出版社,2013.

[22] 张庭荣.淤泥质海岸挖槽回淤计算探讨[J].中国科技论文在线,2007.

[23] 刘家,张镜潮.泥质海岸航道、港池淤积计算方法及其应用推广[J].水利水运工程学报,1993,4.

[24] 李安中.近海开敞水域挖槽回淤试验研究[J].河海大学学报,1986,14(3).

第4章 钢管桩沉放施工与控制关键技术

4.1 概 述

钢管桩、钻孔灌注桩在国内外众多桥梁工程中已得到广泛的应用,钢管复合桩在国外(尤其是日本)的应用也比较广泛。在国内的苏通大桥主塔基础中得到初步应用,钢管桩、钢护筒的施工技术已基本成熟。然而针对港珠澳大桥非通航孔桥,其墩身与承台均为预制结构,且承台埋置于海床之下,这就对钢管桩(钢护筒)的施工精度提出了较高的要求,本章依据项目提出的钢管桩精度标准(平面偏位:5cm,垂直度:$L/400$)和承台预留孔孔径的大小,结合钢管桩施工工艺,系统地对钢管桩施工精度及其对承台预留孔孔径的适应性进行分析研究,提出合理的钢管桩精度控制标准,并对钢管桩施工精度保障措施进行深入研究,为承台预留孔孔径的确定提供决策依据,同时为确保钢管桩施沉精度提供一套行之有效的保障措施以及与之相适应的配套工艺。

港珠澳大桥非通航孔桥采用埋床法钢管复合桩基础,其非通航孔桥梁埋置承台足尺模型工艺试验采用钢管桩基础,如图4-1所示。

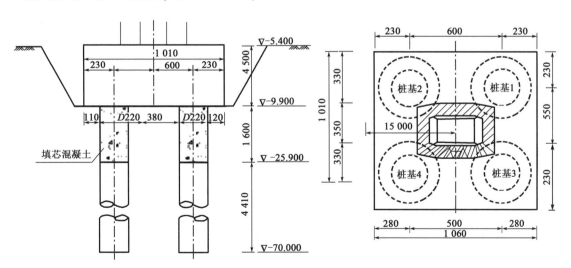

图4-1 埋置承台足尺模型工艺试验钢管桩基础结构布置图

(尺寸单位:cm;高程单位:m)

4.2 钢管桩沉放施工精度控制标准分析

对于港珠澳大桥非通航孔桥,因其承台和墩身均采用预制构件,钢管桩的沉放精度不仅对承台和墩身的安装精度有较大影响,还决定着预制墩台能否顺利下放至海床以下设计位置,因此在制定钢管桩沉放精度指标时,不仅要考虑其对承台和墩身的精度的影响,还要考虑预制墩台安装的需求,反映到钢管桩的沉放精度指标上,即钢管桩不仅要保证其绝对精度满足相关要求,其相对精度也满足预制墩台安装的需求。

4.2.1 桩、承台及墩身施工允许偏差

根据《公路桥涵施工技术规范》(JTG/T F50—2011)以及港珠澳大桥桥梁埋置承台足尺模型工艺试验研究招标文件提出的埋置承台工程施工专用规范(简称"埋置承台施工专用规范"),钢管桩沉桩允许偏差和墩台安装允许偏差分别见表4-1、表4-2。

钢管柱沉桩允许偏差 表4-1

技术规范	钢管桩沉桩允许偏差	
	垂直度	平面偏位(mm)
公路桥涵施工技术规范	1/100	40,50
埋置承台施工专用规范	1/400	50

墩台安装允许偏差 表4-2

序号	项目	允许偏差(mm)	
		公路桥涵施工技术规范	埋置承台施工专用规范
1	轴线(平面位置)	10	20
2	倾斜度	0.3H%,且不大于20mm	H/1 000,且不大于20mm
3	顶面高程	10	—

4.2.2 钢管桩(钢护筒)施打精度统计分析

根据对国内多座桥梁和码头工程的钢管桩及钢护筒施打情况进行调研可知,目前国内的钢管桩(钢护筒)施打精度与其沉桩方法密切相关,不同的沉桩方法和工艺,其所能达到的精度标准也不一样,目前国内施沉钢管桩(钢护筒)的方法主要有采用打桩船打桩和固定打桩平台打桩这两种形式。

(1)打桩船沉桩

根据目前调研可知,在杭州湾跨海大桥、南澳大桥、上海崇启长江大桥等钢管桩(钢护筒)

中的沉桩精度指标为：

垂直度：1/100；桩顶平面位置：100mm

（2）固定打桩平台打桩

苏通大桥、福州琅岐闽江大桥、温州大门大桥等均采用固定打桩平台打桩，在采用导向架的情况下，沉桩精度指标见表4-3。

固定打桩平台打桩精度 表4-3

项目名称	沉桩方式	沉桩精度	
		桩顶平面偏位(mm)	垂直度
苏通长江大桥	固定打桩平台	100	1/200
福州琅岐闽江大桥	固定打桩平台	50	1/200
温州大门大桥	固定打桩平台	50	1/200

4.2.3 预制墩台安装精度分析

从4.2.1节可知，预制墩台安装精度包括三个方面，一是预制墩台的顶面平面偏位，二是预制墩台的倾斜度，三是预制墩台顶面的高程，而这三个方面与钢管桩的沉放精度密切相关。钢管桩的沉放精度对预制墩台安装精度的影响如图4-2所示。

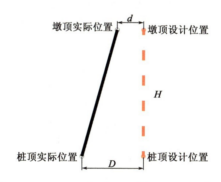

图4-2 钢管桩沉放精度对预制墩台安装精度的影响

从图4-2可以看出，影响预制墩台安装精度的主要因素是钢管桩桩顶的平面偏位D，其不仅决定了预制墩台顶面平面偏位d，还影响着预制墩台安装倾斜度$(D-d)/H$，而桩的垂直度对预制墩台的安装精度没有影响。桩顶平面偏位、墩顶平面偏位以及墩身垂直度这三者之间相互影响、相互制约。为了梳理这三者之间的关系，为港珠澳大桥桥梁工程设计施工提供参考，现以深水区非通航孔桥的代表性桥墩的首节段预制墩台为例进行分析。港珠澳大桥深水区非通航孔桥预制墩台按照分段可分为三种形式，Ⅰ类墩台分为2节进行预制安装，Ⅱ类墩台分为1节（即整体），Ⅲ类墩台分为3节。深水区非通航孔桥这三种形式的墩台中高度最高的代表性墩台几何尺寸见表4-4。

各种类型代表性墩台详细几何尺寸　　　　　　　　　　　　表4-4

项　目	Ⅰ型墩身	Ⅱ型墩身	Ⅲ型墩身
	65号墩	20号墩	60号墩
首节段(墩台段)高度(cm)	1 833.3	2 738.8	1 909.6
承台尺寸	14.4m×9.9m×4.5m	14.4m×9.9m×4.5m	15.6m×10.6m×5.0m

根据图4-2可知，预制墩台的平面偏位、墩身垂直度均与钢管桩桩顶平面偏位有关，为了便于分析这三者之间的相互影响，假定钢管桩桩顶偏位、预制墩台墩顶平面偏位均满足4.2.1节中相关规范规定，对墩身安装垂直度进行分析，分析结果见表4-5。

预制墩台安装精度分析　　　　　　　　　　　　表4-5

技术规范	桩顶平面偏位(mm)	墩顶平面偏位(mm)	墩身垂直度	
			推算(mm)	规范要求(mm)
公路桥涵施工技术规范	50	10	1/458,40	3/1 000,20
埋置承台施工专用规范	50	20	1/612,30	1/1 000,20

注：表中预制墩台安装精度是以65号墩为例进行推算的，在此种条件下，该墩身是最不利情况。

从表4-5中可以看出，当钢管桩的平面偏位和墩顶的平面偏位均满足规范要求时，由此确定的墩身垂直度均不能满足规范要求，按照《公路桥梁施工技术规范》(JTG/T F50—2011)的墩身的垂直度1/458虽满足3/1 000的要求，但是垂直度(偏差)为40mm，不满足规范20mm的要求，按照埋置承台施工专用规范，墩身的相对垂直度和绝对垂直度均不满足要求。

通过上述分析可知，若不采用调整措施，即使钢管桩的施沉精度满足规范要求，预制墩台在安装时其墩顶平面偏位亦能调整到规范要求，但由此而确定的墩身垂直度却无法满足规范要求，而其中的制约因素为钢管桩桩顶的平面偏位。为了保证钢管桩、预制墩台的各项安装精度均满足规范要求，则必须借助一定的调整措施，消除或减小桩顶平面偏位对预制墩台安装精度的影响。结合港珠澳埋置墩台结构及其施工特点，可以通过设置合适的承台预留孔孔径来消除或减小桩顶平面偏位对预制墩台安装精度的影响。

4.2.4　预制墩台安装对承台预留孔孔径的需求分析

根据港珠澳大桥深水区非通航孔桥预制墩身安装工艺流程可知，在钢管复合桩施工完毕后，将预制墩台下放至设计位置，在这个下放过程中，钢管复合桩需穿过预制墩台预留孔，预留孔孔径的大小，不仅决定了预制墩台是否能顺利下放到位，还决定着首节墩台安装精度。现从这两个方面对墩台预留孔径的大小进行分析。

1)首节墩台安装精度对预留孔孔径的需求分析

根据上节预制墩台安装精度分析可知，在钢管复合桩桩顶偏差已确定的情况下，要保证墩台首节段安装精度，则需要预留孔孔径能保证钢管桩顺利穿过的情况下，还有一定的可调范围,现根据墩台首节段安装精度对承台底允许偏位进行分析,分析结果见表4-6。

安装控制精度下的承台底允许偏位　　　　　　　　　　　表4-6

技　术　规　范	墩身垂直度 (mm)	墩顶平面偏位 (mm)	承台底允许偏位 (mm)	备　　　注
公路桥涵施工技术规范	3/1 000,20	10	30	由垂直度(偏差)20mm控制
埋置承台施工专用规范	1/1 000,20	20	38	由垂直度1/1 000控制

从表4-6中可以看出,墩身首节段在满足安装精度要求时,承台底允许偏位均小于规范规定的桩顶偏位误差。因此,为了保证墩台首节段安装精度能满足安装控制精度要求,则需保证墩台下放到位后(已套上钢管桩)还能进行平面位置调整,这就需要承台预留孔在满足顺利将承台下放到位的空间要求外,还有一定的富余量,具体富余量见表4-7。

满足墩台首节段安装精度要求的预留孔尺寸　　　　　　　　　表4-7

技　术　规　范	桩顶允许偏位(mm)	承台底允许偏位(mm)	预留孔富余量(mm)
公路桥涵施工技术规范	50	30	50－30＝20
埋置承台施工专用规范	50	38	50－38＝12

2)首节墩台沉放对预留孔孔径的需求分析

考虑到钢管桩(钢护筒)在施打过程中,存在垂直度的偏差和桩顶(设计位置)平面位置偏差(图4-3),而墩台首节段在沉放过程中,钢管桩(钢护筒)是伸出水面的,墩台首节段安装到位,钢管桩需穿过承台预留孔,穿越路径长度按照15m(水深+承台厚度)来计算,因此,为了保证墩台首节段能顺利沉放到位,需要考虑钢管桩的垂直度和6根桩之间的相对平面偏位对承台预留孔孔径大小的需求。根据不同的钢管桩沉桩方法和精度标准,对预留孔孔径的大小进行分析,为了便于分析,假设各桩顶的相对平面偏位与规范规定的绝对偏位一致。

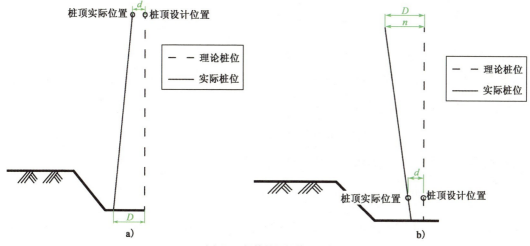

图4-3　钢管桩沉桩偏差示意图

(1)按照规范

①公路桥涵施工技术规范。

根据《公路桥涵施工技术规范》(JTG/T F50—2011),钢管桩沉桩允许偏差为:垂直度:1/100;平面位置:50mm。

钢管桩穿越预制墩台底板预留孔的路径长度按照15m(水深+承台厚度)来计算,由此推导出墩台预留孔最小半径为:

$$R_{钢管桩} + \frac{1}{100} \times 15\,000 + 50 = (R_{钢管桩} + 200)\,\text{mm}$$

②港珠澳大桥埋置承台施工专用规范。

港珠澳大桥埋置承台施工专用规范关于钢管桩沉桩允许偏差为:垂直度:1/400;桩顶平面位置:50mm。

钢管桩穿越预制墩台底板预留孔的路径长度按照15m(水深+承台厚度)来计算,由此推导出墩台预留孔最小半径为:

$$R_{钢管桩} + \frac{1}{400} \times 15\,000 + 50 = (R_{钢管桩} + 87.5)\,\text{mm}$$

(2)按照目前国内钢管柱施工所能达到的精度

①打桩船沉桩。

根据目前调研可知,二航局的海力801打桩船在杭州湾跨海大桥、南澳大桥等钢管桩沉桩精度指标为:

垂直度:1/100;桩顶平面位置:100mm

采用打桩船沉桩,沉桩的垂直度误差和桩顶平面位置偏差基本上均是同时出现,按照最不利考虑,可推算出墩台预留孔最小半径为:

$$R_{钢管桩} + \frac{1}{100} \times 15\,000 + 100 = (R_{钢管桩} + 250)\,\text{mm}$$

②固定打桩平台打桩。

根据目前调研可知,苏通大桥、福州琅岐闽江大桥、温州大门大桥均采用固定打桩平台打桩,在采用导向架的情况下,沉桩精度指标为:

垂直度:1/200;桩顶平面位置:50mm

按照最不利考虑,可推算出墩台预留孔最小半径为:

$$R_{钢管桩} + \frac{1}{200} \times 15\,000 + 50 = (R_{钢管桩} + 125)\,\text{mm}$$

从上述分析可知,为了保证墩台首节段能顺利沉放到位,在沉桩控制标准或沉桩方法已定的情况下,承台预留孔空间富余量如表4-8所示。

承台顺利安装对预留孔孔径富余量的需求　　　　　　表4-8

沉桩方式及精度依据		桩顶允许偏差(mm)	沉桩垂直度	顺利下放所需预留孔富余量(mm)
规范规定	公路桥涵施工技术规范	50	1/100	200
	埋置承台施工专用规范	50	1/400	87.5
实际工程	打桩船	100	1/100	250
	固定式打桩平台	50	1/200	125

上述分析是基于钢管桩绝对精度进行的,若能采用一种新的沉桩方式,能确保钢管桩之间的相对精度,尤其是六根钢管桩桩顶的相对偏位,则首节段墩台顺利沉放对承台预留孔孔径富余量要宽松一些。假设这种新的沉桩方式能保证六根桩桩顶相对偏位为Δ,则承台顺利下放所需承台预留孔孔径为:(沉桩垂直度 $\times$ 15 000 + Δ)mm。相对于表4-8,即为"顺利下放所需预留孔富余量" – "桩顶允许偏差" + Δ。

3) 预留孔孔径的确定

承台预留孔孔径不仅需要满足墩台首节段安装精度要求,还要满足保证墩台首节段穿过钢管桩并顺利下放到位的要求。综合上两节的分析可知,在不同的沉桩方式、不同的精度标准要求下,在考虑桩顶绝对偏位时,承台底预留孔孔径富余量均大于满足首节段安装精度要求的富余量,相对关系见图4-4。由此可确定的墩台预留孔孔径的大小如表4-9所示。

从上述分析可知,影响承台底预留孔孔径大小的主要因素是钢管桩沉桩精度(包括垂直度和桩顶偏位)和墩台首节段安装精度,前者为决定因素。在墩台首节段安装精度已定的情况下,承台预留孔孔径与钢管桩沉桩精度是一一对应的关系,表4-10为墩身安装精度满足港

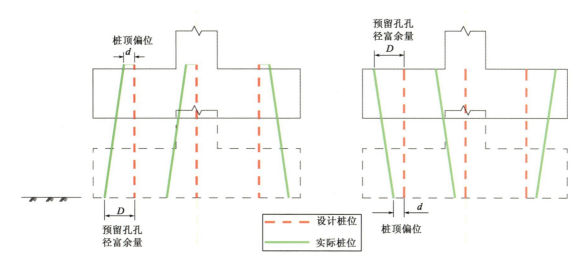

图4-4　承台底预留孔孔径富余量

珠澳大桥埋置承台施工专用规范要求的前提下,承台预留孔孔径富余量与钢管桩沉桩精度对应表。

承台底预留孔孔径富余量 表4-9

沉桩方式及精度依据		预留孔孔径(半径)富余量(mm)		
		满足首节段安装精度要求	满足下放要求	孔径总富余量(半径)
规范规定	公路桥涵施工技术规范	20	200	200
	埋置承台施工专用规范	12	87.5	87.5
实际工程	打桩船	62	250	250
	固定式打桩平台	12	125	125

注:预留孔孔径富余量应由满足安装精度要求和满足下放要求两者中的较大者确定。

承台预留孔孔径富余量与钢管桩沉桩精度对应表 表4-10

沉桩精度(mm)		承台预留孔孔径富余量(mm)	沉桩精度(mm)		承台预留孔孔径富余量(mm)
平面偏位	垂直度		平面偏位	垂直度	
100	1/100	250	50	1/100	200
100	1/200	175	50	1/200	125
100	1/300	150	50	1/300	100
100	1/400	137.5	50	1/400	87.5
100	1/500	130	50	1/500	80
100	1/600	125	50	1/600	75

注:表中承台预留孔孔径富余量没有考虑施工过程中的意外因素的影响,在实际确定预留孔孔径富余量时,应将表中的富余量额外增加10~20mm作为安全储备。

4.2.5 钢管桩沉桩精度控制标准

从前几节的分析可知,钢管桩沉桩精度控制标准不仅影响着墩台首节段安装精度,还决定着墩台首节段能否顺利下放安装到位,同时也决定着承台预留孔的大小。而港珠澳大桥非通航孔桥桥墩采用埋置承台,其施工过程中需进行止水作业,保证承台和钢管复合桩的连接作业在干环境下进行,因此,承台底预留孔孔径的确定,还要充分考虑承台预留孔止水的要求。

首节墩台安装精度、钢管桩沉放精度以及预留孔孔径三者相互影响、相互制约,而承台预留孔孔径的确定又必须考虑止水的需求,因此,在制定钢管桩沉桩精度控制标准时,应充分考虑首节墩台安装精度、预制墩台顺利下放安装、预留孔孔径以及承台预留孔止水等方面的需求。此外,还应结合目前国内的沉桩方法和沉桩能力以及施工成本等,全面考虑各方面的需求。钢管桩沉放精度控制标准的确定,必须与首节墩台安装精度控制标准以及预留孔孔径相协调、匹配。

按照上述钢管桩沉桩精度控制标准确定原则和所需考虑的因素,以港珠澳大桥桥梁埋置承台足尺模型工艺试验为例,根据招标文件提出的相关精度标准,与其相协调、匹配的精度标准和预留孔孔径如表4-11所示。

工艺试验埋置墩台的桩、墩台精度控制标准体系　　　表4-11

钢管桩沉桩精度控制标准	墩台首节段安装精度标准	承台预留孔孔径富余量
平面偏位:50mm 垂直度:1/400	轴线偏位:20mm 垂直度:1/1 000且不大于20mm	100mm

4.3　钢管桩施工精度保障措施研究

目前,国内外钢管桩沉放施工方法主要有两种,一种是采用打桩船直接进行沉桩,另一种是采用固定打桩平台加沉桩设备进行沉桩,而钢管桩施工精度保障措施最常用的是设置导向架装置,确保钢管桩的沉桩精度。

由于埋置式基础采用承台预制安装工艺,对工程桩精度要求较高(垂直度1/400,平面偏位50mm),采用打桩船悬吊打桩和固定平台加普通导向装置打桩的方法均无法达到设计要求(国内目前沉桩精度统计见4.2.2节),需研发出一套高精度的工具式导向沉桩系统及配套的施工工艺,确保钢管桩施工精度满足垂直度和相对平面偏位两项控制精度要求。

4.3.1　工具式导向沉桩系统研发

工具式导向沉桩系统由锚桩、一层平台、二层平台、调位系统、桩顶连接件和液压系统组成,主体结构材料选用Q235B,如图4-5所示。

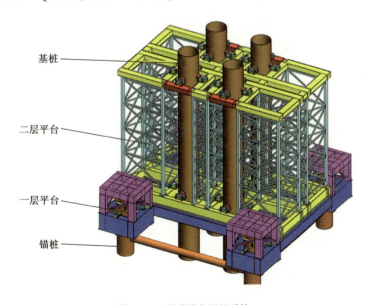

图4-5　工具式导向沉桩系统

桩顶连接件置于锚桩之上,两者通过精轧螺纹钢连接;一层平台放置在桩顶连接件上的三向千斤顶上,通过桩顶连接件将荷载传递到锚桩上,一层平台位于锚桩的周围设置3个抱桩千斤顶;二层平台和一层平台之间采用螺栓连接;调位机构安装在二层平台的上部结构架和下部结构架上,每个工程桩周围有4个调位机构。

1)一层平台

一层平台为实腹箱梁构成的框架结构,具体形式如图4-6所示。一层平台主要截面尺寸见表4-12。

图4-6 一层平台

一层平台主要截面尺寸　　　　　　　　　表4-12

序　号	名　称	梁高(mm)	梁宽(mm)	腹板厚度(mm)	翼板厚度(mm)
1	框架	1 200	800	12	16
2	塔帽底梁	2 000	800	12	16
3	塔帽立柱	700	480	14	16
4	塔帽顶梁	800	480	12	16

一层平台由一层平台结构和4个塔帽组成,截面形式均为箱形结构。一层平台是整个工具式导向沉桩系统的承载基础,有足够的强度和刚度。塔帽与桩顶连接件上的三向千斤顶连接,将整个工具式导向沉桩系统的荷载与打桩时产生的荷载传递到锚桩上。

2)二层平台

二层平台由上部结构架、桁架、下部结构架组成,具体形式如图4-7所示。二层平台主要截面尺寸见表4-13。

二层平台主要截面尺寸　　　　　　　　　表4-13

序　号	名　称	梁高(mm)	梁宽(mm)	腹板厚度(mm)	翼板厚度(mm)
1	下部结构架	800	940/800	14	14/16
2	上部结构架	740	660	14/16	14
3	桁架立柱	2[40b			
4	桁架弦杆	2[14a,2[20			
5	桁架斜杆	2[14a			

上部结构架、桁架、下部结构架之间采用螺栓连接,上部结构架和下部结构架采用实腹箱梁形式,桁架采用槽钢拼焊成箱梁形式。为方便喂桩,上部结构架的一侧采用销轴连接,可以开合。二层平台与一层平台之间采用螺栓连接。

3) 调位机构

调位机构负责沉桩系统龙口尺寸的调整,调位机构由千斤顶(图中未示,置于两丝杆之间)、丝杆、螺母、滚轮和支座组成,具体形式如图4-8所示。

图4-7 二层平台

图4-8 调位机构

本工程千斤顶采用32t螺旋千斤顶,需人工操作,在调整龙口尺寸的时候,采用千斤顶顶推到位后,将两侧的丝杆锁定,该处工程桩打桩完成后,将丝杆上的螺母松开,调节丝杆,将滚轮向后滑移,使桩口处的四个滚轮与工程桩之间的间距分别大于100mm。

4) 桩顶连接件

桩顶连接件由三向千斤顶、桩口连接件、精轧螺纹钢和反力牛腿组成,具体形式如图4-9所示。

图4-9 桩顶连接件

三向千斤顶和桩口连接件采用螺栓连接,桩口连接件和反力牛腿采用精轧螺纹钢连接。一层平台的位置调整和水平面调整采用三向千斤顶调整,调整到位后,将三向千斤顶锁定,同时抱桩油缸将锚桩抱住。三向千斤顶参数见表4-14。

三向千斤顶参数　　　　　　　　　　　　　　　　　表4-14

总长		2 000mm
总宽		2 000mm
总高		1 200mm + 300mm
X方向千斤顶	行程	±150mm
	承载力	200kN
Y方向千斤顶	行程	±150mm
	承载力	200kN
Z方向千斤顶	行程	300mm
	承载力	1 500kN

4.3.2　工具式导向沉桩系统数值计算分析

由于工程桩成桩精度要求很高,工具式导向沉桩系统必须具有较强的刚度和强度,保障施工过程中沉桩的精度和结构安全。

1) 材料属性

工具式导向沉桩系统结构采用Q235B,其材料属性见表4-15。

基　本　参　数　　　　　　　　　　　　　　　　　表4-15

杨氏弹性模量	210 000MPa(N/mm^2)
泊松比	0.3
密度	7 850kg/m^3

不同厚度的钢板屈服极限和抗拉极限见表4-16。

钢材的屈服极限和抗拉极限　　　　　　　　　　　　表4-16

钢材分类	板　厚　t（mm）				
	t≤16mm	16mm<t≤25mm	25mm<t≤36mm	36mm<t≤50mm	50mm<t≤100mm
牌号	f_y/f_u(N/mm^2)	f_y/f_u(N/mm^2)	f_y/f_u(N/mm^2)	f_y/f_u(N/mm^2)	f_y/f_u(N/mm^2)
Q235	235/340	225/340	225/340	215/340	205/340

材料安全系数取 $n=1.34$。

2) 计算工况

工况Ⅰ:自重沉桩开始,考虑水流1m/s,风速17.1m/s(风力7级),水流和风向相同。

工况Ⅱ:自重沉桩开始,考虑水流1m/s,风速17.1m/s(风力7级),水流和风向相反。

工况Ⅲ:自重沉桩结束,打桩开始,流速2m/s,风速17.1m/s(风力7级),水流和风向相同,工程桩桩口有372t竖向荷载和37.2t(竖向荷载的10%)的水平分力。

工况Ⅳ：自重沉桩结束，打桩开始，流速2m/s，风速17.1m/s(风力7级)，水流和风向相反，工程桩桩口有372t竖向荷载和37.2t(竖向荷载的10%)的水平分力。

工况Ⅴ：工程桩入土29m，换冲击锤击打，流速2m/s，风速17.1m/s(风力7级)，水流和风向相反，工程桩桩口有555t竖向荷载和50t(竖向荷载的10%)的水平分力。

工况Ⅵ：非工作状态平台抵抗暴风能力的验算。

3) 计算荷载

(1) 水流力荷载

根据《港口工程荷载规范》(JTS 144-1—2010)第13.0.1条，作用在结构上的水流力标准值应按式(4-1)计算：

$$F_w = C_w \frac{\rho}{2} v^2 A \tag{4-1}$$

式中：F_w——水流力标准值(kN)；

C_w——水流阻力系数，$C_w = 0.73$；

ρ——水密度(t/m^3)，海水取1.025；

v——水流设计速度，$v_1 = 1m/s, v_2 = 2m/s$；

A——计算构件在与流向垂直平面上的投影面积，锚桩$A = 16.2m^2$，2.2m工程桩$A = 19.8m^2$。

将数据代入式(4-1)计算得：

流速$v = v_1 = 1m/s$时：锚桩$F_w = 6.06kN$；2.2m工程桩$F_w = 7.41kN$。

流速$v = v_2 = 2m/s$时：锚桩$F_w = 24.24kN$；2.2m工程桩$F_w = 29.63kN$。

(2) 风荷载

本导向沉桩系统工作状态最大风速$v = 17.1m/s$，与之对应的工作状态计算风压$P_Ⅱ = 183Pa$。非工作状态计算风速$v = 49.0m/s$，与之对应的非工作状态计算风压$P_Ⅲ = 1500Pa$。根据《起重机设计规范》(GB/T 3811—2008)4.2.2.4.4，当风向与构件的纵轴线或构件表面垂直，沿风向的工作状态风荷载按式(4-2)计算：

$$P_{WⅡ} = CP_Ⅱ A \tag{4-2}$$

式中：$P_{WⅡ}$——作用在结构上的工作状态最大风荷载(N)；

C——风力系数，对于2.2m工程桩$C = 0.7$，对于导向架系统$C = 1.7$；

$P_Ⅱ$——工作状态计算风压，$P_Ⅱ = 183Pa$；

A——起重机构件垂直于风向的实体迎风面积(m^2)，它等于构件迎风面积的外形轮廓面积A_0乘以结构迎风面充实率φ，即$A = A_0\varphi$。式中A_0和φ见GB/T 3811—2008图2.3b)，经计算，2.2m工程桩：$A = 147.4m^2$；导向架系统：$A = 142.7m^2$。

将数据代入式(4-2)，工作状态风荷载为：

2.2m 工程桩：
$$P_{W\mathrm{II}} = CP_{\mathrm{II}}A = 0.7 \times 183 \times 147.4 = 18\,882\mathrm{N}$$

导向架系统：
$$P_{W\mathrm{II}} = CP_{\mathrm{II}}A = 1.7 \times 183 \times 142.7 = 44\,394\mathrm{N}$$

计算非工作状态风荷载时，按 GB/T 3811—2008 表 19 所列的风压高度变化系数来计算受风部位离地高度的影响。

导向架非工作状态风荷载按式(4-3)计算：
$$P_{W\mathrm{III}} = CK_{h}P_{\mathrm{III}}A$$

式中：$P_{W\mathrm{III}}$——导向架系统的非工作状态风荷载(N)；

K_{h}——风压高度变化系数，$K_{h} = 1.08$；

P_{III}——非工作状态计算风压，$P_{\mathrm{III}} = 1\,500\mathrm{Pa}$。

将数据代入式(4-3)得导向架系统非工作状态风荷载 $P_{W\mathrm{III}} = 393\mathrm{kN}$。

(3)人群及施工荷载

根据《建筑结构荷载规范》(GB 50009—2012)4.2.2，人群及施工荷载取 $1.5\mathrm{kN/m^2}$。

(4)冲击荷载

振动锤打桩时工程桩桩口有 372t 竖向荷载和 37.2t(竖向荷载的 10%)的水平分力。

冲击锤打桩时工程桩桩口有 555t 竖向荷载和 50t(竖向荷载的 10%)的水平分力。

4)分析模型及计算结果

(1)工况 I 计算分析

工况 I 有限元模型及计算结果如图 4-10 ~ 图 4-13 所示。

由上述计算可知，工况 I 导向架整体结构最大等效应力 $\sigma = 45.6\mathrm{MPa} < [\sigma] = 175\mathrm{MPa}$，强度满足要求。2.2m 工程桩上下龙口位移差 $l = 0.943\mathrm{mm} < L/1\,000 = 13\,970/1\,000 = 13.97\mathrm{mm}$，沉桩导向精度满足要求。

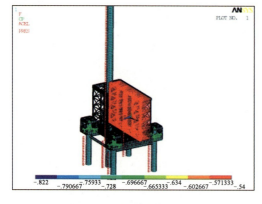

图 4-10 工况 I 有限元模型

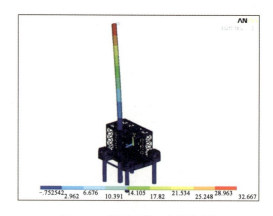

图 4-11 工况 I 整体 Z 向位移云图

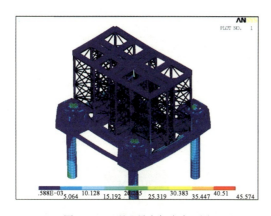
图 4-12 工况 I 导向架应力云图

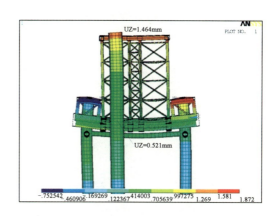
图 4-13 工况 I 上下龙口位移云图

（2）工况 II 计算分析

工况 II 计算结果如图 4-14～图 4-16 所示。

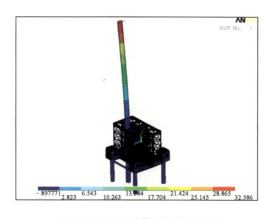
图 4-14 工况 II 整体 Z 向位移云图

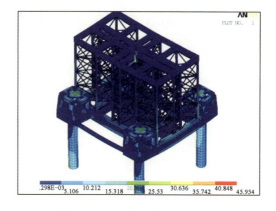
图 4-15 工况 II 导向架应力云图

由上述计算可知，工况 II 导向架整体结构最大等效应力 $\sigma = 46\text{MPa} < [\sigma] = 175\text{MPa}$，强度满足要求。2.2m 工程桩上下龙口位移差 $l = 0.937\text{mm} < L/1\,000 = 13\,970/1\,000 = 13.97\text{mm}$，沉桩导向精度满足要求。

（3）工况 III 计算分析

导向系统工况 III 计算结果如图 4-17～图 4-19 所示。

由上述计算可知，工况 III 导向架整体结构最大等效应力 $\sigma = 85.5\text{MPa} < [\sigma] = 175\text{MPa}$，强度满足要求。2.2m 工程桩上下龙口位移差 $l = 11.372\text{mm} < L/1\,000 = 13\,970/1\,000 = 13.97\text{mm}$，沉桩导向精度满足要求。

（4）工况 IV 计算分析

导向系统工况 IV 计算结果如图 4-20～图 4-22 所示。

由上述计算可知，工况 IV 导向架整体结构最大等效应力 $\sigma = 85.5\text{MPa} < [\sigma] = 175\text{MPa}$，强度满足要求。2.2m 工程桩上下龙口位移差 $l = 11.535\text{mm} < L/1\,000 = 13\,970/1\,000 =$

13.97mm,沉桩导向精度满足要求。

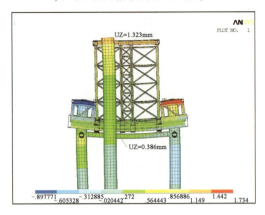

图 4-16　工况Ⅱ上下龙口位移云图

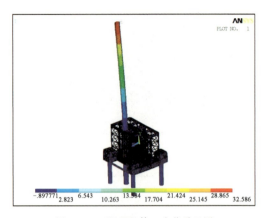

图 4-17　工况Ⅲ整体 Z 向位移云图

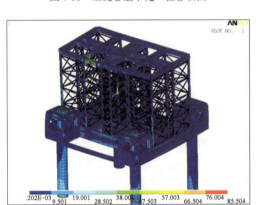

图 4-18　工况Ⅲ导向架应力云图

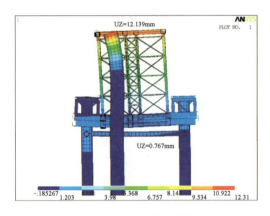

图 4-19　工况Ⅲ上下龙口位移云图

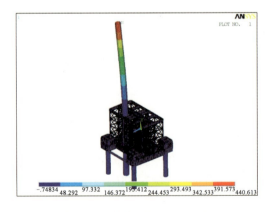

图 4-20　工况Ⅳ整体 Z 向位移云图

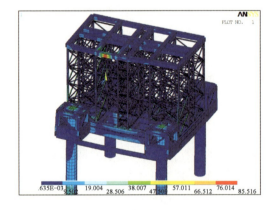

图 4-21　工况Ⅳ导向架应力云图

(5) 工况Ⅴ计算分析

导向架系统工况Ⅴ计算结果如图 4-23～图 4-25 所示。

由上述计算可知,工况Ⅴ导向架整体结构最大等效应力 $\sigma = 82.5\text{MPa} < [\sigma] = 175\text{MPa}$,强

度满足要求。2.2m 工程桩上下龙口位移差 $l = 10.598\text{mm} < L/1\,000 = 13\,970/1\,000 = 13.97\text{mm}$，沉桩导向精度满足要求。

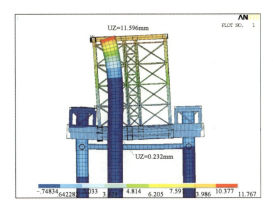

图 4-22　工况Ⅳ上下龙口位移云图

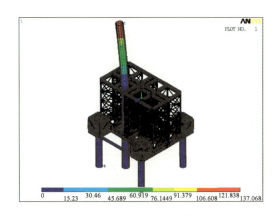

图 4-23　工况Ⅴ整体 Z 向位移云图

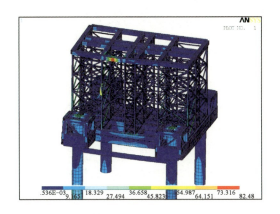

图 4-24　工况Ⅴ导向架应力云图

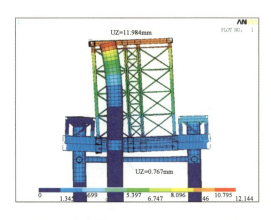

图 4-25　工况Ⅴ2.2m 工程桩上下龙口位移云图

(6)工况Ⅵ计算分析

导向架系统工况Ⅵ计算结果如图 4-26、图 4-27 所示。

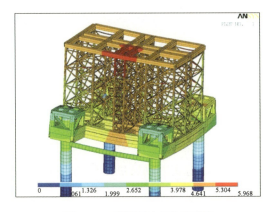

图 4-26　工况Ⅵ导向架位移云图

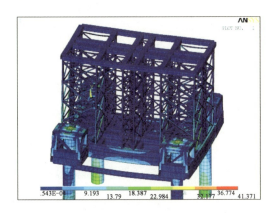

图 4-27　工况Ⅵ导向架应力云图

由上述计算可知,工况Ⅵ导向架整体结构最大等效应力 $\sigma = 41.4\text{MPa} < [\sigma] = 175\text{MPa}$,强度满足要求。

(7)计算结果综合分析

导向架系统主要构件数值分析结果见表4-17。

导向架系统主要构件数值分析结果　　　　表4-17

序　号	构件名称	控制工况	构件应力极值(MPa)
1	塔帽	工况Ⅲ	46.1
2	一层平台	工况Ⅳ	29.0
3	桁架	工况Ⅳ	85.5
4	上部结构架	工况Ⅲ	85.5
5	锚桩	工况Ⅴ	45.9

综上,各构件折算应力均不大于$[\sigma]$,强度满足要求;简支梁挠度均不大于$L/800$,悬臂梁挠度均不大于$L/500$,结构刚度满足要求。

2.2m工程桩上下龙口水平差值最大值出现在工况Ⅳ时,$l = 11.535\text{mm} < L/1\,000 = 13\,970/1\,000 = 13.97\text{mm}$,导向精度满足设计要求。

上龙口最大水平力:1 200kN(工况Ⅳ)。

下龙口最大水平力:963.7kN(工况Ⅳ)。

三向千斤顶最大压力:1 552.4kN(工况Ⅲ)。

抱桩油缸最大水平力:402.2(工况Ⅴ)。

抱桩油缸最大X向弯矩:1 650.1kN·m(工况Ⅴ)。

锚桩最大支反力:1 730.3kN(工况Ⅲ)。

由以上计算可知,工具式导向沉桩系统自身强度和刚度均能满足使用要求,而且在打桩时自身上下龙口的变形相对值不超过$L/1\,000$,性能满足设计要求。

4.4　钢管桩施工工艺及现场验证

4.4.1　钢管桩施工工艺

本项目需要保证钢管桩的垂直度,对其绝对位置和自身相对位置要求也较高,为了保证钢管桩的上述精度要求,研制了工具式导向沉桩系统,为了更好地实现钢管桩预期的沉桩控制精度目标,通过试验验证了与之相匹配的钢管桩施工工艺,具体如图4-28所示。

此工艺流程的重点是钢管桩施沉过程中的精度控制,具体措施是利用桩顶连接件上的三向千斤顶调整一层平台的平面度和绝对位置精度,调整完成后锁定一层平台,然后利用二层平台上下龙口处的调位机构调整工程桩的垂直度,测量垂直度满足要求时再进行工程桩自重沉桩,自重沉桩完成后采用振动锤击打直至无明显下沉,再利用冲击锤击打至指定高程。

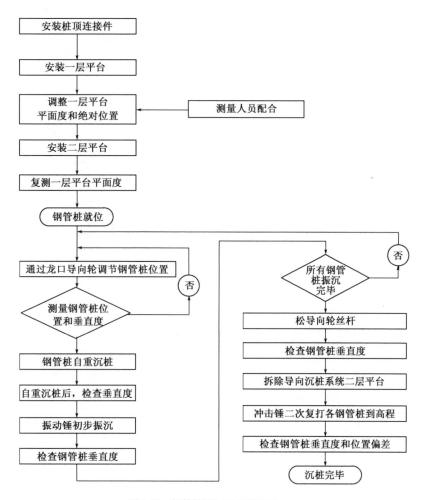

图4-28 钢管桩施工工艺流程图

该套工艺流程现场实施情况如图4-29所示。

4.4.2 钢管桩施工过程中的试验检测

1)工具式导向沉桩系统应力监测

为了清楚掌握工具式导向沉桩系统在使用过程中的受力状况,对设计、制作、安装的工作质量进行全面检验,发现结构及构件加工、安装所存在的问题和隐患,及时调整和整修,防患于未然。按照相关要求对沉桩系统在使用过程中进行同步动态应力测试,测试其在打桩过程中的受力特点及整机工作性能,从而评判其施工安全性,并为后续施工提供数据支持和科学依据。导向架钢结构材质均采用Q235B钢材,其中丝杆容许应力为392MPa。

a) 安装桩顶连接件

b) 安装一层平台

c) 调整一层平台

d) 安装二层平台

e) 钢管桩就位

f) 调整龙口测量垂直度

g) 自重沉桩到位

h) 振动锤打桩到位

图 4-29

i) 振动锤将4根桩打到位

j) 拆除二层平台

k) 采用振动锤打桩

l) 4根桩全部打到指定高程

图 4-29　施工工艺

本次测试在沉桩过程中同步连续采集动态应变数据,为了保证数据的可靠性和精度,应采用表贴电阻式传感器,将数据采集仪与笔记本电脑相连接,通过数据计算分析得到各测点处的应力值。

导向沉桩系统应力测点布置如图 4-30 所示。

导向架沉桩系统应力检测结果如表 4-18～表 4-21 所示(表中正值表示拉应力,负值表示压应力)。

Ⅰ号桩沉桩过程导向架应力检测结果表　　　　表 4-18

构件名称	测点编号	测试过程具有代表性应力值(MPa)								
调位装置丝杆	1	30.5	45.4	113.0	141.1	113.0	97.0	113.8	42.6	36.1	25.6
	2	-36.8	-7.8	-40.5	-19.1	-38.6	-53.6	-24.6	-21.0	-18.1	-6.1
	3	-35.7	-59.9	-28.4	-11.6	-3.2	-22.7	-9.7	-1.5	-0.8	-0.5

续上表

构件名称	测点编号	测试过程具有代表性应力值（MPa）								
调位装置丝杆	4	-85.1	-31.1	-39.5	-70.1	-67.4	-20.8	-51.5	-6.1	-11.8	-2.3
	5	-74.8	-21.8	-39.5	-51.5	-59.0	-52.5	-57.1	-28.4	-3.2	-5.0
	6	-10.5	-63.6	-47.9	-58.0	-66.4	-94.3	-75.8	-7.8	-18.1	-8.8
	7	-49.8	-44.1	-18.1	-46.0	-41.4	-44.1	-47.0	-20.0	-5.0	-0.5
	8	-27.3	-150.4	-54.4	-44.1	-201.6	-264.0	27.3	-190.7	-95.1	-40.5
上层框架龙口横梁腹板	9	12.3	2.6	5.3	2.6	5.3	2.6	1.7	58.9	24.2	0.8
	10	—	—	—	—	—	—	—	—	—	—
	11	10.5	7.7	-6.7	-3.1	-2.3	5.8	1.3	6.7	-2.3	-1.3
	12	—	—	—	—	—	—	—	—	—	—
	13	5.8	2.4	2.1	2.7	5.0	2.2	2.5	1.9	2.0	0.7
	14	—	—	—	—	—	—	—	—	—	—
	15	8.9	5.9	8.7	13.5	12.5	13.5	12.5	2.3	1.4	1.4
	16	-13.5	-9.7	-4.7	-2.6	-13.3	-11.8	-13.5	-2.2	-1.4	-1.6

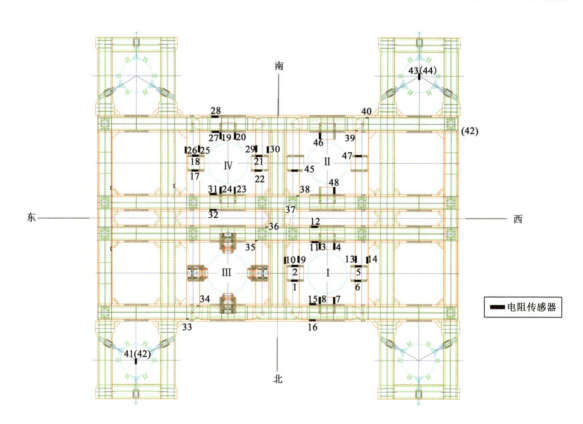

图 4-30 导向架应力测点布置图

Ⅱ号桩沉桩过程导向架应力检测结果表　　　　　　　　　　　　　　　　表4-19

构件名称	测点编号	测试过程具有代表性应力值(MPa)								
桁架竖向弦杆	37	5.0	6.3	5.4	5.4	7.2	6.3	5.8	9.4	5.8	5.8
	38	5.4	11.2	12.1	10.3	8.1	9.4	10.3	8.1	12.5	2.4
	39	9.0	12.1	12.5	14.7	15.6	15.2	9.0	10.3	7.7	6.4
	40	22.0	33.0	40.1	-27.7	-42.7	-23.7	-33.4	-41.4	-28.2	-31.2
塔帽	43	-2.0	-3.3	-1.6	-2.9	-2.0	-2.9	-3.3	-2.9	-2.9	-2.0
	44	6.5	5.1	7.4	3.8	4.7	7.4	5.6	2.5	6.5	0.7
调位装置丝杆	45	-30.6	-42.3	-38.7	-23.1	-28.0	-17.6	-34.4	-54.5	-11.9	-14.7
	46	8.1	8.7	9.7	8.0	9.9	8.0	7.4	8.6	10.5	9.7
	47	10.1	20.2	13.4	13.4	13.2	17.0	11.7	21.0	28.5	12.8
	48	15.8	46.4	31.7	35.1	46.2	30.4	56.9	49.0	36.4	9.1

Ⅲ号桩沉桩过程导向架应力检测结果表　　　　　　　　　　　　　　　　表4-20

构件名称	测点编号	测试过程具有代表性应力值(MPa)								
桁架竖向弦杆	33	25.9	27.3	20.7	18.9	30.8	30.8	25.5	32.4	38.5	34.4
	34	4.6	12.1	5.9	24	11.6	33.7	20.9	16.1	9.4	4.6
	35	6.8	8.5	4.6	9.9	3.2	4.1	5	6	7.2	6.3
	36	6.7	2.3	4.5	5.8	3.6	2.3	7.2	4.1	3.2	2.8
塔帽	41	0.2	1.1	0.2	1.1	1.1	1.6	2.4	0.7	0.7	0.2
	42	1.6	0.2	0.7	5.1	8.7	10.0	14.9	16.3	12.3	11.8

Ⅳ号桩沉桩过程导向架应力检测结果表　　　　　　　　　　　　　　　　表4-21

构件名称	测点编号	测试过程具有代表性应力值(MPa)								
调位装置丝杆	17	20.0	47.9	40.5	15.3	-21.9	-25.6	-20.9	-23.7	-10.7	-14.4
	18	6.0	35.8	14.4	11.6	32.1	7.9	13.5	6.0	26.5	5.1
	19	-15.3	-24.6	-17.2	-8.8	-13.5	-19.1	-28.4	-27.4	-23.7	-8.8
	20	5.1	7.0	16.3	23.7	25.6	19.1	17.2	16.3	17.2	5.1
	21	-30.4	-21.0	-28.5	-19.1	-15.4	-7.0	4.2	23.8	12.6	3.3
	22	-11.7	-16.3	-13.5	-7.0	-9.8	-30.3	-23.8	-37.8	-38.7	-15.4
	23	-6.1	-26.6	-13.5	-11.7	-16.3	-27.5	-26.6	-24.7	-40.6	-44.3
	24	-32.2	-179.5	-131.0	-150.6	-175.8	-225.2	-211.2	-188.8	-208.4	-231.7
上层框架龙口横梁腹板	25	-2.9	-3.9	-2.9	-2.0	-1.1	-2.9	-2.0	-1.1	-3.9	-2.0
	26	—	—	—	—	—	—	—	—	—	—
	27	4.2	11.6	8.8	10.7	13.5	14.4	14.4	13.5	13.5	14.4
	28	-6.1	-4.3	-9.8	-8.0	-11.7	-13.6	-14.5	-13.6	-11.7	-12.6

续上表

构件名称	测点编号	测试过程具有代表性应力值(MPa)									
上层框架龙口横梁腹板	29	4.0	0.8	2.1	1.5	2.7	3.4	1.8	0.9	2.4	1.1
	30	—	—	—	—	—	—	—	—	—	—
	31	−13.3	−9.5	−4.4	−2.3	−13.0	−11.6	−13.3	−1.9	−1.2	−1.3
	32	—	—	—	—	—	—	—	—	—	—

从上述应力监测结果可知:

① Ⅰ号桩沉桩过程中,丝杆最大应力出现在 8 号测点,其值为 264.0MPa;腹板最大应力出现在 9 号测点,其值为 58.9MPa,均满足钢结构规范要求。

② Ⅱ号桩沉桩过程中,弦杆最大应力出现在 40 号测点,其值为 42.7MPa;塔帽最大应力出现在 44 号测点,其值为 7.4MPa;丝杆最大应力出现在 48 号测点,其值为 56.9MPa,均满足钢结构规范要求。

③ Ⅲ号桩沉桩过程中,弦杆最大应力出现在 33 号测点,其值为 38.5MPa;塔帽最大应力出现在 42 号测点,其值为 16.3MPa,均满足钢结构规范要求。

④ Ⅳ号桩沉桩过程中,丝杆最大应力出现在 24 号测点,其值为 231.7MPa;腹板最大应力出现在 28 号测点,其值为 14.5MPa,均满足钢结构规范要求。

综合以上分析,港珠澳大桥工具式导向沉桩系统在沉桩过程中钢结构及丝杆应力满足规范要求,丝杆、横梁腹板、弦杆、塔帽承载能力均处于安全范围之内,强度满足沉桩要求,且实测值要比 4.3.2 节的理论计算值稍小,但其变化趋势基本是一致的。

2)钢管桩沉桩精度检测

钢管桩沉桩精度测量布置如图 4-31 所示,Z1~Z4 为四根工程桩,沉桩到位后进行了桩顶平面偏位和桩身垂直度检测,测量结果见表 4-22。

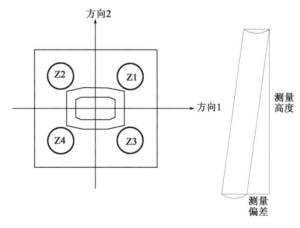

图 4-31 钢管桩沉桩精度测量图

钢管桩沉桩精度测量结果 表4-22

桩 号	方 向	高度(m)	偏差(mm)	倾 斜 率
Z1	方向1	3.73	7	1/532
	方向2	3.95	−9	1/439
Z2	方向1	4.80	13	1/369
	方向2	3.95	−9	1/439
Z3	方向1	4.05	−7	1/578
	方向2	3.86	9	1/429
Z4	方向1	3.91	7	1/559
	方向2	4.01	−7	1/572

从表4-22中可以看出，除了2号桩在一个方向的垂直度没有达到设计要求的1/400外（但也非常接近此标准），其余三根桩均达到了该精度要求，在平面偏位方面，四根桩的平面偏位均在10mm左右，远远优于设计提出的50mm的精度，由此可见，本项目研发的工具式导向沉桩系统在沉桩过程中发挥了良好的定位和导向控制作用，确保了钢管桩沉桩精度满足垂直度1/400平面偏位50mm的要求。

纵观本工艺试验钢管桩施工全过程，影响钢管桩施工定位精度误差的来源较多，各环节的误差均会影响到钢管桩最终的成桩精度，故在沉桩施工过程中应注意以下事项：

(1)钢管桩自身加工误差：钢管桩出厂时，应建立测量平台基准，对出厂的每根钢管桩垂直度进行检查，确保其垂直度满足1/1 000的精度要求。

(2)导向架加工误差影响：导向架制作加工误差应严格控制，包括平整度及垂直度的检查。

(3)气象窗口的选择：钢管桩定位时，应选择海上风浪较小的时候进行，避免阵风天气对钢管桩振沉时定位精度及垂直度的影响。

(4)导向架定位误差：导向架定位时应尽量靠近设计位置，但在调位过程中发现，当导向架定位存在旋转偏角时，液压调位系统对旋转偏角的调位效果不理想。

(5)测量误差：钢管桩最终定位由多次测量定位完成，应严格对仪器进行整平对中，尽量减少人为误差的影响。

(6)锚桩平台稳定性影响：通过多次在锚桩塔帽上架设仪器发现，锚桩平台在海浪的冲击下，存在一定的晃动，也造成一定的测量误差。

(7)锚桩精度：虽然锚桩振沉能够满足平面±10cm的要求，但是锚桩定位要求过高，在实际调位时带来很大困难；调位时间过长，严重影响施工效率和工期，建议锚桩定位精度放宽至±20cm。

(8)分析钢管桩成桩垂直度发现，钢管桩Z2方向1的垂直度为1/369，未能满足1/400的精度要求,分析原因为钢管桩喂入导向架后至振沉完成中间间隔时间较长,故钢管桩喂入导向架后振沉应及时完成,中间不应间隔太长时间。

(9)在钢管桩垂直度监测过程发现,导向架二层平台拆除前后,钢管桩存在一定的回弹量,对垂直度及钢管桩相对平面位置造成影响,故导向架顶紧装置与钢管桩外壁应留有3mm的空隙,使钢管桩振沉下放时处于自由状态,避免顶紧装置对钢管桩受力,从而消除钢管桩回弹的影响。

4.5 小　　结

本章通过对钢管桩施沉过程理论分析和现场工艺试验,得出如下主要结论:

(1)从桩、承台及墩身的施工允许偏差出发,结合目前国内的沉桩方法和所能达到的沉桩精度,全面分析了钢管桩沉桩精度、首节段墩台安装精度以及预留孔孔径三者之间的关系,并根据精度分析结果提出钢管桩沉桩精度控制标准制定应考虑的因素和所需遵循的原则。

(2)在制定钢管桩沉桩精度控制标准时,应充分考虑首节墩台安装精度、预制墩台顺利下放安装、预留孔孔径以及承台预留孔止水等方面的需求,还应结合目前国内的沉桩方法和沉桩能力以及施工成本等,全面考虑各方面的需求,且钢管桩沉放精度控制标准的确定必须与首节墩台安装精度控制标准以及预留孔孔径相协调、匹配。

(3)研发了一套可操作性强、能重复利用的工具式导向沉桩系统,经现场工艺试验验证证明,该工具式导向沉桩系统能将钢管桩的沉桩精度提高至:垂直度达到1/400以上,桩顶平面偏位能控制在20mm之内。

本章参考文献

[1] 刘家驹.粉沙淤泥质海岸的航道淤积[J].水利水运工程学报,2004(01):6-11.

[2] 乐培九,阎金祥.航道开挖后的淤积计算方法[J].泥沙研究,1990(02):38-46.

[3] 乐培九,张华庆.河口海湾地区航道挖槽回淤的估算方法[J].水道港口,1993(02):54-63.

[4] 罗肇森.河口航道开挖后的回淤计算[J].泥沙研究,1987(02):13-20.

[5] 刘家驹.连云港外航道的回淤计算及预报[J].水利水运工程学报,1980(04):31-42.

[6] 陈一梅.沙质海岸河口航道回淤计算方法及其应用[J].河海大学学报,2000(06):82-86.

[7] AndreRobert, Andre G. Roy. On the fractal interpretation of the mainstreamlength-drainage area relationship[J]. Water Resources Research, 1990,26(5):839-842.

[8] RenzoRosso,Baldassare Bacchi,Paolo La Barbera. Fractal relation of mainstream length tocatchment area in river networks[J]. Water Resources Research, 1991, 27(3):381-387.

[9] Sean P. Breyer, R. Scott Snow. Drainage basin perimeters: a fractal significance[C]. In:R. S. Snow and L. Mayer(Editors), Fractal in Geomorphology. Geomorphology,1992, 5:143-157.

第5章 预制墩台吊装及精确定位施工关键技术

5.1 概 述

港珠澳大桥深水区非通航孔桥预制墩台质量约为2 500t,最重达3 219t,包括钢套箱、吊具后的最大起重量约3 536t;墩身质量约为1 000t,最大质量达2 406t,墩身宽10～15m,最高达22.45m,迎风面积大。

桥轴线水深浅,海床高程在-6.09～-5.30m,水深最浅时仅约4m,不适合大型船舶施工;此外,墩台安装在开阔海域作业,起重船受风、浪、流影响大,对起重船能力要求更高。

港珠澳大桥预制墩台、墩身安装具有"施工环境恶劣、安装精度高、施工工艺复杂、耐久性要求高"等特点,其在吊装过程中面临的技术难题主要有:

(1)吊装作业窗口选择

墩台吊装阶段,浮吊及其系泊系统对海洋环境中的风、浪和水流等动荷载作出响应,这个响应将使墩台发生摆动,因墩台预留孔与已沉桩之间仅留有20cm间隙,墩台的摆动及惯量应控制在一定范围内,确保墩台和桩基的安全;需对环境荷载作用下浮吊—墩台系统的运动进行分析,从而给出本次吊装的限制海况,并密切跟踪海洋预报信息,确定出安全可靠的吊装作业窗口。

(2)墩台悬挂及精确调位系统研发

为缩短海上作业时间,提高施工工艺的"装配化"程度,预制墩台吊放中的起吊系统和体系转换过程中的悬挂系统需采用一体化设计,此外,墩台吊装精度要求高,而浮吊的定位及调位能力难以满足墩台设计精度要求,这就要求悬吊系统不仅具有吊装和悬挂功能,还应能实现与钢管复合桩之间的精确调位,包括墩台相对钢管复合桩的垂直度调整、竖向高程位置调整、水平面内位置调整及偏转角度调整。

(3)墩-桩结构体系动力响应

墩台完成精确调位并完成体系转换后浇筑预留孔混凝土,在此过程中,钢管复合桩及预制承台在多向荷载作用下会表现出位移的不协调性,以及波流荷载等动载对墩-桩结构体系造成的动力响应都可能会导致后浇混凝土早期出现微裂缝,从而影响混凝土耐久性,过大的位移差还可能导致混凝土成型质量难以保证。

5.2 吊装窗口作业分析

为了对港珠澳大桥桥梁工程建设提供参考及建议,本节以桥梁工程为例进行了吊装过程水动力计算,从而确定吊装作业窗口,具体分析思路如下:分别建立 4 500t 浮吊和墩台及围堰的 FEM model 和 Panel model,进行浮吊的水动力分析,这一水动力分析过程基于三维势流理论,经过分析获得浮吊和墩台在波浪作用的运动幅值响应算子(Response Amplitude Operator,后文中简写为 RAO),然后在浮吊和墩台之间建立吊索,输入本工程所处海域两种典型工况的环境数据(风、浪、流),进行动力耦合时域分析,最终得到吊物在不规则波中的运动和吊缆动张力时程曲线。

5.2.1 模型建立

采用 SESAM 软件中的 GeniE 模块对目标浮吊和墩台进行有限元模型的建立。分别对浮吊的船体、甲板舱室和全回转吊机以及墩台围堰结构建立结构模型、质量模型、舱室模型和水动力模型,图 5-1 所示为计算模型。

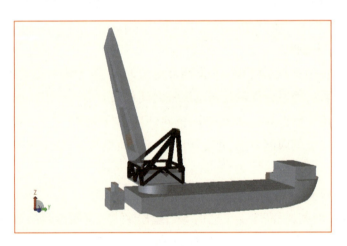

图 5-1 全回转浮吊和墩台围堰模型

5.2.2 浮吊及吊物系统运动频域

频域水动力性能计算在 Sesam 软件 HydroD 模块中进行,在计算时所采用的频率为 0.05~2.0rad/s,中间间隔 0.05rad/s,浪向角为 0°~90°,中间间隔 15°,计算了浮吊无吊装作业和吊装 2 600t 吊物状况下的运动响应幅值算子,如图 5-2 所示。

图 5-2 仅展示了在浪向角为 90°时通过频域分析所得浮吊及墩台系统的 RAO 曲线,因为在该种浪向入射浮吊时,吊物的存在对浮吊运动的改变最为明显。

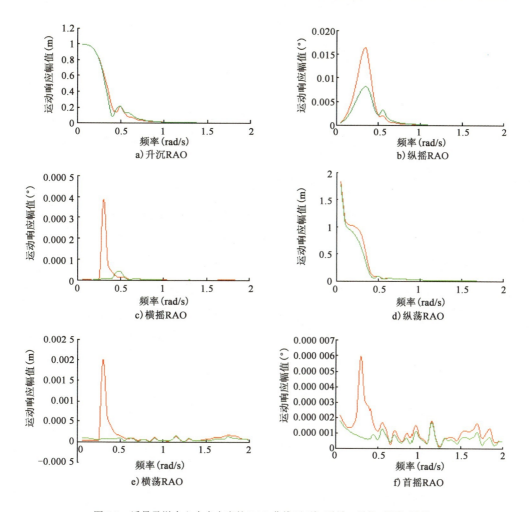

图 5-2 浮吊及墩台六个自由度的 RAO 曲线(红线:浮吊 + 吊物,绿线:浮吊)

可以看到在加上吊物后,由于质量分配的大幅改变,处于吊装状态的浮吊对波浪的作用更为敏感,尤其是当波浪周期在 2~10s 时,浮吊的运动幅值急剧增加,但在升沉和纵荡两个自由度上影响较小。

5.2.3 浮吊及吊物系统运动时域

本节将以频域分析结果为基础,得出在不规则海浪作用下浮吊及吊物系统运动的时间历程,即用时域范围内的脉冲响应来描述浮体在波浪作用下的动态特性。

(1) 极限海况吊装分析结果

首先对施工期极限海况下的吊装作业进行分析:波浪采用 JONSWAP 谱,有义波高 H_s = 2.25m,谱峰周期 T_p = 9.3s,谱峰因子 = 2.0,水深 15m。取水流速度为 1.89m/s 的均匀流。风条件遵循 API 风谱,风速为 14.3m/s。如图 5-3 所示。

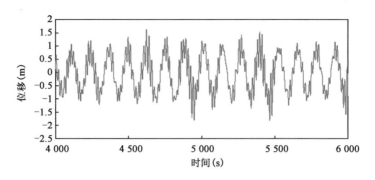

图 5-3 极限工况下墩台横荡(Sway)运动时程

根据计算结果,在二十年一遇的海况条件下进行吊装作业,墩台在 X、Y 方向上的平面位移幅值均超过了1m,Z 向上也超过了0.5m,这显然是墩台吊装作业不能允许的。

(2)常规海况吊装分析结果

计算波浪采用 JONSWAP 谱,有义波高 $H_s=0.8$m,谱峰周期 $T_p=6$s,谱峰因子 =1.0,水深15m。取水流速度为 0.5m/s 的均匀流。风条件选用 API 风谱,最大风速为18m/s。这种风浪流条件能够包含住90%的海况。分析得到此种工况下各自由度的时历曲线,如图5-4所示。

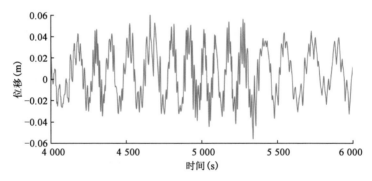

图 5-4 作业工况下墩台横荡(Sway)运动时程

相对于极限工况,作业工况下吊物的运动幅度大幅衰减,衰减趋势呈现出较强非线性。在作业工况下,吊物三个方向的平面位移幅值均在10cm以内,理论上不会与墩台的预留孔发生碰撞。

通过上述分析可知,当单位波高的低频波浪以横浪形式入射时,墩台的存在改变了浮吊的水动力性能,在首摇、横摇、纵摇和纵荡四个自由度上的运动幅度增加明显。由时域分析结果可知,当浮吊及墩台处于恶劣海况之中时,墩台的摆动幅度很大,浮吊几乎无法完成吊装作业。但是随着风浪流条件的好转,墩台的运动幅度也呈非线性衰减,X、Y 方向的平面运动幅度均小于墩台预留孔与桩之间的间隙。但实际海况与本次分析所选用的波浪谱还是存在一定出入,为使吊装作业在更为安全的条件下开展,每次吊装前与相关海洋预报单位进行联系,保证6级风、0.8m海浪条件下作业。

5.2.4 全年有效吊装作业时间

根据 2007 年 4 月 1 日~2008 年 3 月 31 日的周年水文观测资料,进行波浪分析,其内容包括波高、浪向、周期等。

测点有义波高年平均值为 0.38m;有义波高年最大值为 1.43m,出现在 2007 年 8 月(10 日 19 时,波向为 ENE,是由台风"帕布 Pabuk"引起的)。有义波高月平均值达到或超过 0.38m 的有 2007 年 6 月、7 月、11 月和 2008 年 1 月、2 月,共 5 个月份;有义波高月平均值最大值为 0.47m,出现在 2008 年 2 月。

有义波高日平均值达到或超过年平均值 0.38m 的共有 151 天;有义波高日平均值最大值为 1.01m,出现在 2007 年 11 月 27 日。有义波高日变化曲线如图 5-5 所示。

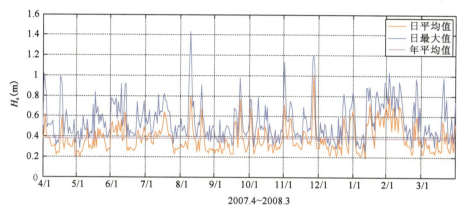

图 5-5 有义波高日变化曲线

(1)波高的频率分布

将有义波高 H_s 以 0.2m 为间隔进行分段,共分为 9 段:0~0.2m,0.2~0.4m,0.4~0.6m,0.6~0.8m,0.8~1.0m,1.0~1.2m,1.2~1.4m,1.4~1.6m,≥1.6m。各月分段波高频率分布如表 5-1 和图 5-6 所示。

各月分段波高频率分布   表 5-1

月份	波高分段(m)								
	[0,0.2)	[0.2,0.4)	[0.4,0.6)	[0.6,0.8)	[0.8,1.0)	[1.0,1.2)	[1.2,1.4)	[1.4,1.6)	[1.6,∞)
2007.4	6.40%	65.65%	22.39%	3.47%	1.81%	0.28%	0.00%	0.00%	0.00%
2007.5	11.69%	61.56%	24.19%	2.29%	0.27%	0.00%	0.00%	0.00%	0.00%
2007.6	5.42%	45.80%	35.97%	10.42%	1.39%	0.00%	0.00%	0.00%	0.00%
2007.7	4.17%	44.49%	43.01%	8.20%	0.13%	0.00%	0.00%	0.00%	0.00%
2007.8	6.05%	62.10%	22.58%	6.05%	1.61%	0.94%	0.40%	0.27%	0.00%
2007.9	6.80%	66.39%	19.03%	6.39%	1.39%	0.00%	0.00%	0.00%	0.00%

续上表

月份	波高分段（m）								
	[0,0.2)	[0.2,0.4)	[0.4,0.6)	[0.6,0.8)	[0.8,1.0)	[1.0,1.2)	[1.2,1.4)	[1.4,1.6)	[1.6,∞)
2007.10	1.61%	68.95%	22.99%	6.48%	0.00%	0.00%	0.00%	0.00%	0.00%
2007.11	0.56%	53.47%	31.80%	7.50%	4.31%	2.22%	0.14%	0.00%	0.00%
2007.12	8.06%	64.78%	20.43%	6.59%	0.14%	0.00%	0.00%	0.00%	0.00%
2008.1	6.45%	47.04%	18.15%	25.00%	3.36%	0.00%	0.00%	0.00%	0.00%
2008.2	4.74%	35.92%	32.61%	18.68%	7.76%	0.29%	0.00%	0.00%	0.00%
2008.3	13.71%	66.40%	15.86%	3.76%	0.27%	0.00%	0.00%	0.00%	0.00%
全年	6.33%	55.88%	26.88%	8.70%	1.83%	0.31%	0.05%	0.02%	0.00%

各月有义波高出现频率分布如图5-6所示。

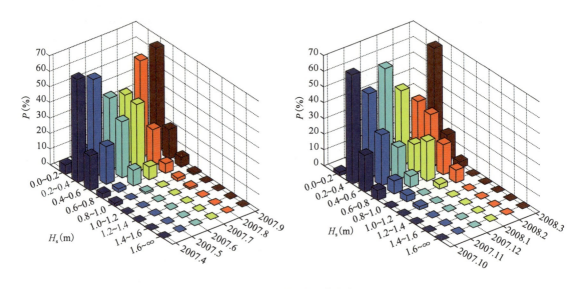

图5-6 各月有义波高分布

(2) 波浪周期的频率分布

将波周期以2s间隔分段，共分为5段：0~2s, 2~4s, 4~6s, 6~8s, 8~10s。分段波周期的每月频率分布如表5-2所示。

各月分段波浪周期分布　　　表5-2

月份	有效周期				
	(0,2]	(2,4]	(4,6]	(6,8]	(8,10]
2007.4	0.84%	97.91%	1.25%	0.00%	0.00%
2007.5	0.67%	98.52%	0.81%	0.00%	0.00%
2007.6	0.41%	94.17%	5.42%	0.00%	0.00%

续上表

月份	有效周期				
	(0,2]	(2,4]	(4,6]	(6,8]	(8,10]
2007.7	0.14%	97.04%	2.82%	0.00%	0.00%
2007.8	0.00%	97.98%	2.02%	0.00%	0.00%
2007.9	1.11%	97.50%	1.90%	0.00%	0.00%
2007.10	0.13%	99.60%	0.27%	0.00%	0.00%
2007.11	0.56%	97.22%	2.22%	0.00%	0.00%
2007.12	0.94%	99.06%	0.00%	0.00%	0.00%
2008.1	0.4%	99.60%	0.00%	0.00%	0.00%
2008.2	0.57%	99.14%	0.29%	0.00%	0.00%
2008.3	0.94%	99.06%	0.00%	0.00%	0.00%

图 5-7 所示为分级波周期分布图。

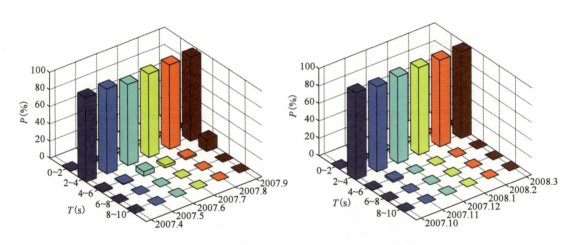

图 5-7 各月波浪周期分布

根据前期气象资料,对 B 测风塔 2008 年 4 月~2009 年 3 月观测年度的各月 6 级以上大风天数进行统计,结果见表 5-3。

6 级以上大风天数　　　　　表 5-3

站名	高度(m)	4月(d)	5月(d)	6月(d)	7月(d)	8月(d)	9月(d)	10月(d)	11月(d)	12月(d)	1月(d)	2月(d)	3月(d)	全年(d)	最长持续日数(d)
B塔	20	8	6	9	6	9	4	3	3	0	2	6	5	61	7

由以上对工程海域的波高、波浪周期及风数据统计的相关资料可见,有义波高≤0.8m 的每月出现频率为 91%~100%。观测年中,最大的有效波周期为 4.76s;全年中波浪周期 6s 内的平均出现频率为 98.07%。B 塔各级大风天数相对少一些,6 级以上大风天数为 61 天,

出现频率为17%,6级以上大风的最长持续日数为7天,亦由台风"帕布Pabuk"引起。考虑到风与浪的相关性,用工艺试验所选浮吊进行墩台吊装作业,全年的有效作业天数在300天左右。

5.3 预制墩台吊装及精确定位系统

悬吊系统主要用于吊装预制墩台,并实现与钢管复合桩之间的精确定位。为满足上述要求,悬吊系统除了具备吊装功能外,还应具备调位功能,调位功能包括墩台相对钢管复合桩的垂直度调整、竖向高程位置调整、水平面内位置调整及偏转角度调整。

本悬吊系统是由机械系统、电控系统和液压系统组成的专用机电液设备。因港珠澳大桥深水区非通航孔桥承台和墩身分节不同,整体预制墩台(Ⅱ类)和分节段预制墩台(Ⅰ、Ⅲ类)的结构略有不同,其悬吊系统也有区别,但总体结构基本类似。本节主要以分节预制的墩台为例来介绍其悬吊系统。

5.3.1 机械系统

首节墩台悬吊系统由吊具主梁、墩身顶紧机构、三向调位机构、底层承托桁架、楔形块顶紧机构、钢管桩上部抱桩系统、钢管桩下部抱桩系统、钢管桩导向机构、钢吊杆、柔性吊索和剪力键等组成,总体结构如图5-8所示,其中,钢管桩导向机构单独安装在钢管复合桩上,如图5-9所示。

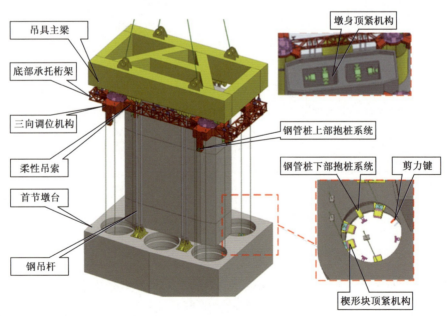

图5-8 首节墩台吊具总体结构图

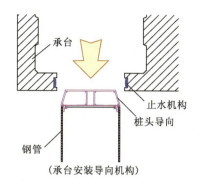

图 5-9 首节墩台安装钢管桩导向机构

悬吊系统各主要部件及功能见表 5-4。

主要部件及功能 表 5-4

序号	部件名称	主要功能
1	吊具主梁	主要用于悬挂墩台及侧向顶紧墩身
2	底部承托桁架	将支撑的四根钢管连接成整体,并实现吊、悬功能转换
3	墩身顶紧机构	实现吊具和墩身的水平限位
4	钢管桩上、下部抱桩系统	实现钢管桩和吊具的水平限位
5	三向调位机构	调整墩台水平及竖向位置并锁定
6	楔形块顶紧机构	实现钢管桩和承台的刚性限位
7	钢吊杆	通过埋件将竖向荷载传至吊具主梁,吊具主梁将荷载通过吊索传至起重船吊钩
8	柔性吊索	墩台吊装时连接吊具主梁和底部承托桁架
9	钢管桩导向机构	实现墩台下放套桩时的定位导向

5.3.2 液压系统

液压系统主要由液压油缸和液压泵站组成,液压泵站为液压油缸提供动力,液压油缸通过伸缩控制,实现墩台精确位置调整,液压系统功能框图如图 5-10 所示。

液压油缸是实现墩台精确调位的主要装置,调整液压油缸安装有双向液压锁、溢流阀等安全保护装置,可以实现带载平稳升降,并且在长期静置时锁定油缸荷载;液压缸内部安装有磁致伸缩位移传感器和压力传感器,能够实时反馈油缸状态至主控系统中。各部位的液压油缸参数见表 5-5,调整范围及控制精度见表 5-6。

液压油缸参数表 表 5-5

名称		吨位(t)	行程(mm)	千斤顶数量(台)
三向调位机构	水平 X/Y 向	80	±150	4×4
	竖向 Z 向	1 000	±150	4×1
桩顶抱箍机构		50	±150	4×3

续上表

名　　称	吨位(t)	行程(mm)	千斤顶数量(台)
墩身顶紧机构	50	±150	2×3
预留孔调位机构	100	±150	4×2

粗调:通过 GPS 定位信号,由主控系统定位分析计算,输出控制指令,控制各向调位油缸的伸缩,从而实现精确定位。
精调:通过设在相邻墩上的全站仪测量偏位进行精确调整

调位系统调整范围及控制精度表　　　　表5-6

序号	调位千斤顶	千斤顶行程	实时控制精度	备　注
1	吊具水平千斤顶	±150mm	±0.5mm	X、Y方向
2	吊具竖向千斤顶	±150mm	±0.5mm	Z方向
3	墩台预留孔水平千斤顶	±150mm	±0.5mm	X、Y方向

注:所有千斤顶均带有自动液压锁定装置。

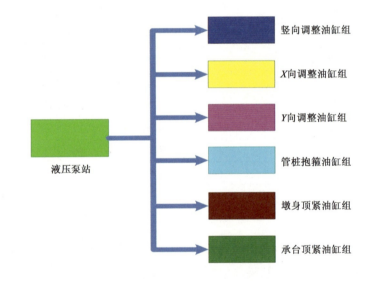

图 5-10　液压系统功能框

液压泵站主要包括:油箱,阀组,管路,雨罩和就地控制柜。油箱的作用是储油,并且对液压油进行过滤和冷却;阀组将各种液压元件组合起来,实现预定功能;管路将不同的阀组连接起来;雨罩起到防雨和防护功能;就地控制柜接受主控制计算机的指令并且做出相应的执行动作。

根据悬吊系统的特点及功能,设置1台泵站,布置在上梁上,全部动作均通过这台泵站驱动,并通过主控系统来实现协调控制。

液压系统采用手动、自动两种操作模式,每个液压油缸均可独立精确控制,且可采用力均衡和位移同步的调整方法,系统集成化程度高,整个系统可自动调整,无须人工干预。

5.3.3 电控系统

中央控制系统是该悬吊系统的中枢机构,由计算机系统、传感器系统和操作平台组成,主要用于控制和监测吊具的调整就位全过程,以及吊具上所有油缸系统、动力系统、液压辅助系统的工作状态和操作过程。

中央控制系统具有以下功能:

①按照程序设计能自动控制所有液压油缸的单独或同步运行、停止。

②能自动监测 X、Y、Z 向油缸的工作荷载、伸长量以及所有抱紧油缸工作荷载。

③具有手动自动模式,在自动模式下可进行精确调整,控制精度 ±0.5mm。

④具有异常报警功能。包括位置超差,压力超载,液压缸故障等。

(1) 控制对象

①竖向调整油缸:4 台。

② X 向调整油缸:4 台。

③ Y 向调整油缸:4 台。

④抱箍油缸:$4 \times 3 = 12$ 台。

⑤预留孔顶紧油缸:$2 \times 4 = 8$ 台。

⑥墩身顶紧油缸:6 台。

(2) 硬件组成

本套设备的核心技术是基于总线的实时控制系统,主要包括中央控制器、泵站控制模块和油缸状态采集模块组成的 CAN 总线网络控制系统。

本套设备主要包括以下几部分:基于 PC104 的中央控制器、泵站控制模块、油缸油压和行程等信息采集单元。这些模块组成了一个闭环的反馈系统,在 CAN 总线传输协议和介质基础上,可以实时地监控各油缸的状态。系统框图如图 5-11 所示。

中央控制器是基于 WINCE 的嵌入式实时操作系统,内核为 PC104,通过 PC104 扩展 4 路独立的带隔离的 CAN 总线通信模块,与外部控制单元和传感器进行实时通信,安装在操作柜上,如图 5-12 所示。

主控计算机采用工控机 PC104,通过总线接收各传感器发送过来的信号,经过一定的控制算法和控制策略之后,通过总线输出相应的控制信号。油缸状态主要包括行程和油压信号(油缸载荷)等。泵站控制模块的主要功能是根据中央控制器的指令驱动电磁阀和比例阀,从而实现油缸各种动作和速度控制。

(3) 软件体系

采用了基于 WINCE5.0 多任务调度的实时操作系统,其主要功能是管理和控制计算机系统的所有软、硬件资源,合理地组织计算机工作流程,并为用户提供一个良好的工作环境和友好的接口。所有的软件在此操作系统之上运行,保证了控制与通信的实时性能。

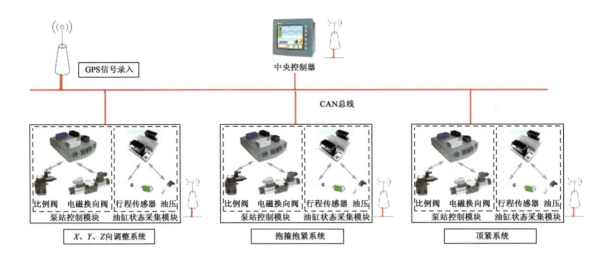

图 5-11　系统框图

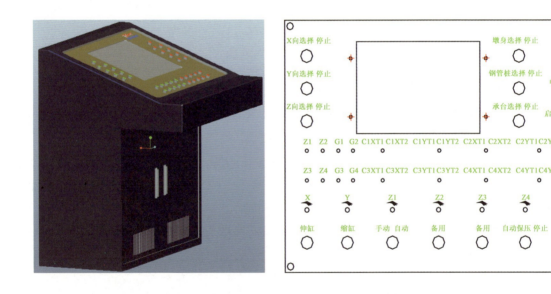

图 5-12　中央控制器示意图及操作界面

采用时限调度算法,按用户的时限要求顺序设置优先级,优先级高者占据处理机,即时限要求最近的任务优先占有处理机。

系统指令控制分手动、自动、顺控三种工作方式。手动控制时,接收控制面板上各控制命令对提升和行走执行各种手动操作指令。

(4)传感器

油缸状态采集模块带一路隔离的 CAN 总线通信模块。此模块可检测油缸的行程和油压等状态,并通过 CAN 总线将信号发送给中央控制器,达到实时监控的目的。其中,检测油缸行程的精度可达 0.01mm,油缸压力的精度可达 0.1MPa。

① 压力传感器。

测量油缸的工作压力,反映油缸工作负载;采用的压力传感器为德国进口,测量精度为 5‰。

② 行程传感器。

用于实时测量油缸的行程,测量误差为 0.1mm;本传感器主要元件为德国进口。

5.3.4 结构校核

为了确保研发的墩台悬吊系统在吊装施工过程中的安全,对其在工作状态下的强度和刚度进行校核。为了考虑最不利工况,以整体预制墩台吊装施工为例,整体预制墩台悬吊系统如图 5-13 所示,计算结果见表 5-7。计算结果表明:预制墩台吊具结构应力和变形均在允许范围内,强度和刚度均满足要求。

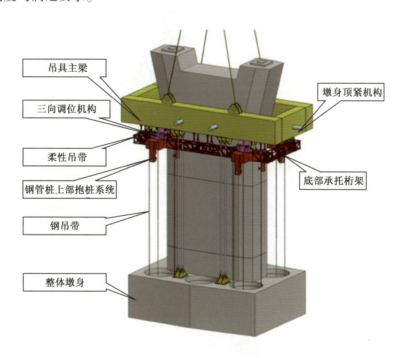

图 5-13 整体预制墩台吊具总体结构图

组合梁系设计计算表 表 5-7

项 目	计 算 内 容
材料性质	材料特性:弹性模量 $E = 2.1 \times 10^5$ MPa,泊松比 $\mu = 0.3$,密度 $\rho = 7\,850$ kg/m³
	容许应力:Q345C,$[\sigma] = 257$ MPa,$[\tau] = 150$ MPa;承压应力:$[\sigma_c^x] = 360.5$ MPa

续上表

项　目	计　算　内　容
荷载与计算工况	计算荷载： 本标段首节墩台最大质量为 3 219t。考虑到起升动载系数 1.1,荷载不均匀系数 1.05 以及附属设施质量。吊具荷载按 1.2 倍的墩台质量计算。吊具设置 8 个吊点与墩台连接,单个吊点荷载 4 940kN。 墩身顶紧结构和钢管抱紧机构中单个千斤顶荷载均为 500kN
	计算工况： 工况 1：墩台吊装工况,利用大型起重船吊装墩台至预定位置,校核吊架与墩身顶紧机构的应力和变形； 工况 2：墩台调位工况,大型起重船吊装墩台至预定位置后,由三向调位装置进行调位,校核吊架、钢管抱紧机构的应力和变形
计算模型	
吊具	应力(最大值 154MPa)　　竖向变形(最大值 0.96mm)
钢管抱紧机构	应力(最大值 165MPa)　　综合变形(最大值 1.49mm)

5.4 墩台吊装全过程计算分析

预制墩台施工过程中,墩台、复合桩以及钢围堰整体将受到水流、波浪等荷载共同作用,为确保结构安全、质量过关,需进行吊装全过程分析,主要的计算工况有正常吊装(见第5.2节)、减振之后吊装以及体系转换等。

(1)根据第5.2节作业窗口计算结果,在作业工况下,吊物三个方向的平面位移幅值均在10cm以内(横荡6cm),理论上不会与墩台的预留孔发生碰撞,但还是会有一定的风险。为了使预制墩台安装到位后处于悬挂状态下的时间内,受水流、波浪影响更小,需研究减振方案,并就方案中的一些关键措施进行计算分析。

(2)钢管复合桩与预制承台连接处的现浇混凝土构造是承台结构的重要受力部位。在浇筑混凝土过程中,由于钢管复合桩及预制承台在多向荷载作用下会表现出位移的不协调性,可能会导致后浇混凝土早期出现微裂缝,从而影响混凝土耐久性,过大的位移差还可能导致混凝土成型质量难以保证。

(3)波流荷载属于动力荷载,需分析施工期结构物的动力特性及其响应,并评估钢管复合桩及预制承台间的相对位移对预制墩台的精确定位和混凝土现浇质量的影响。

本节针对上述问题,对吊装施工期钢管桩与预制墩台在波流等荷载作用下的受力情况进行分析与研究。

5.4.1 作用荷载分析

1)基于规范的静力荷载

(1)水流力

水流力标准值(见《港口工程荷载规范》JTS 144-1—2010)

$$F_w = C_w \frac{\rho}{2} v^2 A$$

式中:F_w——水流力标准值(kN);

C_w——水流阻力系数;

ρ——水的密度(t/m³);

v——水流设计流速(m/s);施工期间设计流速为 $v=2$m/s;

A——计算构件在与流向垂直平面上的投影面积(m²)。

查得 $C_w = 1.5$,故迎水面水流对套箱壁体的压强为:

$$p_1 = \frac{F_w}{A} = C_w \frac{\rho}{2} v^2 = 1.55 \times \frac{1.025 \times 2^2}{2} = 3.18\text{kPa}$$

(2)波浪力

当波浪横向作用于钢围堰时,钢围堰将引起波浪的局部反射,钢围堰正面的干涉波高 H_d 将既大于原始波高 H,又小于波浪遇直立墙发生完全反射时的立波波高 $2H$。

钢围堰入水深度 T 范围内的局部反射波高:$H_r = K_r H$,K_r 为局部反射系数,即:

$$K_r = \sqrt{1 - \frac{\mathrm{sh}\frac{2\pi}{L}(d-T)\mathrm{sh}\frac{2\pi}{L}(2d-T)}{\mathrm{sh}\frac{2\pi}{L}(\eta+d)\mathrm{sh}\frac{2\pi}{L}(\eta+2d)}}$$

式中:L——波长(m);

d——水深(m);

η——原始波波峰在静水面以上的高度(m),$\eta = H/2 + h_0$;

h_0——原始波波浪中心线对静水面的超高值(m),$h_0 = \pi H^2/L \mathrm{cth} 2\pi d/L$。

而干涉波高 $H_d = 2H_r + (H - H_r) = H + H_r$,令 $H_d = 2H'$,即把干涉波看成由假想的进行波(波高为 H')完全反射形成的立波,于是水深 d 处的压力强度为:

$$p_d = \frac{\gamma H'}{\mathrm{ch}\frac{2\pi d}{L}}$$

水面处的压力强度为:

$$p_0 = (p_d + \gamma d)\frac{H' + h'_0}{H' + h'_0 + d}$$

式中:h'_0——假想的立波波浪中心线对静水面的超高值,$h'_0 = \pi H'^2/L \mathrm{cth} 2\pi d/L$,在静水面以上 $H' + h'_0$ 处,波压力为零。

沿整个高度的波压力图中,从静水面以上 $H' + h'_0$ 至静水面以下 T 深度部分的波压力作用给钢吊箱。

根据波高 $H = 3.48\mathrm{m}$,波浪周期 $T = 9.3\mathrm{s}$(20年一遇),经计算:

水面处的压力强度为 $p_0 = 34.73\mathrm{kPa}$;

吊箱底部的压力强度为 $p_f = 24.83\mathrm{kPa}$;

综上,高水位时水对吊箱迎水面的荷载如图5-14所示。

2)基于SESAM计算的动力荷载时程

(1)流荷载

墩台围堰的绕流流场的计算模型均采用CFD常用前处理软件GAMBIT建立,生成网格文件后导入FLUENT软件进行计算。

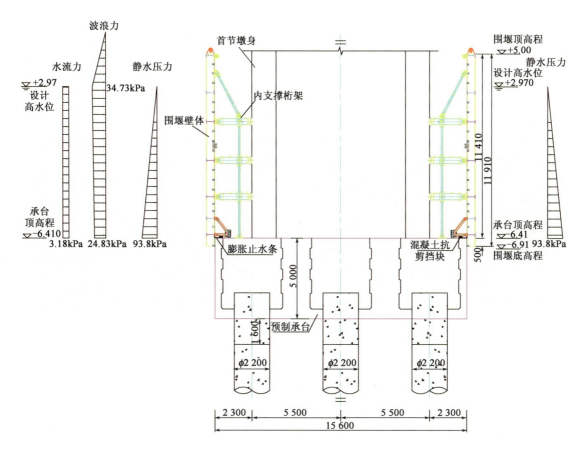

图 5-14 高水位条件下整个结构物荷载简图(尺寸单位:m;高程单位:m)

流场的网格划分如图 5-15 所示。所有网格均为结构化网格,在墩台和围堰结构的壁面处使用了边界层网格,使用边界层网格时必须要计算近壁流动的处理。对于近壁流动的处理主要分为两种情况:

细网格,此时壁单位 y^+ 常取值在 1 左右。

壁函数方法,此时 y^+ 常取值在 100 左右。

由于本次计算使用的湍流模型为 $k\text{-}\omega$ 模型,未使用壁面函数,所以采取 $y^+ \approx 1$,边界层第一层网格厚度取法按照以下公式计算:

$$y^+ = 0.1696\bar{y}\mathrm{Re}^{0.9}$$

$$\bar{y} = \frac{\Delta y}{L}$$

式中:Δy——所求的边界层第一层厚度;

L——特征长度。

本次计算采用的特征长度为预制墩台长边的尺寸,即 10.6m。

考虑到墩台结构附近流场是尾涡形成、泻放的关键区域,此处的计算敏感度较高,本次建模在这些地方进行了大量的网格加密、细化、规则化工作,并进行了圆角处理,以便计算能够更快更好地收敛。

计算区域边界高度为 $10L$,长度为 $25L$,左侧边界为速度入口边界(Velocity Inlet),右侧边界为自由出流边界(Outflow)。

图 5-16 所示为流速 2m/s 情况下流动分离和涡泻的情况。

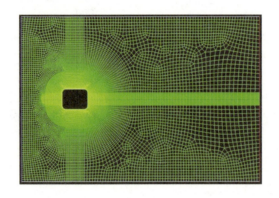
图 5-15 流场网格

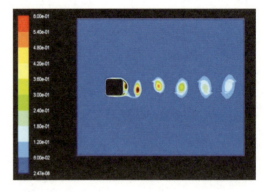
图 5-16 墩台及围堰在稳定来流下的涡泻

通过图 5-16 可以发现,在该流速下在承台后侧已经发生交替涡泻,并形成了稳定的涡街。在该计算时刻,下侧涡泻即将完成,上侧涡泻充分增长,这时压力云图显示流场下侧高压区域面积明显大于上侧,形成了向上的升力。

以下将给出无因次升力系数 C_l、阻力系数 C_d 的系数时历曲线计算结果图。C_l、C_d 无因次化按照以下公式进行:

$$\begin{cases} C_l = \dfrac{F_l}{\dfrac{1}{2}\rho v_\infty^2 L} \\ C_d = \dfrac{F_d}{\dfrac{1}{2}\rho v_\infty^2 L} \end{cases}$$

式中:ρ——流体(水)密度;

v_∞——无穷远处来流速度;

L——特征长度取迎流面边长;

F_l、F_d——方形沉井所受到的升力和阻力。

换算后可以得到当水流以 2m/s 的速度作用于墩台围堰结构时,水流力最大可达 21.2t。通过图 5-17 可以看到,当流动达到稳定后,流动分离和涡泻周期性地发生,升力和阻力系数也相应周期性地变化。

(2)波浪荷载

由于墩台及围堰为箱形结构,常用结构软件中的波浪计算则都是基于 Morison 方程,只能用来计算细长柱体的波浪荷载,故选用挪威船级社的 SESAM 软件进行分析,该软件中的波浪荷载求解器 Wadam 是基于三维势流理论,用面元法进行数值求解,可用于计算大型海洋结构物的波浪荷载。

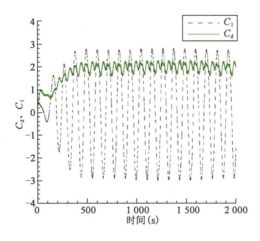

图 5-17　墩台及围堰在稳定来流下的涡泻(FLUENT)

计算所依据的波浪条件为钢围堰设计时所选用的二十年一遇极限波浪条件,即最大波高 $H=3.48\text{m}$,谱峰周期 $T_p=9.3\text{s}$。

由于不规则波即波谱分析为统计学分析,所得结果为密度分布,故本次计算选用规则波进行分析。选取波高 3.48m、周期为 9.3s 的规则波沿轴正向入射。

首先在 SESAM 的 GeniE 模块中建立面元模型、结构模型和质量模型,然后依次在 HydroD/Wadam 中导入上述模型,分别如图 5-18 所示。结构模型网格密度为 0.5m,面元模型网格密度为 1m。

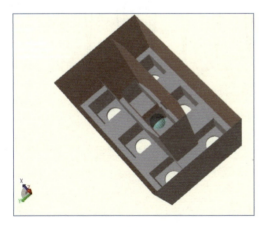

a) 墩台围堰结构模型

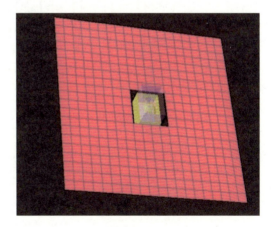

b) 水线面及面元模型

图 5-18　墩台模型图

由于结构物的对称性,在规则波沿着 Y 轴方向垂直入射至结构物时,结构在 X 方向上两侧的波压相互抵消,计算所得波浪力较小,故未提取该方向上的荷载时程曲线,图5-19、图5-20分别显示的是 Y 向和 Z 向上的波浪荷载时程。

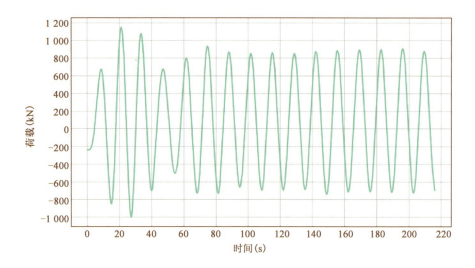

图5-19　墩台围堰 Y 向上的波浪荷载时程曲线(SESAM/Wadam)

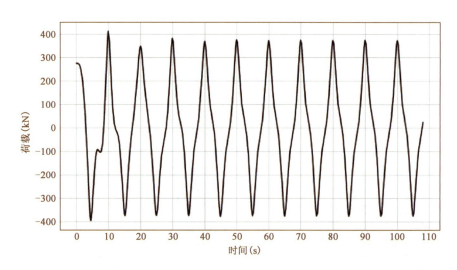

图5-20　墩台围堰 Z 向上的波浪荷载时程曲线(SESAM/Wadam)

结果显示,波浪荷载在 Y 向上最大可达110t,平均幅值在90t左右;在 Z 向上最大可达42t,平均幅值在36t左右。各方向上的荷载周期均与波浪自身周期一致。

5.4.2　预制墩台悬挂状态下减振方案分析

1)预制墩台减振方案

墩台安装到位后,受水流、波浪影响,墩台会发生振动。在墩台可靠固定前,振幅较大,对后续施工会造成不利影响。根据试验承台的施工经验,承台就位后受涌浪影响,承台预留孔内的水平顶紧千斤顶出现了松动,使原本两层水平固定体系变成了仅有吊具上的一层水平固定,从而导致承台摆动较大,给后续止水、浇筑混凝土等环节加大了施工难度。因而,墩台减振的关键是确保墩台与复合桩钢管之间的多层约束。

减振方案:在墩台与复合桩钢管之间设有上下两层约束。

上层约束为悬挂系统的抱箍机构,抱箍和下层梁系将四根支撑桩连成整体。上下层梁系通过楔形块将每个三向千斤顶旁的 X、Y 向的限位挡块锁死。上层梁系通过墩身顶紧千斤顶将悬挂系统的两层梁系与墩身连成整体(图 5-21)。

下层预留孔千斤顶用抱箍固定在预留孔底板上,钢管与承台间采用楔形块锁死(图 5-22)。

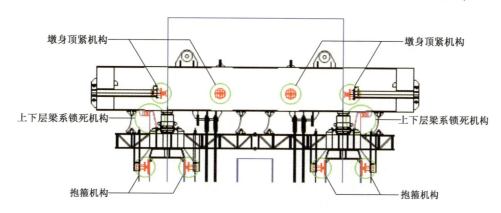

图 5-21 墩台与复合桩钢管上层约束机构图

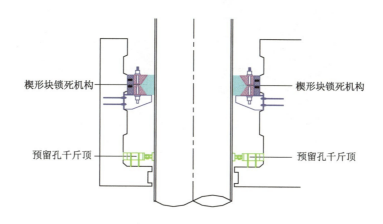

图 5-22 墩台与复合桩钢管下层约束机构图

2)分析目的及模型建立

(1)分析目的

对于上述减振方案有必要进行计算分析,目的有三:一是分析预制承台与钢管复合桩的相对位移;二是为承台预留孔水平调位千斤顶选型提供参考;三是分析悬挂状态下结构的振动特性。

(2) 有限元模型

采用 ANSYS 程序分析,选用单元为 BEAM44、SHELL63、SOLID45、LINK8,分别模拟桥墩、吊具系统(吊具及吊杆)、钢围堰及水平撑杆、钢管复合桩、预制承台及速凝砂浆、预留孔水平限位块,有限元模型如图 5-23 所示。

(3) 位移边界条件

在钢管复合桩桩底施加三向位移约束;吊具上层钢梁与四根桩基替打段顶面三向固结,围堰结构底部与承台四周共节点约束,围堰撑杆及预留孔内水平限位块设置为只受压杆件,并释放竖向约束。

(4) 力边界条件

①预制承台及围堰结构自重荷载由程序自动计入。

②波流荷载通过钢围堰四周面板传递至墩台,模型中在钢围堰短边及长边方向分别施加图 5-23 所示的面荷载。

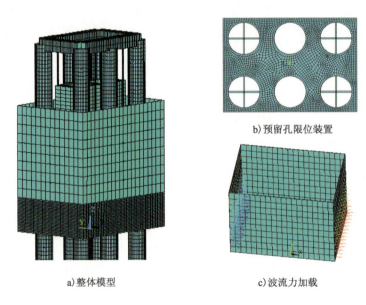

图 5-23 有限元模型

3) 静力分析结果

(1) 桩与承台相对位移

悬挂状态下,预制墩台及钢管复合桩在波流荷载作用下出现相对位移,如图 5-24 所示,当迎水面为短边时,该相对位移值最大可达 9.2mm;当迎水面为长边时,该相对位移值最大可达 10.1mm。选取计算点示意如图 5-25 所示。表 5-8 列出了四个后浇孔内钢管桩侧壁与预制承台内壁的水平位移及两者相对位移。

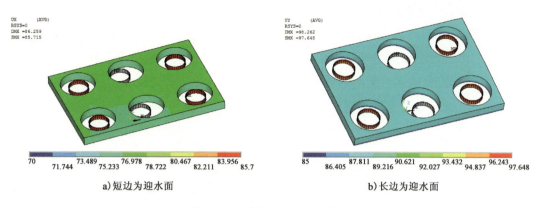

图 5-24　钢管桩头与承台相对位移

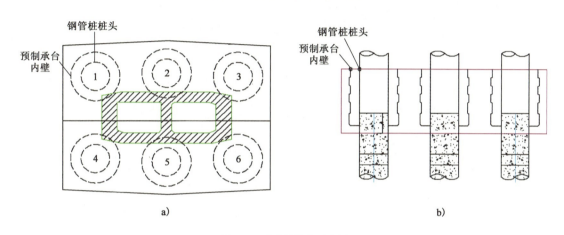

图 5-25　选取计算点示意图

承台内壁及桩头相对位移（单位：mm）　　　　表 5-8

迎水面	后浇孔编号	预制承台内壁	钢管桩侧壁	相对位移
短边为迎水面	1	76.538	85.537	8.999
	3	76.232	83.807	7.575
	4	76.214	85.374	9.161
	6	76.213	83.214	7.001
长边为迎水面	1	87.815	97.641	9.826
	3	87.547	97.648	10.101
	4	87.546	97.56	10.014
	6	87.562	97.557	9.995

从表 5-8 中可以看出，悬挂状态下，预制承台内壁及钢管桩侧壁相对位移最大值可达到 10.1mm，该量值较为可观，因而非常有必要在承台预留孔内设置水平约束（图 5-26），保证不出现更大的相对位移，对预制墩台精确定位造成较大影响。

(2)悬挂体系水平限位杆件内力

从计算模型中还可以提出波流荷载作用下预留孔内水平限位块以及钢围堰撑杆内力（表5-9、表5-10），其中预留孔内限位块内力可为承台预留孔水平调位千斤顶选型提供参考。从表5-9中可以看出，迎水面无论是长边还是短边，预留孔水平限位块轴力分布于83～96t，因而建议预留孔内水平调位系统应选取100t千斤顶型号。

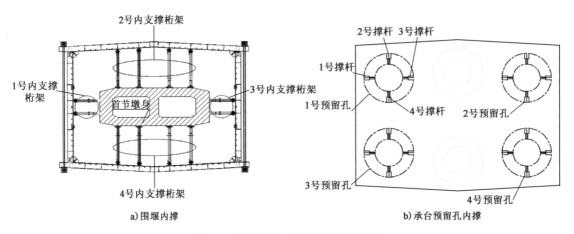

a) 围堰内撑　　　　　　　　　　b) 承台预留孔内撑

图5-26　预制墩台悬挂体系水平限位装置

预留孔内水平撑杆内力值——轴力（单位:kN）　　　　表5-9

预留孔	长边为迎水面				短边为迎水面			
	1号撑杆	2号撑杆	3号撑杆	4号撑杆	1号撑杆	2号撑杆	3号撑杆	4号撑杆
1号预留孔	-50.7	0.0	0.0	-956.8	-921.8	-0.7	0.0	0.0
2号预留孔	0.0	0.0	-50.4	-957.3	-827.1	0.0	0.0	0.0
3号预留孔	-40.5	0.0	0.0	-955.4	-921.3	0.0	0.0	-0.7
4号预留孔	0.0	0.0	-40.8	-955.2	-827.6	0.0	0.0	0.0

围堰内水平撑杆内力值——轴力（单位:kN）　　　　表5-10

水平撑	长边为迎水面			短边为迎水面		
	首层	中层	底层	首层	中层	底层
围堰1号水平撑	-758.6	-1069.4	-1444.4	0	0.0	0.0
围堰2号水平撑	0	0	0	-394.6	-677.4	-972.4
围堰3号水平撑	-804.4	-1441.0	-2591.1	0	0	0.0
围堰4号水平撑	0	0	0	-1005.3	-1118.4	-1782.4

4）动力分析结果

(1)结构动力特性

分析结构动力特性是进行波浪荷载动力计算的基础，为此，首先对悬挂状态下的结构进行模态分析。表5-11给出了结构前四阶振型频率及其特征，振型形式如图5-27所示。从前三阶振型来看,其运动周期明显大于20年一遇波浪周期(9.3s)。

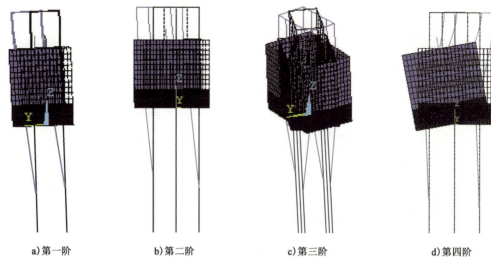

a) 第一阶　　　　b) 第二阶　　　　c) 第三阶　　　　d) 第四阶

图 5-27　墩—台—桩结构前四阶振型

悬挂状态下的预制墩台前四阶振型频率及其特征　　　　表 5-11

阶　数	频率(Hz)	周期(s)	振型特征
1	0.015 209	66	Y 向水平侧移(短边方向)
2	0.015 659	64	X 向水平侧移(长边方向)
3	0.035 516	28	XY 平面扭转
4	0.052 263	19	桩台反对称扭曲

(2)波流荷载作用下的动力响应

图 5-28、图 5-29 给出了悬挂状态下单个后浇孔内预制承台内壁与钢管桩桩头的水平位移以及相对位移时程曲线。从图中可以看出,沿波流动荷载作用方向(长边为迎水面),前排后浇孔(1号孔)两者相对位移未超过 7.0mm,后排后浇孔(4号孔)两者相对位移则未超过 6.8mm。

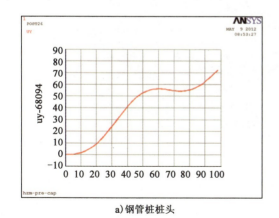

a) 钢管桩桩头　　　　　　　　b) 承台内壁

图 5-28　1号后浇孔预制承台水平位移时程曲线(单位:mm)

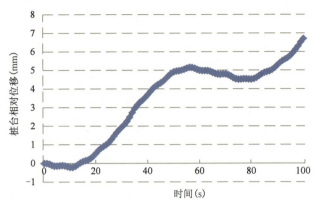

图 5-29　1 号预制承台与钢管桩桩头水平相对位移时程曲线

5.4.3　预制墩台体系转换完成后整体稳定性分析

预制墩台及围堰在吊放至指定地点后将浇筑预留孔混凝土,灌浆开始到混凝土终凝前这段时间里墩台及围堰结构在水流及波浪作用下可能发生较小的振动或偏移,不利于混凝土成型质量,故针对此工况进行结构动力分析。分析思路为分别在 FLUENT 和 SESAM 软件中获取墩台及围堰结构在水流和波浪作用下所受荷载时历,并将荷载时程数据导入 ANSYS 中进行结构动力响应分析。

1)结构模型建立

采用 ANSYS 程序分析,选用单元为 BEAM44、SHELL63、SOLID45,分别模拟桥墩、钢管桩、承台及桩基混凝土和速凝砂浆,模型如图 5-30 所示。

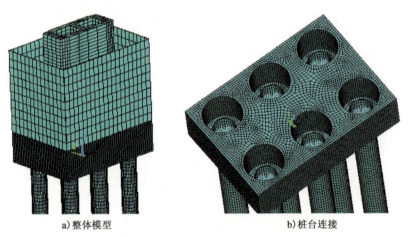

a)整体模型　　　　　　　　　　b)桩台连接

图 5-30　体系转换后的预制墩台模型

2)动力分析结果

(1)结构动力特性

分析结构动力特性是进行波浪荷载动力计算的基础,为此,首先对结构进行模态分析。表 5-12 给出了结构前十阶振型频率及其特征。

结构前十阶振型频率及其特征   表 5-12

阶　数	频率(Hz)	振 型 特 征
1	0.082 5	Y 向水平侧移
2	0.084 5	X 向水平侧移
3	0.157 6	桩基扭曲
4	0.275 4	桥墩绕 X 轴弯曲
5	0.323 3	桥墩绕 Z 轴弯曲
6	0.713 9	桩基正对称侧弯
7	0.732 4	整体二阶侧弯
8	0.768 8	对角桩基正对称侧弯
9	0.773 6	对角桩基反对称侧弯
10	0.778 2	相邻桩基正对称侧弯

(2) 波流荷载作用下的动力响应

图 5-31 ~ 图 5-33 给出了单个后浇孔内预制承台内壁与钢管桩桩头的水平位移以及相对位移时程曲线。从图中可以看出,沿波流动荷载作用方向(长边为迎水面),前排后浇孔(1 号孔)两者相对位移未超过 0.12mm,后排后浇孔(4 号孔)两者相对位移则未超过 0.14mm。

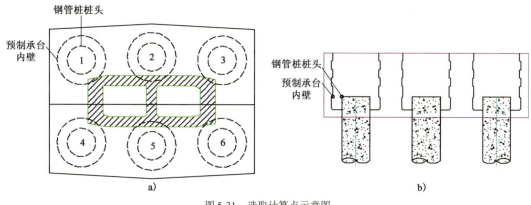

图 5-31　选取计算点示意图

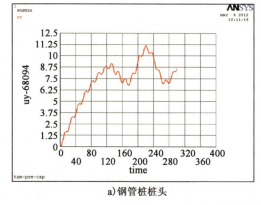

a) 钢管桩桩头

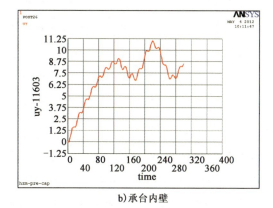

b) 承台内壁

图 5-32　1 号后浇孔预制承台水平位移时程曲线(单位:mm)

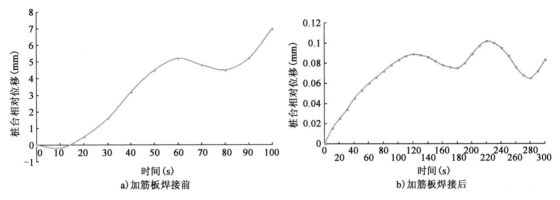

图 5-33 1号预制承台与钢管桩桩头水平相对位移时程曲线

(3) 预制承台与复合桩相对位移响应的频谱分析

通过对 1 号孔预制承台内壁与钢管桩桩头相对位移时程曲线进行傅里叶变换,得到图 5-34 所示的频谱图。从图中可以看出,最大功率谱对应下的频率为 0.001 95Hz,远小于波浪动荷载频率 0.1Hz 以及墩台结构二阶主振型频率 0.084 5。

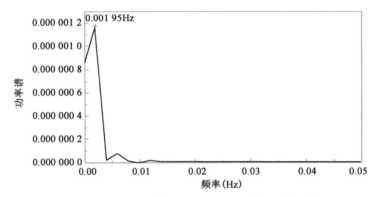

图 5-34 1号预制承台与钢管桩桩头相对位移响应频谱图

结合结构动力特性及波流动荷载作用下动力响应的分析结果,对预制承台及复合桩相对位移进行频谱分析,可得出以下结论及建议:

(1) 墩台结构在波流动荷载作用下并不会出现发散性振动,且振动仅限于很低水平范围之内,结构处于安全可控状态。

(2) 通过对悬挂状态下的预制墩台结构进行分析,计算结果表明,结构体系在波流荷载作用下,墩台与钢管复合桩之间会出现水平相对位移,最大值可达 10.1mm,该量值较为可观,因而非常有必要在承台预留孔内设置水平约束,保证不出现更大的相对位移,对预制墩台精确定位造成较大影响。

(3) 根据结构分析及工艺试验经验,减振方案提出两层约束装置,并强调在预制承台及钢管复合桩之间设置水平限位块的必要性。计算结果表明,该水平限位块在波流荷载作用下,将承担较大的水平压力(83~96t),建议预留孔内水平调位系统应选取 100t 千斤顶型号。

(4)从静力和动力两方面论证,预制承台及复合桩相对位移对承台内后浇孔混凝土浇筑质量影响甚微。

5.5 预制墩台吊装施工工艺研究

5.5.1 总体施工工艺

首节墩台吊装施工总体工艺流程如图 5-35 所示。

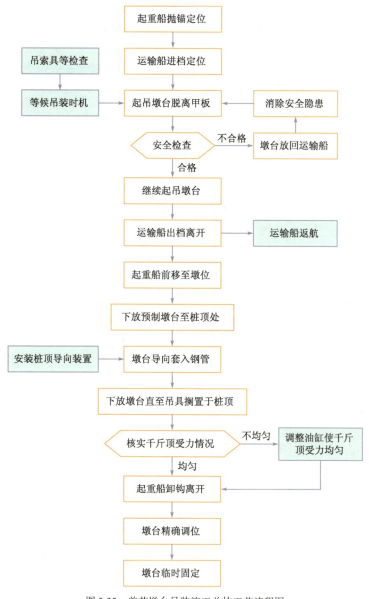

图 5-35 首节墩台吊装施工总体工艺流程图

5.5.2 主要施工方法

1)安装准备

首节墩台安装准备包括钢套箱、悬吊系统安装、三维虚拟安装分析等工作,准备工艺流程如图 5-36 所示。

(1)钢套箱、悬挂调位系统安装

在预制场装配区完成钢套箱、悬挂调位系统安装,安装流程见表 5-13。

钢套箱、调位悬挂系统安装施工流程 表 5-13

示 意 图	步 骤
	步骤一:悬挂系统、钢套箱运回预制场。 悬挂及调位系统、钢套箱在现场拆除后,利用墩台运输船运回预制场,通过轨道及运输小车上岸,300t 龙门吊移至预制场墩台拼装区; 悬挂及调位系统、钢套箱保养、维护
	步骤二:安装钢套箱。 墩台养护达到设计要求后,根据安装顺序,将拟安装的预制墩台提前运输至码头附近的拼装区,准备进行悬挂系统、钢套箱等的安装; 利用 300t 龙门吊逐块拼装钢套箱; 钢套箱分块拼装完成后,各分块壁体齿口(③-A)咬合到位,顶紧底层(①)及内支撑顶紧装置(②),最后通过千斤顶上提壁体锚箱(③-B)顶口精轧螺纹钢筋张紧对拉钢丝绳箍紧壁体
	步骤三:拼装悬挂及调位系统。 利用 300t 龙门吊将悬挂及调位系统安装至墩身上,为防止损伤墩身接缝混凝土,用木板支垫;少数整墩身墩帽长度较长,悬挂系统无法直接套入安装至指定位置,需采取分块拼装; 利用墩身顶紧机构将墩身顶紧,固定悬挂系统,防止运输过程中摆动; 安装承台吊耳,并连接吊杆,顶紧悬挂系统三向千斤顶,保持适当的预张力,固定悬挂系统

(2)三维虚拟安装

三维虚拟安装是为确保墩台在现场能一次性顺利安装到位,而专门开发的一套软件。其主要的功能及流程见图 5-37。

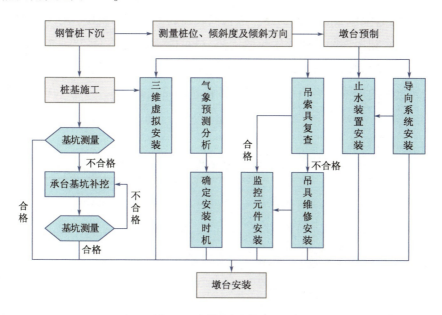

图 5-36　安装准备工作流程图

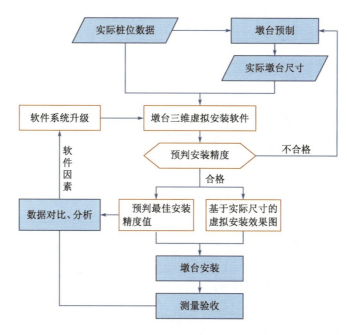

图 5-37　三维虚拟安装流程图

2）船舶及锚缆布置

（1）运输船临时锚泊

运输船至施工现场后，先在桥址区临时锚地停泊等候安装时机。待时机成熟，起锚拖运至安装墩位。运输船在临时锚地顺潮流方向抛前锚和尾锚固定。

(2)墩台安装及移位

起重船吊装墩台锚位布置见图 5-38。墩台安装前起重船抛锚就位,由于 4 500t 起重船抛、起锚耗时时间较长,利用该起重船锚索长的优势,尽可能一次抛锚安装 2~3 个墩台。起重船在桥区移位均采取横移方式。通过抛、起锚,起重船绞锚来实现起重船的横向移动。起重船纵向移动,通过起重船的尾锚和系泊在工作船上的前进缆来实现。

3)安装工艺

墩台安装流程见表 5-14。

非通航孔墩台安装流程　　　　　　　表 5-14

示　意　图	步　骤
	步骤一:安装准备及起重船抛锚就位。 承台基坑复测及精挖; 三维虚拟安装; 气象预测数据分析; 吊索具复查; 钢管接长、导向装置安装、止水装置复查等; 起重船通过抛锚艇在墩台安装位置进行抛锚
	步骤二:运输船抛锚就位。 运输驳船将运至安装位置抛锚定位
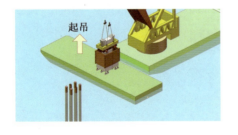	步骤三:墩台试吊。 将起重船吊钩与吊具连接; 起重船起钩,吊装墩台,并使其脱离运输船甲板面 20~30cm; 检测起重船负荷、吊具关键部位监测数据,确保安全后进入下道工序施工; 如发现任何异常,应立即放回运输船,并彻底排除故障后重新试吊; 试吊完成后起重船继续提升预制墩台

续上表

示 意 图	步 骤
	步骤四:运输船离开,起重船前移。 运输船通过拖轮离开现场; 收紧起重船前进缆,将起重船向前移动至墩处
	步骤五:起重船下钩。 起重船下放预制墩台至桩顶附近; 利用自动对中系统使预制墩台预留孔与桩顶导向装置对中
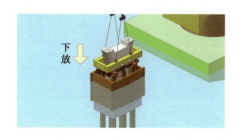	步骤六:墩台搁置于桩帽。 下放至吊具搁置于桩帽; 调整竖向千斤顶油缸,使千斤顶受力均匀,撤除起重船吊索
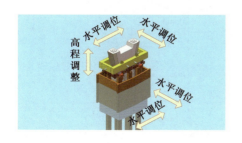	步骤七:精确调位及临时固定。 起重船移至下一墩位安装; 利用悬挂及调位装置对预制墩台精确调位; 调位完成后,利用楔形块临时固定

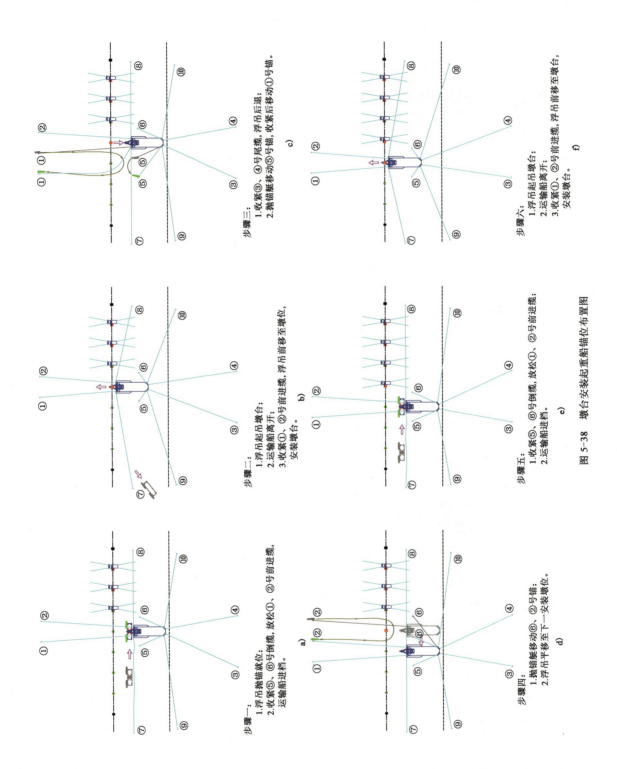

图 5-38 墩台安装起重船锚位布置图

4）精确调位施工

墩台安装后进行精确调位，方法见表 5-15。

墩台精确调位施工方法　　　　　　　　　　　　表 5-15

图　　示	调 位 方 法	千 斤 顶
	步骤一：扭角调整。 通过三向千斤顶 X 向或 Y 向单边油缸动作来调整梁在平面内的扭角。油缸的大小腔均装有安全阀，当压力过高时可溢流	悬挂系统三向千斤顶 + 预留孔水平千斤顶
	步骤二：倾斜度调整。 墩台垂直度主要控制墩身垂直度，通过三向千斤顶的 X 向和 Y 向油缸组来精确调整。墩台垂直度变化时，4 个支点的竖向千斤顶荷载将发生变化，因此调整过程中应同步观测各竖向千斤顶的负荷，并同步进行相应调整，确保 4 个支点的竖向千斤顶受力均衡	悬挂系统三向千斤顶 + 预留孔水平千斤顶
	步骤三：平面位置调整。 当墩台垂直度及墩顶高程调整到位后，利用三向千斤顶的 X 向、Y 向油缸组和墩台顶紧油缸组来进行墩顶平面位置的精确调整。X 向、Y 向油缸组位于墩台顶部，墩台顶紧油缸组位于墩台底部，根据实测墩顶平面位置偏差，通过上下两处的同步顶进实现墩顶平面位置的精确调整	悬挂系统三向千斤顶 + 预留孔水平千斤顶
	步骤四：高程调整。 墩顶高程调整通过三向千斤顶的竖向调整油缸组来完成，由于调整墩顶高程是在墩身垂直度调整后进行，因此高程调整时，竖向调整油缸组的 4 个油缸同步调整	悬挂系统三向千斤顶

5）承台与钢管桩连接节点施工

承台与钢管桩连接节点施工工艺流程如图5-39所示，具体施工步骤见表5-16。

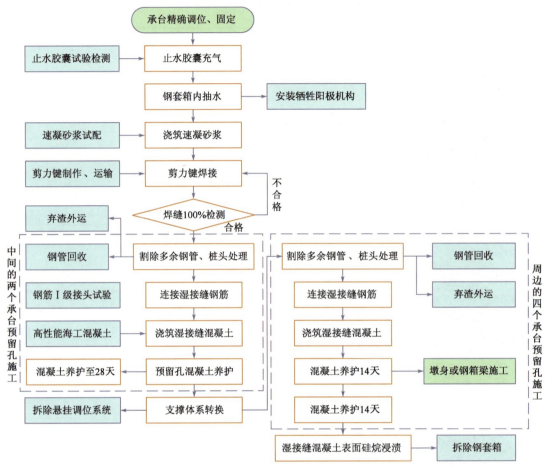

图5-39 承台与钢管桩连接节点施工工艺流程图

承台与钢管桩连接节点施工步骤 表5-16

示意图	步骤
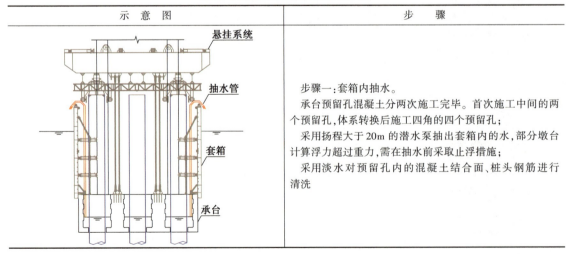	步骤一：套箱内抽水。 承台预留孔混凝土分两次施工完毕。首次施工中间的两个预留孔，体系转换后施工四角的四个预留孔； 采用扬程大于20m的潜水泵抽出套箱内的水，部分墩台计算浮力超过重力，需在抽水前采取止浮措施； 采用淡水对预留孔内的混凝土结合面、桩头钢筋进行清洗

续上表

示 意 图	步 骤
	步骤二:剪力键焊接。 剪力键焊接质量要求为Ⅰ级焊缝,应保证焊接时预留孔的温度、湿度、风速等在规范允许范围内,对预埋件待焊接表面作烘干处理,同时设置挡雨设施,以保证全天候可持续作业; 所有焊缝100%探伤检测,合格后方可进入下道工序施工;不合格焊缝应进行补焊,并按规定重新探伤检测,焊缝同一部位返修次数不宜超过两次,因此要求焊接工作必须持证上岗
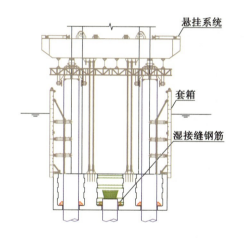	步骤三:中间两孔钢管割除及桩头处理。 根据测量放出的桩顶高程割除多余钢管,然后将钻孔桩顶部超浇混凝土凿除; 吊具及悬挂系统位于承台中间两根复合桩钢管正上方,钢管无法正常拆除,需采取分节拆除; 承台周边的4根钢管在吊具拆除之后进行,不受吊具影响
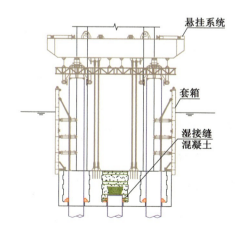	步骤四:中间两孔钢筋连接、混凝土浇筑及养护。 湿接缝钢筋按墩号、预留孔号进行捆绑标识,并与预制承台同船运至施工现场; 湿接缝钢筋根据编号,按照由下至上的顺序进行直螺纹连接; 混凝土采用搅拌船生产、分层浇筑; 预留孔混凝土在钢套箱采用蓄淡水养护,养护期14天,且混凝土强度达到设计强度的70%后结束蓄水养生

续上表

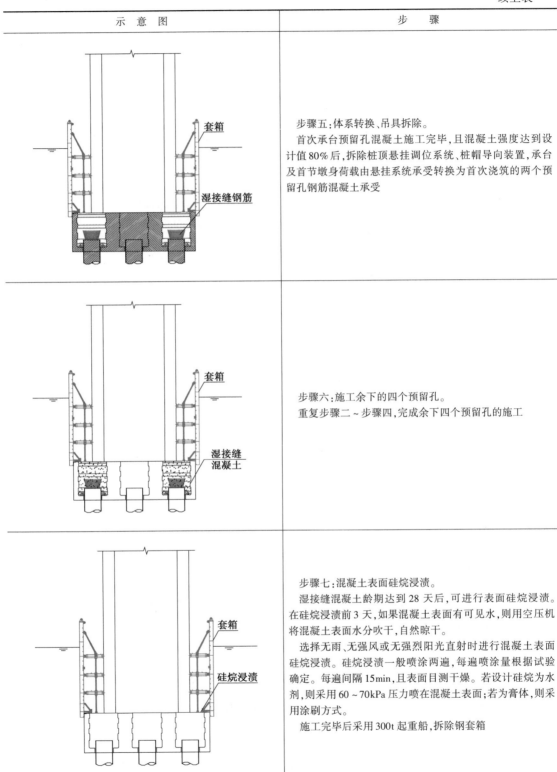

示意图	步骤
	步骤五:体系转换、吊具拆除。 首次承台预留孔混凝土施工完毕,且混凝土强度达到设计值80%后,拆除桩顶悬挂调位系统、桩帽导向装置,承台及首节墩身荷载由悬挂系统承受转换为首次浇筑的两个预留孔钢筋混凝土承受
	步骤六:施工余下的四个预留孔。 重复步骤二~步骤四,完成余下四个预留孔的施工
	步骤七:混凝土表面硅烷浸渍。 湿接缝混凝土龄期达到28天后,可进行表面硅烷浸渍。在硅烷浸渍前3天,如果混凝土表面有可见水,则用空压机将混凝土表面水分吹干,自然晾干。 选择无雨、无强风或无强烈阳光直射时进行混凝土表面硅烷浸渍。硅烷浸渍一般喷涂两遍,每遍喷涂量根据试验确定。每遍间隔15min,且表面目测干燥。若设计硅烷为水剂,则采用60~70kPa压力喷在混凝土表面;若为膏体,则采用涂刷方式。 施工完毕后采用300t起重船,拆除钢套箱

5.6 预制墩台吊装工艺试验

5.6.1 窗口选择及吊装过程

由于本工艺试验工程量小,仅需吊装一个墩台,故根据工程进展实时跟踪国家海洋预报台对施工海域海况的预报信息,在满足浪高小于 0.6m、周期小于 8s 时吊装。最终选择在 2012 年 2 月 15 日凌晨 0 点左右开始吊装,从粗定位到完全下放成功共历时 2 小时 15 分钟,这一窗口内正值低平潮,故而风、浪、流条件都达到最优,见图 5-40。

日期(日)-时间(时)	风向	风速(m/s)	阵风	有效波高(m)	浪向	周期	天气现象	能见度
12-20	N	6	8	0.4	N	4	轻雾	5
13-02	NE	5	7	0.4	N	4	轻雾	5
13-08	NE	4	6	0.4	NNE	4	轻雾	7
13-14	NE	4	6	0.3	NNE	3	多云	10
13-20	NE	4	6	0.3	NNE	3	多云	10
14-02	NE	3	5	0.3	NE	3	多云	10
14-08	NE	3	5	0.3	NE	3	多云	10
14-14	ENE	4	6	0.3	NE	3	多云	10
14-20	E	4	6	0.3	ENE	3	多云	10
15-02	E	3	5	0.3	ENE	3	轻雾	7
15-08	E	3	5	0.3	ENE	3	轻雾	5
15-14	E	5	7	0.4	E	3	轻雾	5

图 5-40　2012 年 2 月 12 日~15 日的海洋预报信息

当墩台预留孔与钢管桩平面位置偏差较大或扭角较大时,通过调整 2 200t 浮吊锚缆系统来改变浮吊平面位置或改变浮吊扭角,从而使墩台预留孔位置基本对正 4 根钢管桩。如图 5-41 所示。

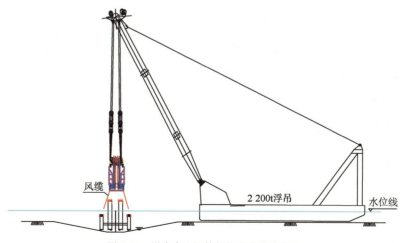

图 5-41　墩台套入钢管桩位置微调示意图

2 200t 浮吊本身起吊比较平稳,为确保万无一失,通过围绕预制承台底边四周捆绑 4 根风缆以防止预制墩台起吊和下放过程中出现较大的摆动。

5.6.2 悬吊系统精确调位过程

墩台垂直度主要控制墩身垂直度,通过 X 向和 Y 向油缸组来精确调整。墩台垂直度变化时,4 个支点的竖向千斤顶荷载将发生变化,因此调整过程中应同步观测各竖向千斤顶的负荷,并同步进行相应调整,确保 4 个支点的竖向千斤顶受力均衡。

墩顶高程调整通过竖向调整油缸组来完成,由于调整墩顶高程是在墩身垂直度调整后进行,因此高程调整时,竖向调整油缸组的 4 个油缸同步调整。

当墩台垂直度及墩顶高程调整到位后,利用 X 向、Y 向油缸组和墩台顶紧油缸组来进行墩顶平面位置的精确调整。X 向、Y 向油缸组位于墩台顶部,墩台顶紧油缸组位于墩台底部,根据实测墩顶平面位置偏差,通过上下两处的同步顶进实现墩顶平面位置的精确调整。墩台精确调整方法如图 5-42 所示。

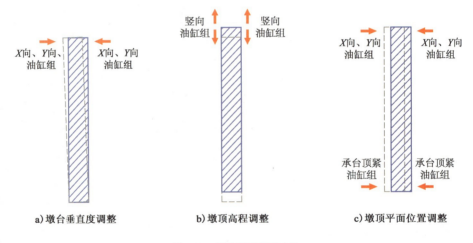

图 5-42 墩台精确调整方法

由于组合梁系之间有一定的间隙,并安装有 MGE 滑板,可通过 X 向或 Y 向单边油缸动作来调整梁在平面内的扭角。油缸的摆动由关节轴承来保证。油缸的大小腔均装有安全阀,当压力过高时可溢流。

以 Y 向调整为例,左边油缸不动,右边油缸一起联动,调整过程如图 5-43 所示。

5.6.3 墩台安装期监测

1)物理监测

本监测方案主要针对墩台安装、调位和体系转换阶段,吊具及悬挂系统受力、预制构件姿态、动力响应、钢围堰受力等进行监测,验证研究成果并确保施工安全。监测项目见表 5-17。

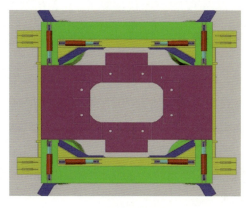 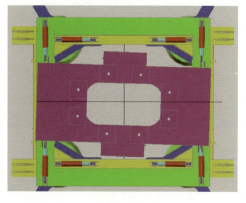

a) 调整前的位置　　　　　　　　　　　b) 调整后的位置

图 5-43　墩台扭角调整方法

墩台吊装过程及体系转换前后监测项目　　　　　　　　　表 5-17

测 试 项 目	测 试 部 位	测 试 手 段	备 注
应力(内力)	吊架拉杆(精轧螺纹钢)	锚索计	无线系统实时采集
	悬挂系统关键部位	振弦式应变计	无线系统实时采集
	钢围堰关键部位	振弦式应变计	无线系统实时采集见 5.6.2 节
动力响应	墩台、桩顶、钢围堰	加速度传感器	无线系统实时采集
几何监测	墩台姿态测点	全站仪	见工作报告
环境监测	风速	风速仪	
	流速	流速仪	

监测环节具体分为三个阶段：

(1) 吊装阶段

通过在悬挂系统主要受力杆件上布置应变/锚索计，监测吊架和拉杆受力状态，判断构件重心及吊架受力平衡性。通过全站仪实时观测墩台固定位置的三维坐标，进行换算后，得到其姿态信息。同时通过风速仪和流速仪现场实测，并借鉴岛隧项目建立的浮标站数据，获取环境荷载信息。

(2) 调位抽水阶段

通过在钢围堰关键受力部位布置应变计，连续监测在半日潮作用下钢围堰应力时程曲线的变化。通过加速度传感器监测墩台、桩顶、钢围堰三者的动力响应，获取其位移时程曲线以及墩台和桩顶相对位移。通过风速仪和流速仪现场实测，并借鉴岛隧项目建立的浮标站数据，获取环境荷载信息。

(3) 体系转换阶段

剪力键焊接完成后，通过选取代表性的剪力键，在其关键受力部位布置应变计，连续监测剪力键应力时程曲线的变化。通过加速度传感器监测墩台、桩顶、钢围堰三者的动力响应，获取其位移时程曲线以及墩台和桩顶相对位移。通过风速仪和流速仪现场实测,并借鉴岛隧项目建立的浮标站数据,获取环境荷载信息。

上述三个阶段监测结果反映如下:

起吊过程中,预应力钢筋拉力时程曲线直线上升:1号锚索计拉力从1 630kN 增加到1 700kN,2号锚索计拉力从1 695kN 增加到1 765kN,两者增量均为70kN,说明在起吊过程中,每根预应力钢筋拉力同时增加,受力分配均匀。两根预应力钢筋的锚固力均为1 700kN,1号预应力钢筋先张拉,在张拉2号预应力钢筋时,由于吊具顶层梁的变形引起1号预应力钢筋有效预应力损失了70kN 左右。起吊重量可以通过锚索计实测拉力的平均值乘以钢筋个数估算:起吊重量 $G = [(1\ 760 + 1\ 700)/2] \times 8 = 13\ 840 \text{kN}$。

吊运过程中,预应力钢筋拉力时程曲线基本呈水平线,略有波动,并且当1号锚索计拉力增加20kN 时,2号锚索计拉力减小20kN。说明吊运过程由于晃动虽然会引起各预应力钢筋拉力重新分配,但拉力的变化幅值只有1%左右,这种微小的变化量,对于结构受力安全影响很小,可以忽略。

卸载过程中,预应力钢筋拉力时程曲线先直线下降,然后经过重新分配后达到平衡状态。1号锚索计拉力从1 700kN 减小到1 650kN,2号锚索计拉力从1 765kN 减小到1 740kN,两者均未回到起吊前的初始值,说明在卸载过程中,各预应力钢筋拉力经过了重新分配,与起吊前相比,1号锚索计拉力增量为20kN,2号锚索计拉力增量较大,为45kN,变化幅值为3%左右。虽然卸载过程中重分配的影响比吊运过程显著,但这部分增量对于结构受力安全影响仍然很小,可以对比下面吊具的应力时程曲线中吊装前后的应力值,其应力增量在±6MPa 左右,变化幅值约为3%,这与钢筋拉力变化幅值是吻合的。

吊装过程顶层梁监测区域实测应力分别为 -124MPa 和 -150MPa,两者平均值 -137MPa 与理论分析得出的 -135MPa 基本吻合。吊装过程中层梁监测区域实测应力 -260MPa,比理论分析得出的 -235MPa 略大。吊装过程底层梁监测区域实测应力 -227MPa,与理论分析得出的 -220MPa 基本吻合。

2) 墩台系统动力响应监测

墩台下放后,在波浪的作用下墩台和桩整体摆动的同时,因两者约束不足而产生相对位移,这种相对运动不仅使止水系统工作性能降低,还将影响到后浇混凝土的浇筑质量和承台整体耐久性。项目组对墩台安装过程进行了墩身、桩的位移监测,同时对围堰的位移响应进行校核,以便评估墩台安装期在波浪作用下的运动响应对止水及节点连接的影响。

分别在钢管桩(通道1-1),桥墩(通道1-2)和钢围堰(通道1-3)安装水平加速度传感器,监测三者的动力响应。测量得到的原始数据为加速度-时程曲线,先过滤掉5Hz 以上的杂波,然后对其进行积分,就可以得到三者的位移-时程曲线,安装好的加速度传感器以及现场数据采集照片见图5-44。

a) 桩顶加速度传感器

b) 墩顶加速度传感器

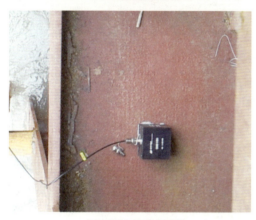
c) 钢围堰加速度传感器

d) 现场数据采集

图 5-44　加速度传感器现场安装及数据采集照片

分别抽取四个关键节点工况的典型时间段，监测墩台的动力响应。监测时间段的环境参数见表 5-18。

动力响应监测工况环境参数表　　　　　表 5-18

日期(月-日)	工况	风速(m/s)	波高(m)	周期(s)	流速(m/s)
2-20	止摆措施实施前	6	0.6	4	0.6
2-21	止摆措施实施后	5	0.4	3	0.5
2-28	抽水完成	5	0.6	4	0.6
3-5	剪力键焊接完成	6	0.6	4	0.6

止摆措施实施前，三个传感器位移-时程曲线见图 5-45。墩台动位移峰值为 4.01mm，桩头动位移峰值为 4.22mm，钢围堰动位移峰值为 4.37mm。

墩台和桩头相对位移-时程曲线见图 5-46，其相对位移峰值为 1.1mm。

通过对相对位移-时程曲线进行傅里叶变换，得到图 5-47 所示的频谱图。从图中可以看出,最大功率谱对应下的频率为0.75Hz。

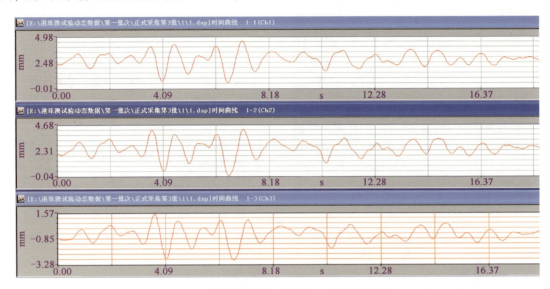

图5-45 三个传感器位移-时程曲线(止摆措施实施前)

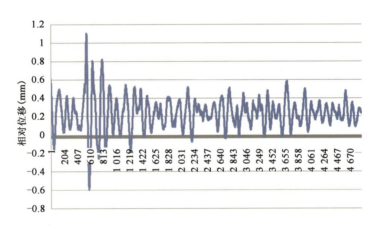

图5-46 墩台和桩头相对位移-时程曲线(止摆措施实施前)

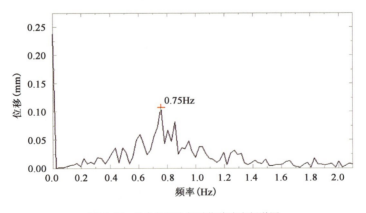

图5-47 墩台与桩头相对位移响应频谱图

止摆措施实施后,墩台动位移峰值为2.52mm,桩头动位移峰值为2.72mm,钢围堰动位移峰值为2.96mm。桥墩和桩头的相对位移峰值为0.5mm。

抽水完成后,墩台动位移峰值为5.35mm,桩头动位移峰值为5.28mm,钢围堰动位移峰值为5.85mm。墩台和桩头的相对位移峰值为0.8mm。

剪力键安装后,墩台动位移峰值为1.25mm,桩头动位移峰值为1.27mm,钢围堰动位移峰值为1.35mm。桥墩和桩头的相对位移峰值为0.04mm。

根据对几个关键节点工况墩台动力响应的监测,可以得出以下结论:

(1)安装临时止摆措施,可以减小墩台和桩头的相对位移;抽水完成后,墩台和桩头相对位移会略有增加;剪力键安装后,可以大幅降低墩台和桩头的相对位移。相对位移的变化趋势与分析一致,其数值与理论计算得出的0.04mm吻合。

(2)在吊装定位阶段,应加强吊具系统对承台和桩的限位措施。由于相对位移1.1mm,若不采取临时止摆措施,对止水系统的要求较高,特别是采用刚性止水方案,这种相对运动将会使成型期间形成微小裂缝,该裂缝有可能在体系转换阶段造成止水失效;在后期止水方案设计中对浮箱和大胶囊设计时,要考虑其在一定运动幅值的相对位移下的止水性能。

(3)剪力键完成后,相对位移只有0.04mm,对后浇孔混凝土浇筑质量影响较小。

3)受力体系转换后应力监测

钢管外壁剪力键在围堰及墩台自重、波流荷载作用下,在剪力键竖向板与钢管桩连接区域拉应力范围为40~100MPa,钢管外壁剪力键及附近区域钢管压应力水平都低于80MPa。

应力监测区域需综合考虑以下几个因素:监测测点应尽量覆盖所有关键构件的代表性区域;由于采用振弦式应力传感器,其标距10cm,所以应选择应力梯度不大的区域;根据上述原则以及有限元分析的结果,分别对沿水流方向的两个剪力键和垂直水流方向的两个剪力键选取应力监测区域,测点布置见图5-48。剪力键应力时程图如图5-49~图5-52所示。

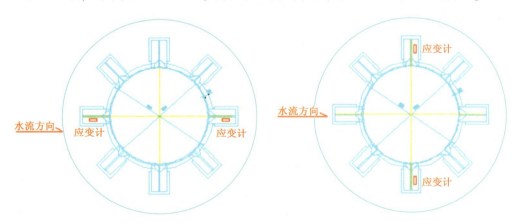

图5-48 钢管剪力键测点布置图

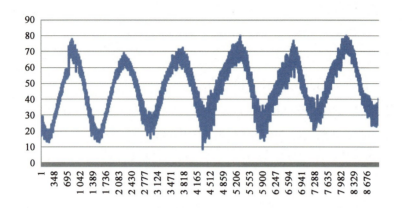

图 5-49　沿水流方向剪力键应力时程图(传感器 9)

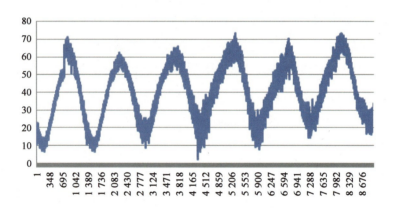

图 5-50　沿水流方向剪力键应力时程图(传感器 10)

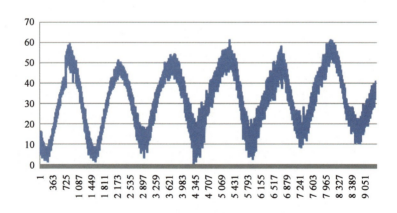

图 5-51　垂直水流方向剪力键应力时程图(传感器 11)

由图 5-49～图 5-52 可见,在不规则半日潮作用下,剪力键上传感器的应力时程曲线呈周期变化,每天会出现两次应力峰值。其中,迎水面剪力键应力峰值 80MPa,侧面剪力键应力峰值 60MPa,较理论分析得出的 100MPa 偏小。

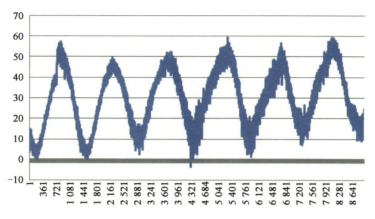

图 5-52　垂直水流方向剪力键应力时程图（传感器 12）

以上结果说明：潮位高低引起的静水压力的应力变化幅值为 60MPa，波浪作用下的冲击荷载引起的应力变化幅值为 20MPa。

5.7　小　　结

本章通过理论分析、工艺研究和具体实践，针对预制墩台吊装过程得出如下结论：

（1）吊物-浮吊系统是一个单摆系统，系统固有自振频率由吊索摆长决定，与吊物质量无关。当该频率与涌浪频率接近时，吊物就有可能发生较大幅度的摆动，因此应当尽量避免吊索—吊物系统自振频率与涌浪频率发生共振的情况。

（2）从船体运动特性考虑，在遭遇较大涌浪时船体横摇运动比较明显，影响施工作业安全。首先应当将船艏调整到迎浪或随浪状态；其次应当调整船的入水以改变船体的横摇周期，避免船体与波浪发生共振现象。

（3）悬吊系统的设计可进一步优化，减轻悬吊系统自身的质量，从而可以增加吊装的安全系数；悬吊系统吊耳可进行优化，可设计成开合式，便于钢丝绳安装；承台抱紧机构可进行优化，由于海上风浪超过预期值，每个预留孔两个抱紧千斤顶刚度不够，水下操作不方便，加强抱紧机构防止承台和钢管桩在风浪作用下的相对运动。

（4）气象窗口的选择、索具准备、回淤清理、桩顶处理及液压系统、电控系统的检查等，是制约安装工效的因素，因此预制墩台安装的重点在于做好准备工作。预制墩台安装过程中，注意观测预应力粗钢筋、悬吊系统受力情况及液压系统、电控系统工作情况，发现异常，立即停止作业，待检查完成后方可继续施工。

（5）通过对预制承台体系转换完成工况的分析，结果表明剪力键、砂浆、承台底板总体安全可以保证，考虑局部效应，应采取措施保证剪力键底板与钢管连接处的焊缝质量和剪力键布置区域混凝土底板的浇筑质量。

(6)预制承台后浇混凝土在整个强度形成过程中,并无开裂的风险;从静力和动力两方面的计算分析可知,承台及钢管桩相对位移对混凝土质量影响甚微。

本章参考文献

[1] 项海帆.世界桥梁发展中的主要技术创新[C]//中国土木工程学会.土木工程与高新技术,中国土木工程学会,2005.北京:中国建筑工业出版社,2005:108-115.

[2] 项海帆.中国大桥自主建设的成功经验[C]//中国工程院土木水利与建筑工程学部.我国大型建筑工程设计发展方向——论述与建议,中国工程院土木水利与建筑工程学部,2005.北京:中国建筑工业出版社,2005:93-96.

[3] 项海帆,肖汝诚.现代桥梁工程六十年[C]//中国土木工程学会桥梁及结构工程分会.第十八届全国桥梁学术会议论文集,中国土木工程学会桥梁及结构工程分会,2008,北京:人民交通出版社,2008,4:12-18.

[4] 尼尔斯 J.吉姆辛.缆索支承桥梁——概念与设计[M].2版.北京:人民交通出版社,2002.

[5] 尼尔斯 J.吉姆辛.西南交通大学,等译.大贝尔特海峡:东桥[M].成都:西南交通大学出版社,2008.

[6] SATOU Yoshiyuki. Erection of Tatara Bridge[J]. IHI Engineer Review,2003:65-84.

[7] 林一宁,陈爱萍.跨海大桥的预制构件法施工[J].世界桥梁,2002,4:12-16.

[8] 严国敏.诺森伯兰海峡大桥——加拿大的一座跨海特大桥的计划、设计与施工[J].国外桥梁,1997,2:6-9.

[9] 沈阳云.东海大桥70m箱梁的整体预制施工[J].中外公路,2005,2:62-65.

[10] 左明福.厄勒海峡大桥的设计与施工[J].中国港湾建设,2001,1:5-9.

第6章 预制墩台与桩间止水技术

6.1 概　述

由于预制墩台在制作过程中设置了预留孔,在其下放到设计位置后,墩台与钢管复合桩之间存在间距不等的间隙。墩台与钢管桩之间的止水是基础施工的关键环节。国内外对此问题的解决方法主要有两种,其一为利用封底混凝土进行止水,其二为采用止水材料进行止水。传统的封底混凝土止水方法需要在墩台外围设置围堰,在地基开挖后进行混凝土浇筑,以达到止水效果,这种方法主要用于承台现场浇筑的基础工程。采用止水材料(胶囊)进行墩台与钢管桩间止水的施工方法在国内外桥梁深水基础施工中已有成功案例,它主要是利用胶囊充气前后体积变化来填充墩台与钢管桩之间的空隙,从而达到止水的效果。

国内已有采用止水胶囊进行套箱与钢护筒间止水的跨海桥梁(图6-1),由于该桥受海洋风浪作用影响,海上作业时间有限,常规的桥梁墩台现场浇筑施工工艺很难满足工程要求;经过多方对比研究,该桥最终确定混凝土套箱方案,并通过止水试验成功确定止水胶囊的技术参数和标准尺寸,加工成型后在套箱安装前安放在套箱底板预留桩孔壁中间的预留槽内,待套箱安装、定位后实施止水过程。

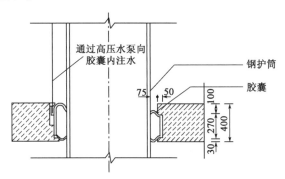

图6-1　国内某跨海大桥混凝土套箱胶囊止水示意图(尺寸单位:mm)

孟加拉Dapdapia大桥主桥承台采用现浇后吊挂法施工,承台质量1 500t,在承台预制完成后,采用大型钢护筒作为围水结构[图6-2a)],并通过发泡橡胶进行止水,在钢管桩上设置吊放系统,在浇筑墩身的同时,分次进行承台墩身整体下放作业[图6-2b)]。

港珠澳大桥非通航孔桥是国内首座采用墩台全预制安装工艺的跨海桥梁,其预制承台与钢管复合桩连接施工的主要难点在于:

(1)施工环境复杂、工程质量要求高

桥位处水文气象条件复杂,工程设计采用埋置式承台,波浪对承台的影响比普通的高桩承台更大,且止水作业在泥面以下,这些对止水方式的选择提出了更高的要求,增加承台与钢管桩间止水难度。承台与钢管桩间止水工序作为施工的关键环节,既要保证方便、快捷止水,又要保证止水安全可靠性。

a) Dapdapia大桥施工现场　　　　b) 吊挂法施工示意图

图6-2　孟加拉 Dapdapia 大桥主桥承台胶囊止水示意图

(2)施工转换过程多,可靠性要求高

承台下放过程中,止水系统需同时或提前下放,如何保证下放中止水系统安全可靠的难度大;当承台下放到位并止水完成后,结构所受浮力、重力等通过吊挂系统转移到钢管桩上;剪力键焊接完成后,吊挂系统拆除,承台和钢管桩由剪力键连为整体,完成最终的体系转换。承台整个施工过程对止水结构安全存在较大的风险,应制订相应的措施。

(3)止水系统研制难度大

海床面基槽开挖后施工区水深将达到15m,止水系统不仅要保证抵抗水头作业形成干作业环境,同时还要适应沉桩施工精度带来的止水间隙偏差。从前期岛隧工程浮标站的观察结果来看,除涨落潮影响外,桥位处还有周期在6~30s的涌浪,故止水系统必须适应因波浪作用而产生的桩与承台的相互运动。

6.2　胶囊法整体式止水系统

6.2.1　工作原理

预制墩台安装到位后,由于预留孔的存在,墩台与钢管桩间存在一道竖向间隙。胶囊法整体止水系统的工作原理是利用事先安装在墩台内的胶囊充气(水)前后体积的膨胀来实现墩台与钢管桩间的竖向止水。虽然胶囊法整体式止水系统工作原理简单,但是如何实现胶囊与钢管桩壁之间的紧密贴合是需首要解决的问题。据以往的工程经验来看,墩台与钢管桩间间隙越大,对胶囊的工作性能要求越高,且止水难度急剧增加。

6.2.2 方案设计

胶囊法整体式止水系统把承台作为止水系统的一部分,实现胶囊与承台整体下放,整体式止水系统主要由安装预留槽、胶囊、充气装置与速凝砂浆组成,如图6-3所示。

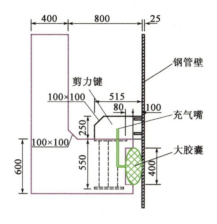

图6-3 整体式止水系统(尺寸单位:mm)

整体式止水系统的主要施工工艺流程:承台预留槽预制→胶囊安装固定→承台安装调位→胶囊充气止水→浇筑速凝砂浆→抽取腔内海水,焊接剪力键,完成体系转换→后续工序施工。

(1)安装预留槽

安装预留槽一般设置在墩台预留孔的内壁,起安放、固定和保护止水胶囊的作用。桥梁墩台在工厂内制作时应设置预留槽,预留槽的尺寸应以胶囊未充气前的尺寸为依据。经研究确定,预留槽的高度为400mm,宽度为80mm,距离承台底面100mm,见图6-4。

为避免胶囊在承台下放过程中由于与钢管间碰撞而导致的破损,可在预留槽最外侧上下面各设置一直径为1cm的保护环。保护环的内径与预留孔直径相同。同时,保护环还兼顾临时固定胶囊。图6-5为承台安装预留槽。

(2)胶囊

为了便于安装和防止承台下放到位前胶囊从预留槽中脱落,胶囊未充气前的形状宜做成矩形,见图6-5。相关试验研究表明,胶囊宜采用弹性体材料,充气完成后应基本充满整个预留槽,且胶囊应与钢管壁具备充分的接触面积。胶囊相关设计参数见表6-1。

图6-4 承台安装预留槽

图6-5 止水胶囊

根据青岛海湾大桥施工经验,胶囊与钢管壁间的摩擦系数大致为0.2~0.5(水下),主要原因是钢管桩外壁附着微生物(如海蛎子等)导致摩擦系数变化较大。考虑到钢管桩沉桩完成时间与承台安装时间间隔较短,同时也出于安全考虑,工艺试验项目中,胶囊与钢管桩外壁摩擦系数取0.25。下面将对胶囊止水可靠性进行验证计算。

胶囊设计参数　　　　　　表6-1

状　态	高度(mm)	宽度(mm)	外径(mm)	内径(mm)	工作气压(MPa)	与钢管桩外壁接触高度(mm)
充气前	400	70	2 560	2 420	—	—
充气后	—	180	2 560	2 200	0.4	>180

①海水对胶囊的作用力计算。

胶囊抵抗海水最大水头为15m,海水密度1.033kg/m³。胶囊止水完成抽干腔内海水后,胶囊所承受的海水压力达到了最大值,此时海水对胶囊的作用面积为$S_1 = 0.723\text{m}^2$,海水对胶囊压力为$F_{max} = 1.033 \times 0.15 \times 1\,000\,000 \times 0.723 = 112\text{kN}$。海水对胶囊的压力主要通过胶囊与钢管壁间的摩阻力克服,摩阻力由胶囊对钢管外壁正压力提供,则胶囊对钢管壁最小正压力$N_{min} = F_{max}/\mu = 448\text{kN}$。

②胶囊对钢管桩外壁的正压力计算。

胶囊与钢管桩外壁最小接触高度为180mm,其接触面积$S = c \times h = 1.244\text{m}^2$。在0.4MPa工作气压下,胶囊对钢管桩外壁提供的正压力$N = 400\,000 \times 1.244 = 498\text{kN}$,大于最小正压力$N_{min}$。

(3)充气装置

承台下放到设计位置后,应对胶囊进行充气,直至胶囊内气压满足要求为止。充气装置上气压读表应经过标定,能准确反映出胶囊内真实气压的状况。为防止胶囊充气管道损坏,在承台安装前应进行有效防护,同时设置备用管道。施工现场也应配置备用充气量测装置。图6-6为胶囊充气量测装置。

(4)速凝砂浆

速凝砂浆(图6-7)的作用有两点:①止水完成后,防止承台内钢板焊接、钢筋绑扎等导致胶囊破裂,起保护胶囊作用;②利用砂浆与钢管间的黏结力,可以起到二次止水作用。为满足施工工艺和工程质量要求,经试验室内相关测试确定配合比试验,其配合比及主要技术指标见本章第6.3节相关内容。

图6-6 胶囊充气量测装置

图6-7 速凝砂浆

6.2.3 止水室内试验

胶囊止水室内试验的内容主要包括止水效果验证、偏差适应性、摩阻力及极限压力试验。试验方法:胶囊充气完成后与试验模具形成密封空间,向空间内施加0.2MPa气压模拟施工现场水头,胶囊顶面注水,若无气泡从水面冒出,则说明胶囊止水效果良好,试验结构见图6-8。

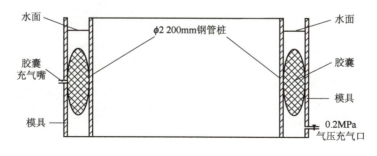

图6-8 胶囊试验模具结构图

1) 止水效果室内验证试验

试验步骤如下：

(1) 模具制作

在试验室内制作直径为 2.2m 钢管桩，用内直径为 2.4m 钢筒模拟混凝土承台预留孔，并将钢筒与钢管桩底面焊接，见图 6-9。

(2) 胶囊充气

采用空气压缩机对胶囊进行充气，分阶段充气至 0.3MPa、0.4MPa、0.5MPa。

(3) 密封空腔内充气

在胶囊充气完成后，由胶囊、外围钢筒、钢管桩与底板形成一封闭空腔，向该空腔内加压至 0.2MPa 来模拟 20m 水头产生的压力，见图 6-10。

图 6-9　试验钢模具　　　　　　图 6-10　密封空腔内充气

试验结果表明，胶囊内气压达到 0.4MPa，局部出现轻微褶皱，但能基本满足止水要求，见图 6-11、图 6-12。

图 6-11　试验钢模具　　　　　　图 6-12　密封空腔内充气

2) 偏差适应性试验

试验步骤如止水效果验证试验，在模型制作时可使钢管桩与钢塔的圆心偏离距离为 7cm，见图 6-13(一端间隙 3cm,一端间隙 17cm)。

图 6-13　承台与钢管桩偏差工况试验模拟

试验结果表明,高度 400mm、外径 2 560mm 的胶囊不能满足承台与钢管桩间不均匀偏差(一端间隙 3cm,一端间隙 17cm)情况。

3)胶囊抗浮试验

试验步骤如下:

(1)试验模型

试验模型如止水效果验证试验。

(2)胶囊充气

将胶囊充气至 0.4MPa(经验证,该气压基本满足止水要求)。

(3)空腔内加压

将空腔内加压至 0.2MPa,稳定一段时间后,检查是否漏气;然后每 0.05MPa 逐级对空腔内加压,直至胶囊上面有气泡冒出或发现胶囊出现滑移,记录下此时空腔内气压值 P_1。胶囊抗浮安全系数为 $k_1 = P_1/0.2$。

将胶囊气压增加至 0.5MPa、0.6MPa,分别进行步骤(3),得出不同气压条件下胶囊抗浮系数 k_2 和 k_3。

试验结果表明,胶囊在 0.4MPa、0.5MPa、0.6MPa 下的抗浮系数分别为 2.10、2.72 和 3.28,抗浮系数与胶囊内气压基本呈比例变化。

4)极限压力试验

试验步骤如下:

(1)试验模型

试验模型如止水效果验证试验。

(2)胶囊充气

首先对胶囊进行充气至工作气压 0.4MPa,后按 0.1MPa 进行逐级加压至胶囊爆破。

试验结果表明,将胶囊内气压增加至 5 倍工作气压(2MPa),未见胶囊破裂,但在胶囊接缝处有少量气泡渗出。考虑到安全因素,试验未加载至破裂。

6.3 胶囊法分离式止水系统

6.3.1 工作原理

相对于整体式止水系统,分离式止水装置与承台结构是相互独立的,它通过在预制墩台底面设置一个托盘载体,将墩台与预制承台的竖向缝隙转换成托盘与钢管桩竖向间隙和托盘与墩台横向间隙。托盘与钢管桩间竖向间隙通过胶囊体积膨胀来实现止水;而托盘与墩台间横向间隙则是通过设置在托盘顶面止水带的弹性压缩来实现止水。从表面上看,分离式止水系统增加了一道横向止水间隙,但是该止水系统单个是相互独立的,它对沉桩精度要求不是很高,其托盘内径可比钢管桩直径大 4~6cm,这样就减少了托盘与钢管桩间的竖向缝隙的间隙,利用胶囊止水则更加容易实现,且胶囊与钢管桩贴合得更加密实。

6.3.2 方案设计

胶囊法分离式止水系统,根据其结构类型又可分为柔性止水系统、刚性止水系统。

1) 分离式柔性止水系统

分离式柔性止水系统由填芯钢箱(含预留槽)、胶囊、P 型止水带、充气装置、连接装置、安装牛腿与顶升装置组成,如图 6-14 所示。

(1) 填芯钢箱

填芯钢箱作为胶囊安装下放的载体,由钢箱和填芯钢筋混凝土组成。钢箱的结构断面尺寸如图 6-15 所示。

(2) 胶囊

分离式止水系统胶囊与整体式止水系统胶囊不同,其相关设计参数见表 6-2。图 6-16 为分离式止水系统胶囊产品。从表 6-2 中可以看出,小胶囊的参数尺寸明显小于大胶囊参数尺寸,在工厂制作时更加容易实现。

该胶囊止水可靠性验证计算结构如下:

① 海水对胶囊的作用力计算。

胶囊抵抗海水最大水头为 15m,海水密度 1.033kg/m³。胶囊止水完成抽干腔内海水后,胶囊所承受的海水压力达到了最大值,此时海水对胶囊的作用面积为 $S_1 = 0.21m^2$,海水对胶囊压力为 $F_{max} = 1.033 \times 0.15 \times 1\,000\,000 \times 0.21 = 32.5kN$。海水对胶囊的压力主要通过胶囊与钢管壁间的摩阻力克服,摩阻力由胶囊对钢管外壁正压力提供,则胶囊对钢管壁最小正压力 $N_{min} = F_{max}/\mu = 130kN$。

第6章 预制墩台与桩间止水技术

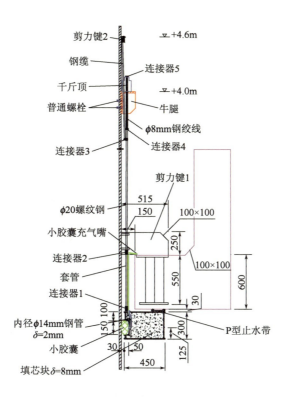

图6-14 分离式止水系统(尺寸单位:mm)

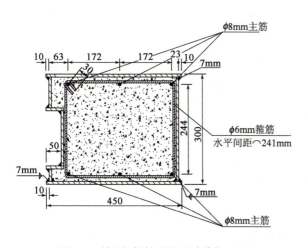

图6-15 填芯钢箱断面图(尺寸单位:mm)

图6-16 分离式止水系统胶囊产品

胶 囊 设 计 参 数　　　　表6-2

状　态	高度(mm)	宽度(mm)	外径(mm)	内径(mm)	工作气压(MPa)	与钢管桩外壁接触高度(mm)
充气前	150	40	2 360	2 280	—	—
充气后	—	80	2 360	2 200	0.4	>60

191

②胶囊对钢管桩外壁的正压力计算。

胶囊与钢管桩外壁最小接触高度为60mm,其接触面积$S = c \times h = 0.415\text{m}^2$。在0.4MPa工作气压下,胶囊对钢管桩外壁提供的正压力$N = 400\,000 \times 1.44 = 166\text{kN}$,大于最小正压力$N_{\min}$。

(3)P型止水带

P型止水带位于钢浮箱顶面外缘,其主要作用是通过施加压力后使其产生变形,从而达到横向止水的效果。P型止水带可通过螺栓或黏结的方式固定于钢浮箱顶面,其外径3 160mm,内径2 860mm,断面尺寸见图6-17。

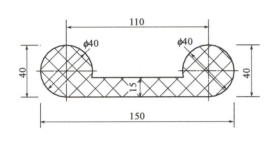 

a)P型止水带断面结构图(尺寸单位:mm)　　　　b)P型止水带

图6-17　P型止水带

P型止水带加工完成后,对其进行了加载试验,见图6-18。图中截取了一小段止水带进行加载试验,其受压宽度为105mm。图6-19为P型止水带加载与变形曲线。

图6-18　P型止水带加载试验

由图6-19所示止水带受力变形曲线可知,当止水带压缩量为10mm时,施加荷载为5 390N,其接触长度为36mm;当止水带压缩量为5mm时,施加荷载为1 750N,其接触长度为24mm。

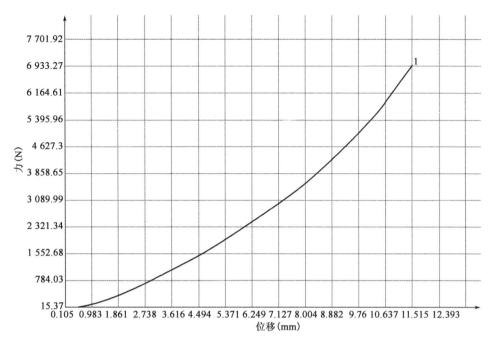

图 6-19 P 型止水带加载与变形曲线

(4) 充气装置

填芯钢箱止水系统的充气装置与整体式止水系统充气装置相同,详见上一节相关内容。

(5) 连接装置

连接装置由 4 根直径 20mm 的螺纹钢筋和连接器组成,其主要作用是连接填芯钢箱与顶升装置,其次还可在填芯钢箱下放初期起到临时固定之用。

(6) 安装牛腿

安装牛腿由普通螺栓固定在钢管桩替打段上,其主要作用是为顶升装置提供平台。

(7) 顶升装置

顶升装置主要是用于提供承台与钢管壁间止水所需要的荷载。

填芯钢箱止水系统主要是通过胶囊与 P 型止水带进行止水,速凝砂浆仅作为二次止水之用,其施工流程为:胶囊安装在填芯钢箱预留槽内→下放填芯钢箱至预定高程处,将其悬挂于钢管桩外部剪力键处→安装、调位承台→提升填芯钢箱至设计位置→对胶囊充气至工作气压,完成初步止水→浇筑水下速凝砂浆→焊接剪力键,完成体系转换→后续工序施工。

2) 分离式刚性止水系统

分离式刚性止水系统主要是通过承台与钢管间速凝砂浆止水,钢浮箱系统仅作为浇筑速凝砂浆时的模板,钢浮箱止水系统主要由钢浮箱、胶囊、P 型止水带、充气装置和速凝砂浆组成。钢浮箱的断面尺寸见填芯钢箱钢结构部分,胶囊、P 型止水带、充气装置和速凝砂浆均与填芯钢箱相同。

其主要施工流程为:安装止水胶囊→下放钢浮箱→承台吊装、调位→胶囊充气至0.4MPa→浇筑速凝砂浆→抽出空腔内海水,焊接剪力键,完成体系转换→后续工序施工。

6.3.3 计算分析

本节主要针对分离式止水系统中两种方案采用的钢浮箱和填芯钢箱在各个工况下进行结构安全性校核。

1)填芯钢箱受力计算

分离式柔性止水采用的填芯钢箱止水装置受力计算主要包括提升螺纹钢筋受拉变形计算、填芯钢箱变形计算和钢管壁与混凝土黏结力计算。

(1)钢筋受拉变形计算

填芯钢箱在承台安装到位后,需要通过顶升装置对其向上提升至设计位置。提升时需要克服的阻力有填芯钢箱自重、P型止水带变形所需要的荷载和速凝砂浆有效重力。由图6-19所示曲线可知,P型止水带变形5mm需要施加的荷载为 $P_1 = 1750 \times 0.5 \times (3160 + 2860) \times 3.1416 \div 105 = 157.6$ kN。相关计算参数见表6-3。

相关计算参数　　　　表6-3

序　号	项　　目	力(kN)
1	填芯钢箱自重	33.09
2	填芯钢箱浮力	10.93
3	速凝砂浆自重	19.45
4	速凝砂浆浮力	8.03
5	P型止水带变形5mm所需要荷载	157.6
6	连接钢筋所承受拉力	191.18

根据设计图纸,每个填芯钢箱与顶升装置间采用4根直径20mm、长1 430mm 螺纹钢筋连接。钢筋的材质为Q235,弹性模量为 2.05×10^5 MPa,单根钢筋最大拉力 $T_1 = 191.18/4 = 47.8$ kN。

经计算,钢筋的应力 $\sigma = 47\,800/(100\pi) = 152 \text{N/mm}^2$,小于 200N/mm^2,满足受力要求。钢筋的最大伸长量 $\Delta l = l\sigma/E = 14\,300 \times 152/205\,000 = 10.6$ mm。

(2)填芯钢箱变形计算

采用有限元软件对填芯钢箱在施加4.78t的情况下进行计算,采用solid187单元,钢箱材料编号为1,混凝土材料编号为2。由于填芯钢箱与所受拉力对称,故计算时采用1/4模型进行分析,图6-20为填芯钢箱整体模型与1/4模型。

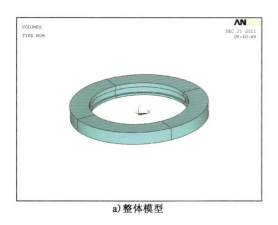
a) 整体模型

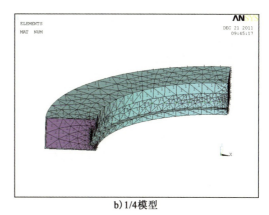
b) 1/4模型

图 6-20　填芯钢箱

计算荷载:1/4 填芯钢箱受竖向拉力 47 800N(4.78t),钢密度为 7 850kg/m³,混凝土密度 2 600kg/m³,海水密度 1 033kg/m³。

图 6-21 为填芯钢箱受力变形图及应力图。

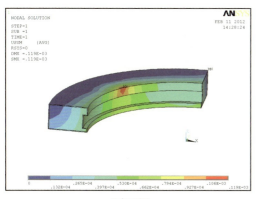
a) 变形图

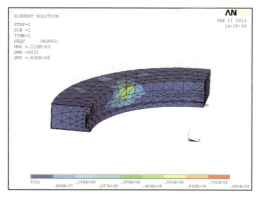
b) 应力图

图 6-21　填芯钢箱计算

从图 6-21 可以看出,填芯钢箱在 47.8kN 拉力作用下,最大变形及应力均发生在螺纹钢与钢箱连接位置,最大变形值为 0.12mm,最大应力值为 89MPa,变形与应力均满足规范要求。

(3)钢管壁与混凝土黏结力计算

混凝土与钢管桩外壁黏结力主要由试验室测得,在无实测数据下可取 300~500kPa。由于该试验段工况较为恶劣,黏结力取小值。

钢管桩周长 $P = 2.2\pi = 6.912$m,黏结高度 $H = 0.6$m,单根钢管桩与混凝土黏结面积 $S_{总} = 4.147$m²,总黏结力为 $\tau = 300S_{总} = 300 \times 4.147 = 1\,244.2$kN。

2)钢浮箱受力计算

分离式柔性止水方案中的钢浮箱止水装置受力计算主要包括钢浮箱自浮计算、钢浮箱摩阻力计算与钢浮箱变形计算。

(1) 钢浮箱自浮计算

由图 6-14 钢浮箱断面尺寸,得出钢浮箱排水体积 $V=1.0584\text{m}^3$,浮力 $F_\text{f}=\rho gV=10.93\text{kN}$。钢浮箱自重为 8.33kN,小于海水作用下钢浮箱的浮力,说明钢浮箱在没有外界荷载作用下可实现自浮。

(2) 浇筑速凝砂浆工况安全系数计算

由表 6-3 可知,速凝砂浆在海水浮力下的有效重力为 11.42kN。在 0.4MPa 工作气压下,胶囊与钢管壁产生的摩阻力为 41.5kN,钢浮箱克服重力后的向上作用力为 2.6kN,浇筑速凝砂浆时安全系数 $k=44.1/11.42=3.86$。

(3) 钢浮箱变形计算

采用有限元软件对钢浮箱在浇筑速凝砂浆后结构进行受力计算,采用 solid187 单元。有限元模型见图 6-22。

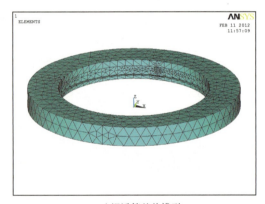

a) 钢浮箱整体模型

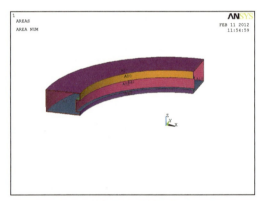

b) 钢浮箱模型断面图

图 6-22　钢浮箱模型图

计算荷载:钢浮箱承受速凝砂浆有效质量为 11.4kN,浮力 10.9kN,密度为 7 850kg/m³。图 6-23 为钢浮箱受力变形图及应力图。

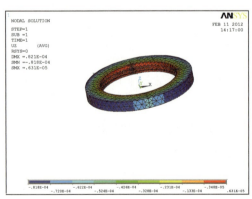

a) 变形图

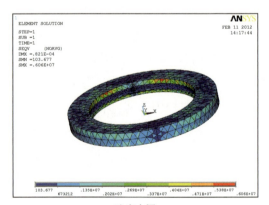

b) 应力图

图 6-23　钢浮箱计算

从图 6-23 可以看出,此种情况下,钢浮箱最大变形值为 0.1mm,最大应力值为 6.1MPa,变形与应力均满足规范要求。

6.3.4 止水室内试验

分离式止水系统胶囊止水试验内容与方法均与整体式止水系统胶囊相同,仅在止水间隙上由整体式的 10cm 变为 3cm,各内容试验步骤可参见 6.2.3 节"胶囊止水室内试验",这里仅对该胶囊试验结果进行阐述。

(1)止水效果验证试验

试验结果表明,当胶囊内气压增加至 0.3MPa 时,能基本满足止水要求,但有少量气泡渗出。当胶囊内气压增加至 0.4MPa 时,止水效果良好。图 6-24 为 0.4MPa 工作气压下胶囊止水整体效果图与局部效果图。

a)整体效果　　　　　　　　　　　　　　b)局部效果

图 6-24　0.4MPa 气压下胶囊止水效果

(2)偏差适应性

由于填芯钢箱与钢管壁间隙较小(3cm),且胶囊充气后会自适应钢管桩的倾斜,故未做偏差适应性试验。

(3)胶囊抗浮试验

试验结果表明,胶囊在 0.4MPa、0.5MPa、0.6MPa 下的抗浮系数分别为 4.78、6.05 和 7.32。该胶囊抗浮安全系数远远大于整体式止水系统胶囊抗浮系数,主要是因为后者底面受海水作用面积较大。

(4)极限压力试验

试验结果与整体式止水系统胶囊极限压力试验基本相同。

6.3.5　止水工艺试验及优化

1)整体式止水系统施工工艺及控制措施研究

(1) 止水施工工艺

整体式止水系统施工工艺流程见图6-25。

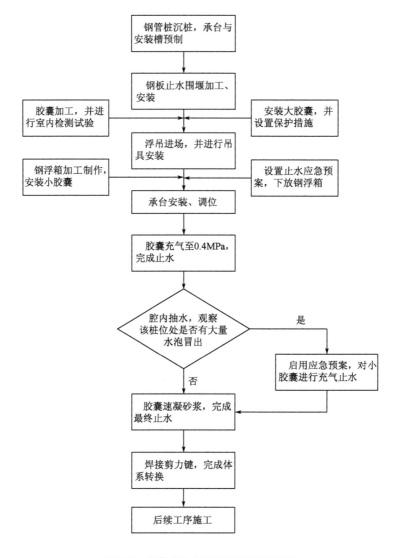

图6-25 整体式止水系统施工工艺流程图

(2) 关键工序控制措施

①钢管桩沉桩精度控制。

根据整体式止水系统室内试验可知,该止水系统对钢管桩的偏差适应性较差,为了达到良好的止水效果,必须控制钢管桩的沉桩精度,在保证埋置式预制承台顺利安装的前提下,同时满足整体式止水系统的止水要求。基于这两点要求,结合港珠澳大桥埋置承台足尺试验结构及施工特点,研制了"工具式导向沉桩系统",保证了钢管桩垂直度1/400、平面偏位50mm的沉桩精度要求。

②悬吊系统的导向和调位。

埋置式预制墩台需要借助悬吊系统完成吊装和与钢管桩连接（体系转换）施工，在这个过程中，由于受到海上风浪的作用，即使在保证钢管桩具有良好的沉桩精度的前提下，也不能保证预制墩台安装到位后桩与承台预留孔之间的偏位满足整体式止水系统的要求，因此要求悬吊系统必须具有一定的调位能力；同时，在预制墩台下放过程中，由于风浪的作用，墩台会出现晃动，从而导致承台与钢管桩之间产生相对运动，为了避免因这种运动对安装在承台预留孔内的止水胶囊造成止水失效，悬吊系统必须具备导向和限位的功能。结合预制墩台吊装调位要求，研发了兼顾整体式止水系统性能要求的悬吊系统，详见本书第 5 章相关部分。

③承台下放安装。

承台下放前，应对胶囊的完好情况和临时固定措施进行检查。胶囊安装在预留槽内的临时固定措施可采用在预留槽最外侧上下缘安装一钢环。承台下放应尽量选择在风浪较小的情况下进行，安装时应做到"缓慢落钩、实时观察、及时调整"，避免下放过程中与钢管桩的碰撞导致胶囊的破损。

④胶囊性能控制措施。

胶囊的性能指标参见 6.2 节和 6.3 节内容。承台下放前，应对胶囊充气嘴和充气管道进行气密性检查，并对其管道的布置和走向进行保护。同时，为防止现场的意外情况（管道堵塞或破损），可设置一条备用充气管道。

⑤增加胶囊与钢管桩间摩阻力。

钢管桩沉桩完成后至承台安装有一定的时间间隔，期间可能会有大量微生物附着在钢管桩外壁，降低胶囊与钢管桩间的摩擦系数。增加摩阻力的措施有以下几种：a.尽量缩短沉桩与承台安装时间间隔；b.采用人工方法对钢管桩外壁微生物进行清理；c.承台下放到位后，首次对胶囊进行充气，通过胶囊对钢管桩外壁的压力解除微生物的附着作用，并在放气后在水流作用下自行脱离。

⑥应急预案。

应急预案主要是利用胶囊与 P 型止水带作为浇筑速凝砂浆的模板，钢浮箱与钢管桩和承台的接触则是利用浮箱自身浮力实现的。保证应急预案措施成功实施的关键在于：a.应严格保证钢浮箱的密封性和加工的平整度；b.施工初期，钢浮箱浮力应克服胶囊、P 型止水带和自身的重力，且有一定的富余量；c.胶囊充气后，其余钢管桩间摩阻力应大于速凝砂浆有效重力（扣除海水浮力）；d.砂浆与钢管、砂浆与承台间黏结力应满足施工水头压力。

（3）现场工艺试验

预制墩台与桩间止水进行了现场工艺试验，现场实施效果见图 6-26。

试验过程中，整体式止水装置中胶囊基本满足现场止水要求，但容易出现胶囊充气达不到设计要求、胶囊与钢管贴合不密实等现象，主要原因是承台下放时与钢管桩的碰撞导致胶囊局部受损,胶囊丧失保压功能。

a) 大胶囊研制

b) 大胶囊安装在预制墩台预留槽内

c) 墩台吊具安装

d) 承台安装调位

e) 胶囊充气

f) 腔内抽水观察止水效果

图 6-26　整体式止水系统实施

2)分离式止水系统施工工艺及控制措施研究

(1)止水施工工艺

分离式止水系统施工工艺如图 6-27 所示。

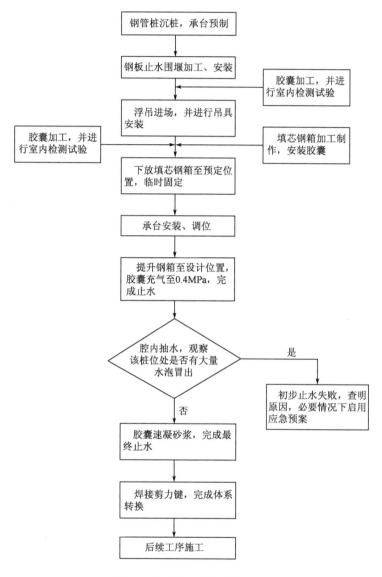

图 6-27 分离式止水系统施工流程

(2)关键工序控制措施

墩台悬吊系统的设计与安装、胶囊性能、速凝砂浆浇筑和钢管桩与胶囊摩阻力控制措施,与整体式止水施工工艺相同,该止水系统施工工艺还应对以下关键工序采取一定控制措施。

①填芯钢箱加工精度。

分离式填芯钢箱采用"胶囊竖向止水、止水带横向止水"的原则,对钢箱的加工制作精度提出了很高的要求。若填芯钢箱内径制作时误差较大,则在下沉过程中易出现钢箱内侧壁板与钢管桩外侧壁板相摩擦的情况,甚至可能会对安装在预留槽内的胶囊有一定的磨损;钢箱顶面的平面误差过大,会导致顶面止水带各处受压变形不一致,甚至可能造成在横向止水时形成渗流通道,导致横向止水失败。基于上述原因,在进行填芯钢箱加工时,其顶面平整度误差不大于3mm,内径尺寸误差不大于2mm。

②P型止水带性能。

使P型止水带充分压缩是横向止水的关键,试验研究表明,止水带高度变形5mm方能进行有效止水。工艺试验项目由于钢箱加工平整度影响和止水带刚度偏大,故还采取了在止水带顶面凹槽部位设置刚度较小橡胶带的措施。

③填芯钢箱的下放。

若填芯钢箱下放与承台的下放间隔时间较长,不易一次性直接将填芯钢箱下放到预定位置,而是将其悬置于海面之上,主要是为了避免由于海浪对胶囊充气等附件的冲击破坏。

④填芯钢箱的提升。

承台安装到位后,立即对填芯钢箱进行提升。施工时以粗钢筋拉力控制为主,拉力控制值为50kN;同时以提升高度控制为辅。提升钢箱的目的是使P型止水带压缩量达到设计值(5mm),实现横向止水。连接装置采用4根直径20mm的螺纹钢,经验算,能满足强度要求。

⑤应急预案。

分离式止水系统难以满足现场施工要求时,应启用预案措施。预案措施采用钢板与树脂混凝土进行止水。钢板以两块半圆抱箍的形式安装在钢箱底面,后浇筑树脂混凝土,待树脂混凝土达到一定强度后,即完成间隙止水。

(3)现场工艺试验

分离式止水系统现场工艺试验如图6-28所示。

相比整体式止水方式而言,分离式止水方式更能适应在波浪作用下钢管桩与承台相对运动带来的不利影响,能够在整个连接处施工中安全可靠地形成干作业环境。

3)止水工艺优化

由于分离式止水系统对钢管桩沉桩精度要求不高,且采用小胶囊进行止水(相对于整体式止水系统的大止水胶囊),在桥梁工程施工中建议采用此种止水方案。同时结合现场施工的实际情况对止水系统进行优化。优化后的止水系统如图6-29所示。

胶囊止水结构主要由环形托盘、内侧止水胶囊、顶面GINA止水带及张拉收紧装置组成。

(1)环形托盘

环形托盘总体示意见图6-30。托盘内径取钢管桩直径$D+2\times2cm$,径向宽度为70cm。混凝土方量约为$4.3m^3$,质量约为10.8t。

a) 小胶囊和P型止水带安装

b) 分离式止水装置安装

c) 抽水完成后

图 6-28　分离式止水系统现场工艺试验

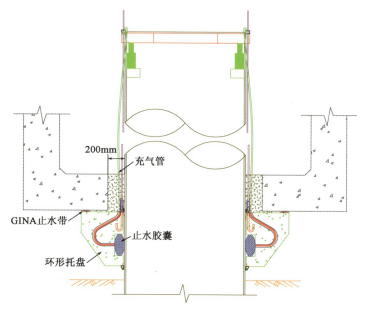

图 6-29　优化后的分离式止水系统结构图

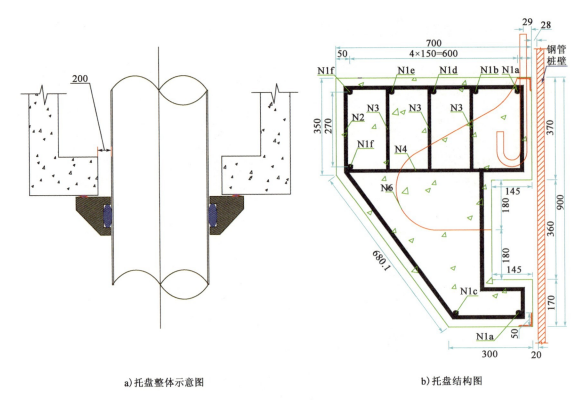

a) 托盘整体示意图　　　　b) 托盘结构图

图 6-30　环形托盘结构图(尺寸单位:mm)

(2) 顶面 GINA 橡胶止水带

在托盘顶面靠外侧固定一个环形 GINA 橡胶止水带,通过对 GINA 橡胶进行压缩而完成止水。GINA 止水带安装示意见图 6-31。在托盘制作时预埋安装固定螺栓;在托盘顶面靠外侧固定一个环形 GINA 橡胶止水带,通过对 GINA 橡胶进行压缩而完成止水。作用在其上的压力荷载约为 25kN/m,压缩前的高度为 46mm,压缩后的高度约为 56mm,根据计算,能满足止水要求。先张拉托盘使 GINA 橡胶压缩,后进行止水胶囊充气的优点在于:由于总张拉力大于抽水后作用在托盘底面的浮力,因此抽水后托盘基本不会发生向上的位移,止水胶囊不会与钢管复合桩壁产生相对滑移,有利于止水效果。

为保证混凝土表面的平整度,固定螺栓采用植筋的方式进行安装,植筋孔径为 $\phi16mm$,孔深 45mm,螺杆直径 12mm,长 65mm;待托盘混凝土达到设计强度后进行植筋;植筋后安装垫板、GINA 止水带、压板及紧固螺母。

利用千斤顶作用在 GINA 止水带上的压力荷载约为 40kN/m,压缩前的高度为 74mm,计算压缩高度为 30mm,压缩后的高度为 44mm;实际控制压缩高度 28mm,压缩后的高度为 46mm。

千斤顶顶升力计算:$(3.14 \times 3.34m \times 40kN/m + 108kN)/6 = 87.9kN \approx 9t$。考虑安全系数,千斤顶设计顶升力取 20t。

由于 GINA 止水带压缩后的高度为 46mm,水平向为柔性结构,为防止托盘水平晃动,以及托盘在提升过程中倾斜造成一侧止水带压缩过度,在止水带外侧固定高度限位,在托盘四周均匀布置 4 个。高度限位为 [10 槽钢,高度为 46mm。

高度限位安装完成后,需检查其顶面高程,控制 4 个限位高程误差在 ±3mm 以内,并将顶面磨平。

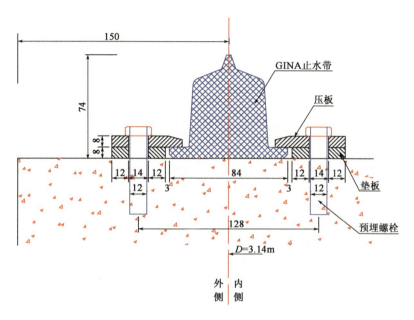

图 6-31　GINA 止水带安装示意图(尺寸单位:mm)

(3)收紧提升吊架

张拉杆采用单根 $\phi 15.2$ 钢绞线,每个环形托盘设置 6 根张拉杆;单根钢绞线的张拉力为 10.4t。下端采用挤压头锚固,见图 6-32。在托盘内预埋两根 M24 螺栓,通过 U 形盖板将其固定。

收紧提升吊架安装在护筒顶面,其总体结构示意图见图 6-32。

托盘安装流程如下:

第一步:在钢管复合桩内焊接牛腿,安装液压千斤顶,并将 6 个液压千斤顶调整至相同高程;并在钢管桩壁开 6 个槽口,用于下一步施工中吊架的下放。

第二步:吊架吊装托盘,吊装到位后,吊架嵌入钢管复合桩内。托盘处钢绞线离钢管桩外壁的间距为 80mm,吊架处钢绞线离钢管桩外壁的间距为 30mm,吊架边离钢管复合桩外壁的距离为 60mm。

第三步:墩台吊装,并精确调整及锁定。

第四步:提升托盘,使 GINA 橡胶压缩止水。

启动液压同步千斤顶油泵,同步张拉 6 根钢绞线,并在钢绞线上做标记,保证托盘的同步提升。

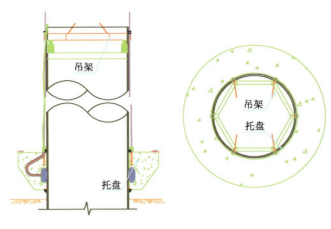

图 6-32 收紧提升吊架结构示意图

（4）托盘内侧胶囊

胶囊质量是控制本方案止水效果的关键，为此项目部与中国南车株洲时代新材料有限公司对止水胶囊结构、材料及制作工艺进行研究并不断优化。优化后胶囊参数如下：

①止水胶囊为高 340mm、宽 85mm 的圆端形矩形结构，充气后宽度为 165mm，胶囊作业状态的充水压力为 0.3MPa，可适应在水深 16m 作业环境的止水要求。

②止水胶囊内侧设置襟条增强止水效果。

③止水胶囊主体结构部分采用高强度橡胶复合材料和复合帘子布整体硫化成型，橡胶材料具有高弹性、高强度，能满足 1.3MPa 以上内部压力，复合帘子布具有一定的伸张和收缩能力。

6.4 小　　结

本章通过预制承台与钢管复合桩的止水工艺研究，得出主要结论如下：

（1）整体式止水系统在室内检测试验表明，对于承台与钢管桩间间隙较为均匀的情况，整体式止水系统在胶囊内充气至 0.4~0.5MPa 的情况下，能满足止水要求；对承台与钢管桩间隙相差较大的情况，整体式止水系统胶囊充气完成后，局部出现褶皱，止水效果较差。

（2）整体式止水系统在现场试验表明，因胶囊外形精度不够，在波浪作用下，承台下放过程中胶囊与钢管桩的碰撞引起胶囊的局部破损，导致胶囊难以止水成功；整体式止水系统对沉桩精度、施工的要求较高，该系统在今后同类项目的试验或研究中应进一步验证。

（3）分离式止水系统对钢管桩沉桩精度要求低于整体式止水系统对沉桩精度的要求。同时在工艺试验过程中，2号桩位曾出现过钢箱倾斜而使胶囊无法正常充气的现象，导致止水失效；在桥梁施工现场通过对工艺的优化，采用双重控制措施，保证了环形托盘的安装位置，实现了墩台与桩间止水。

本章参考文献

[1] 刘雅清.东海大桥承台混凝土套箱施工方案的选定与实施[J].中国港湾建设,2004,(4):13-17.

[2] 刘长海,王炳军,于峥,等.下塘口乌江特大桥 8 号墩大型钢筋混凝土套箱设计与施工[J].铁道标准设计,2003,(S1):155-157.

[3] 杨平中,陈忠章.广州市广园大桥承台混凝土套箱施工技术[J].西部探矿工程,2005,(6):150-152.

[4] 肖旭东.跨海大桥水下无封底混凝土套箱技术[J].铁道技术监督,2011,(10):14-20.

第7章 混凝土关键施工工艺及质量控制

7.1 概　述

钢管复合桩与预制承台的连接处的现浇混凝土是承台结构的重要受力部位。在围堰内止水完成后需尽快完成连接部现浇混凝土施工,而钢管复合桩与预制承台的连接处的钢混结合段浇筑高度大于4m,混凝土浇筑空间小,剪力键较多,混凝土振实困难。因此,需要研究后浇孔混凝土的配制技术、浇筑工艺及质量控制措施,确保混凝土在浇筑初期不致因围堰受风浪波流冲击作用而开裂,进而保证预制承台与钢管复合桩连接混凝土的防收缩、防裂缝、耐久性、力学性能等质量要求。

鉴于以上特点,为保证结构耐久性,达到本工程120年的设计使用寿命,节约工程全寿命周期的总成本,本章开展了关键部位混凝土配制技术研究、大体积混凝土裂缝控制技术研究和混凝土施工质量控制关键措施及现场检验技术研究,形成混凝土关键施工工艺及质量控制成套技术,为工程施工提供技术支持和参考。

7.2 关键部位混凝土配制技术

7.2.1 试验原材料及试验方法

1)试验原材料

鉴于岛隧工程已对混凝土原材料进行了全面考查和优选,且结构与岛隧工程所处环境基本相同,故试验采用与岛隧工程相同原材料,各混凝土原材料种类及性能如下:

(1)水泥

试验选用水泥为华润水泥(平南)有限公司P·Ⅱ42.5水泥。其物理力学性能见表7-1。

水泥的物理力学性能　　表7-1

比表面积 (m^2/kg)	安定性	标准稠度(%)	碱含量(%)	SO_3含量(%)	Cl^-含量(%)	凝结时间(min)		抗折强度(MPa)		抗压强度(MPa)	
						初凝	终凝	3d	28d	3d	28d
353	合格	25.0	0.47	2.18	0.013	163	208	6.2	8.8	31.5	57.8

(2)粉煤灰

试验采用漳州市益材粉煤灰开发有限公司的Ⅰ级粉煤灰。粉煤灰物理性能见表7-2。

粉煤灰物理性能　　表7-2

规格	性能指标(%)					
	细度	含水率	烧失率	SO_3含量	需水量比	碱含量
Ⅰ级	9.9	—	2.57	0.67	86	—

(3)矿粉

试验采用唐山曹妃甸盾石新型建材有限公司的S95级矿粉。矿粉物理性能见表7-3。

矿粉物理性能　　表7-3

规格	性能指标								
	密度(g/cm^3)	比表面积(m^2/kg)	烧失量(%)	SO_3含量(%)	流动度比(%)	Cl^-含量(%)	含水率(%)	活性指数(%)	
								7d	28d
S95	2.9	459	0.5	0.5	105	0.01	0.2	77	100

(4)碎石

试验用碎石为新会白水带5~20mm连续级配花岗岩碎石[(5~10):(10~20)=3:7]。其物理性能指标见表7-4。

粗集料的物理性能指标　　表7-4

堆积密度(kg/m^3)	表观密度(kg/m^3)	含泥量(%)	泥块含量(%)	针片状含量(%)	压碎值(%)	氯离子含量(%)	碱活性
1550	2680	0.4	0	0.4	5.8	0.002	无潜在碱活性

(5)砂

试验选用西江上游中砂,其物理性能指标见表7-5。

细集料的物理性能指标　　表7-5

细度模数	含泥量(%)	泥块含量(%)	堆积密度(kg/m^3)	碱活性	氯离子含量(%)	坚固性(%)	表观密度(kg/m^3)
2.8	0.4	0	1560	无潜在碱活性	0.003	1.7	2640

(6)外加剂

试验选用南京瑞迪新高科技公司HLC-LX聚羧酸型高性能减水剂及HK-P型混凝土膨胀剂,减水剂减水率为26.3%。

(7)拌和水

试验采用洁净的饮用水。

2)主要试验方法

混凝土工作性能:混凝土坍落度、重度、含气量试验参照《普通混凝土拌合物性能试验方法标准》(GB/T 50080—2002)中规定进行。

混凝土力学性能:混凝土力学性能试验参照《普通混凝土力学性能试验方法标准》(GB/T 50081—2002)中规定进行。

混凝土抗裂性能:分别采用净浆圆环试验、混凝土平板开裂试验、胶凝材料水化热试验及混凝土绝热温升试验来评价胶凝材料及混凝土水化放热及抗裂性能。

混凝土变形性能:采用混凝土干燥收缩试验及限制膨胀率试验评价混凝土变形性能。

混凝土耐久性能:针对混凝土结构所处海洋环境,参照《普通混凝土长期性能和耐久性能试验方法标准》(GB/T 50082—2009)测试混凝土抗氯离子扩散系数。

界面黏结性能:采用钢管模拟试验评价钢管桩-承台混凝土的黏结性能,其中混凝土试块尺寸为:25cm×25cm×20cm;钢管尺寸为:直径40mm、$\delta=2$mm、长30cm;上部垫块尺寸为:10cm×10cm×2cm;下部垫块尺寸为:25cm×25cm×5cm;中间开一个直径为5cm的圆孔。

7.2.2 混凝土配合比设计

1)混凝土技术要求

后浇孔混凝土是钢管复合桩与预制承台的连接处,是承台结构的重要受力部位,施工中需保证钢管与混凝土之间以及新老混凝土之间的黏结特性,根据后浇孔混凝土的特点,混凝土具体技术要求(设计指标)如下:

(1)工作性能:坍落度180mm±20mm,坍落扩展度500mm±50mm,常温下坍落度1h损失不大于20mm,无离析、泌水,含气量控制在2%~4%范围。

(2)力学性能:配制强度28天不小于54MPa。

(3)耐久性能:28天氯离子扩散系数不大于$7.0\times10^{-12}m^2/s$,56天不大于$4.5\times10^{-12}m^2/s$。

(4)混凝土限制膨胀率小于2.5×10^{-4}。

(5)抗裂试验满足要求。

(6)混凝土外观质量好,土外观无色差,表面无龟裂纹。

2)配合比设计思路

根据混凝土的技术要求,拟通过选用优质原材料,利用适合高性能混凝土配合比设计的全计算法计算混凝土的理论配合比,按照低水胶比、低胶凝材料用量、掺加优质掺和料和选用优质高效减水剂的原则,以混凝土拌和物工作性能、力学性能及抗渗性能为基础,对混凝土理论配合比进行优化,最终得到满足预制墩台混凝土技术要求的配合比,并复核最终配合比混凝土拌和物的工作性能、力学性能及相关耐久性。

混凝土配合比设计主要采用以下技术路线:

(1) 选取较低的水胶比,尽量降低胶材用量和水泥用量,配制出抗变形性能良好、耐久性优良的混凝土。

(2) 掺入适量的掺和料,如粉煤灰、磨细矿渣粉等活性矿物材料,提高混凝土的抗变形性能,降低混凝土的渗透性,增加耐久性能。

(3) 使用高性能聚羧酸减水剂,降低用水量的同时保证混凝土拌和物的工作性能。

(4) 在预制墩台混凝土配合比基础上采用掺加微膨胀的技术路线配制后浇孔混凝土。

3) 理论配合比计算

与普通混凝土相比,HPC 原材料组分增加,混凝土均匀性、致密性提高,性能改善。相应地,HPC 配合比设计亦更为复杂,以经验为基础的半定量设计方法设计混凝土的配合比是不合适的,故本次使用全计算法设计预制墩台高性能混凝土理论配合比。

全计算法主要依据 P. K. Mehta 和 P. C. Aitcin 教授所提出的理论:要使高性能混凝土同时达到最佳的施工和易性和强度性能,其水泥浆与集料应有一个最佳体积比,建议为水泥浆体积:集料体积 = 35 : 65。全计算法配合比设计的思路是首先建立普遍适用的混凝土体积模型(图 7-1),经科学推导得出 HPC 的单方用水量和砂率的计算公式,再结合传统的水灰(胶)比定则,即可全面定量地确定混凝土中各原材料的用量。建立普遍适用的混凝土体积模型是基于以下观点:

① 混凝土各组成材料(包括固、液、气三相)具有体积加和性。

② 石子的空隙由干砂浆来填充。

③ 干砂浆的空隙由水来填充。

④ 干砂浆由水泥、细掺料、砂和空气隙组成。

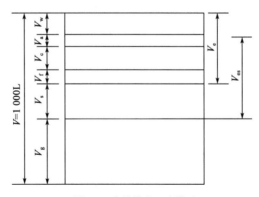

图 7-1 全计算法理论模型

V_e-水泥浆体积;V_{es}-干砂浆体积;V_w-用水量;V_c、V_f、V_a、V_s 和 V_g-水泥、掺和料、空气、砂子和碎石的体积用量

由图可知:

浆体体积:$V_e = V_w + V_c + V_f + V_a$

集料体积:$V_s + V_g = 1000 - V_e$

干砂浆体积:$V_{es} = V_c + V_f + V_a + V_s$

若砂子和石子的表观密度分别为ρ_s、ρ_g,则可得到砂率的计算公式:

$$S_p = \frac{(V_{es} - V_e + V_w)\rho_s}{(V_{es} - V_e + V_w)\rho_s + (1000 - V_{es} - V_w)\rho_g} \times 100\% \tag{7-1}$$

其中,V_e的确定是根据美国 Mehta 和 Aitcin 教授的观点,要使 HPC 同时达到最佳的施工和易性和强度性能,其水泥浆与集料体积比应为 35∶65,对 HPC 可取$V_e = 350L$;V_{es}的确定可根据图中模型,石子的空隙由干砂浆来填充,则$V_{es} = 1000P = 1000(1 - \rho_g'/\rho_g)$。根据以上推导公式,再结合强度—水胶比规则,即可全面定量地计算出混凝土中各原材料用量。

采用全计算方法对理论配合比进行计算,步骤如下:

(1)确定混凝土配制强度

根据工程的设计要求,混凝土的设计强度$f_{cu,k} = 45MPa$,强度标准偏差$\sigma = 5.0MPa$,则混凝土的配制强度为:

$$f_{cu,0} = f_{cu,k} + 1.645\sigma = 45 + 1.645 \times 5.0 = 53.3MPa \tag{7-2}$$

(2)水胶比的确定($\frac{W}{F+C}$)

$$\frac{W}{F+C} = \frac{1}{\frac{f_{cu,0}}{Af_{ce}} + B} = \frac{1}{\frac{53.3}{0.48 \times 45} + 0.52} = 0.334 \tag{7-3}$$

式中:f_{ce}——水泥 28 天抗压强度(MPa)。

(3)用水量的确定

$$W = \frac{V_e - V_a}{1 + 0.37\left(\frac{f_{cu,0}}{Af_{ce}} + B\right)} = \frac{350 - 40}{1 + 0.37\left(\frac{53.3}{0.48 \times 45.0} + 0.52\right)} = 147kg \tag{7-4}$$

式中:V_e——浆体体积;

V_a——浆体中的空气体积,在高性能混凝土中一般取值为 350 和 40。

(4)胶凝材料的组成与用量m_{c+f}

$$m_{c+f} = m_{w,0}\frac{C+F}{W} = 147 \times \frac{1}{0.334} = 440kg \tag{7-5}$$

(5)确定水泥($m_{c,0}$)和掺和料($m_{f,0}$)的用量

以粉煤灰、矿粉复掺作为掺和料,本试验中粉煤灰等量取代水泥的量初步定为 29.5%,矿粉等量取代水泥的量初步定为 22.7%。

$$m_{c,0} = 440 \times 47.7\% = 210kg \tag{7-6}$$

$$m_{f,0} = 440 \times 29.5\% = 130kg \tag{7-7}$$

$$m_{GBFS,0} = 440 \times 22.7\% = 100kg \tag{7-8}$$

(6)砂率及集料用量

$$V_{es} = 1\,000P = 1\,000\left(1 - \frac{\rho'_g}{\rho_g}\right) \times 100\% = 1\,000 \times \left(1 - \frac{1.55}{2.70}\right) = 430\text{L} \quad (7\text{-}9)$$

$$S_p = \frac{(V_{es} - V_e + V_w)\rho_s}{(V_{es} - V_e + V_w)\rho_s + (1\,000 - V_{es} - V_w)\rho_g} \times 100\% = 40\% \quad (7\text{-}10)$$

$$S = (V_{es} - V_e + V_w)\rho_s = 724\text{kg} \quad (7\text{-}11)$$

$$G = (1\,000 - V_{es} - V_w)\rho_g = 1\,086\text{kg} \quad (7\text{-}12)$$

式中:V_{es}——干砂浆的体积(L);

V_w——水的体积(L)。

(7)复合高效减水剂用量的计算

$$\mu = \left(\frac{W_0 - W}{W_0} + \Delta\eta\right) \times 3.67\% = 0.8\% \quad (7\text{-}13)$$

式中:W_0——基准混凝土的用水量(kg),与碎石的粒径有关,在此处取205kg;

$\Delta\eta$——减水剂增量系数,当坍落度在180~200mm时,$\Delta\eta = 0.04$。

因此,混凝土的理论计算配合比见表7-6。

预制墩台混凝土理论计算配合比 表7-6

材料用量(kg/m³)							设计参数		
水泥	粉煤灰	矿粉	水	砂	碎石	减水剂	水胶比	砂率	胶材用量
210	130	100	147	724	1086	3.56	0.33	40%	440

后浇孔混凝土是钢管复合桩与预制承台的连接处(156m³),是承台结构的重要受力部位,施工中需保证钢管与混凝土之间以及新老混凝土之间的黏结特性,根据后浇孔混凝土的特点,在预制墩台混凝土配合比基础上采用掺加微膨胀的技术路线进行试配。后浇孔混凝土配合比见表7-7。

后浇孔混凝土理论计算配合比 表7-7

材料用量(kg/m³)								设计参数		
水泥	粉煤灰	矿粉	膨胀剂	水	砂	碎石	减水剂	水胶比	砂率	胶材用量
210	115	80	35	147	724	1086	3.56	0.33	40%	440

4)配合比优化

在混凝土理论计算配合比基础上,从胶凝材料用量、掺和料种类及掺量、砂率三个方面对混凝土配合比进行进一步的优化。

(1)胶凝材料用量优化

固定用水量、胶凝材料用量分别为420kg/m³、440kg/m³和460kg/m³,研究胶凝材料用量(水胶比)对混凝土工作性能、28天抗压强度的影响,如表7-8所示,其中减水剂掺量固定为0.8%。

优化试验用配合比　　　　　　　　　　　　　　　　　　　　表7-8

编号	胶材用量（kg/m³）	砂率	水胶比	混凝土配合比（kg/m³）						
				水泥	粉煤灰	矿粉	水	砂	碎石	外加剂
DT-1	460	40%	0.32	220	136	104	147	742	1068	3.68
DT-2	440	40%	0.33	210	130	100	147	724	1086	3.56
DT-3	420	0%	0.35	200	124	96	147	742	1068	3.36

胶凝材料用量对混凝土新拌物工作性能的影响见表7-9。

胶凝材料用量对混凝土工作性能与抗压强度的影响　　　　　表7-9

序号	抗压强度（MPa）		新拌物坍落度/扩展度（mm）			工作性能描述
	7d	28d	初始	1h	2h	
DT-1	49.5	64.7	190/460	185/450	180/420	黏聚性好
DT-2	47.9	60.6	200/460	190/440	190/420	黏聚性好
DT-3	43.1	55.6	210/490	200/470	190/450	黏聚性好

由表7-8试验结果可知，用水量固定为147kg/m³，减水剂掺量固定0.8%，胶凝材料用量在420kg/m³、440kg/m³、460kg/m³三个水平点上变化，混凝土拌和物初始坍落度（扩展度）测得结果相差不大，符合"恒用水量定则"；混凝土抗压强度随水胶比的增大而降低，符合抗压强度-水灰比关系的鲍罗米计算公式，本试验水胶比条件下，3组混凝土28天抗压强度皆满足墩台混凝土设计要求。但420kg/m³胶材用量的混凝土7天抗压强度不能满足早期强度要求，考虑到胶凝材料用量越大，会造成混凝土温度收缩、干缩以及自收缩增大，最终优选胶凝材料用量为440kg/m³。

（2）掺和料种类及掺量优化

结合工程实际，主要研究了单掺粉煤灰以及粉煤灰矿粉复掺两种情况。混凝土配合比如表7-10所示。

优化试验用配合比　　　　　　　　　　　　　　　　　　　　表7-10

编号	胶材用量（kg/m³）	砂率	水胶比	混凝土配合比（kg/m³）							
				水泥	粉煤灰	矿粉	膨胀剂	水	砂	碎石	外加剂
DT-4	440	40%	0.33	310	130	—		147	724	1068	3.56
DT-5	440	40%	0.33	210	130	100	—	147	724	1086	3.56
DT-6	440	40%	0.33	210	115	80	35	147	724	1086	3.56

掺和料种类及掺量对混凝土工作性能、抗压强度及氯离子扩散系数的影响见表7-11。

由表7-11可知，同等外加剂掺量的情况下，单掺粉煤灰混凝土最优，而掺入膨胀剂后混凝土工作性能降低，且黏聚性稍差，故后续复核试验中将膨胀剂混凝土外加剂掺量提高至0.9%，砂率提高至41%。抗压强度方面：三种混凝土的7天、28天强度均能满足墩台混凝土技术要求。而相比其他两种混凝土，单掺粉煤灰时，混凝土28天氯离子扩散系数较高，约为复掺粉煤灰、矿粉混凝土的2倍。主要原因为粉煤灰与矿粉复掺后，与水泥间产生化学交互作用，彼此诱导激发从而提高了粉体的活性。复合化还可使粉体产生微集料级配，使水泥基材料形成密实填充结构。考虑桥梁结构所处环境，以保证混凝土耐久性能为原则，最终选择复掺粉煤灰和矿粉的技术途径。

胶凝材料用量对混凝土工作性能与抗压强度的影响　　　　表7-11

序号	抗压强度(MPa)		新拌物坍落度/扩展度(mm)			工作性能描述	氯离子扩散系数($\times 10^{-12} m^2/s$)
	7d	28d	初始	1h	2h		28d
DT-4	53.2	69.7	210/480	200/460	200/450	黏聚性好	4.5
DT-5	47.9	60.6	200/460	200/450	195/430	黏聚性好	2.6
DT-6	49.8	67.0	190/440	185/430	180/420	黏聚稍差	2.8

（3）砂率优化

砂率对混凝土工作性能、抗压强度和弹性模量的影响试验用配合比见表7-12。

混凝土配合比砂率优化设计　　　　表7-12

编号	胶材用量(kg/m^3)	砂率	水胶比	混凝土配合比(kg/m^3)						
				水泥	粉煤灰	矿粉	水	砂	碎石	外加剂
DT-7	440	38%	0.33	210	130	100	147	688	1123	3.56
DT-8	440	40%	0.33	210	130	100	147	724	1086	3.56
DT-9	440	42%	0.33	210	130	100	147	760	1050	3.56
DT-9	440	44%	0.33	210	130	100	147	796	1014	3.56

表7-13是砂率对混凝土工作性能、力学性能的影响试验结果。

砂率对混凝土工作性能与力学性能的影响　　　　表7-13

序号	抗压强度(MPa)		新拌物坍落度/扩展度(mm)			工作性能描述	弹性模量($\times 10^4$ MPa)
	7d	28d	初始	1h	2h		7d
DT-7	38.2	57.9	230/540	—	—	稍微离析	3.41
DT-8	47.9	60.6	200/460	—	—	黏聚性好	3.37
DT-9	48.5	61.7	210/480	—	—	黏聚性好	3.29
DT-9	46.3	58.8	160/410	—	—	稍有干涩	3.03

由表7-13可知，砂率的变化对混凝土新拌物坍落度/扩展度影响显著，砂率小于40%时，拌和物容易离析泌水；砂率大于42%时，由于集料总的比表面积增加，混凝土的黏聚性增强，流动性有所下降，扩展时间延长，混凝土显得较为黏稠，铲起来给人十分沉重的感觉；砂率对混凝土抗压强度影响显著，当砂率为40%～42%时，混凝土强度较高，砂率继续增加，混凝土抗压强度降低，这可能是由于砂率增加导致混凝土拌和物黏滞度增大，混凝土中的气泡不易排

除,从而导致抗压强度降低。在水胶比一定的条件下,混凝土的弹性模量随砂率的增大而降低,当砂率为44%时,混凝土7天弹性模量为$3.03×10^4$MPa,不能满足墩身张拉控制要求。所以对弹性模量要求较高的混凝土工程,在满足混凝土和易性的前提下尽可能选用较低的砂率。综合工作性能和强度,最终优选砂率确定为40%~42%。

5) 推荐配合比

根据胶凝材料用量、掺和料种类及比例和砂率对混凝土性能的影响规律,依据低水胶比、低胶凝材料用量的原则,对预制墩台混凝土、后浇孔混凝土的配合比做最后调整,最终确定的配合比见表7-14,混凝土拌和物的工作性能、力学性能及耐久性见表7-15及图7-2~图7-4。

后浇孔混凝土理论计算配合比   表7-14

材料用量(kg/m^3)								设计参数		
水泥	粉煤灰	矿粉	膨胀剂	水	砂	碎石	减水剂	水胶比	砂率	胶材用量
210	115	80	35	147	742	1068	3.65	0.33	41%	440

后浇孔混凝土性能   表7-15

工作性能						力学性能			
						抗压强度(MPa)		弹性模量($×10^4$MPa)	
坍落度(mm)	扩展度(mm)	黏聚性	含气量(%)	重度(kg/m^3)	泌水情况	7d	28d	7d	28d
200	465	好	2.8	2400	无	49.8	67.0	—	—

抗开裂性能						耐久性能		
圆环开裂时间(h)	平均开裂面积(mm^2)	单位面积裂缝数目(根/m^2)	单位面积上的总裂开面积(mm^2/m^2)	胶材7d水化热(J/g)	绝热温升(℃)	28d/56d氯离子扩散系数	混凝土总碱含量(kg/m^3)	氯离子含量(%)
44.2	0.5	1	5	230.5	45.8	2.8/1.6	1.28	0.07

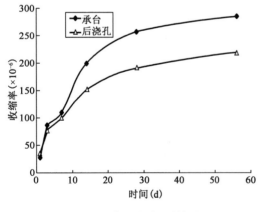

图7-2 混凝土收缩试验结果

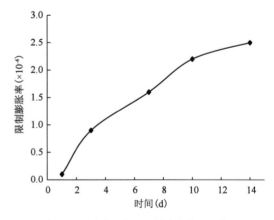

图7-3 后浇孔混凝土限制膨胀率测试结果

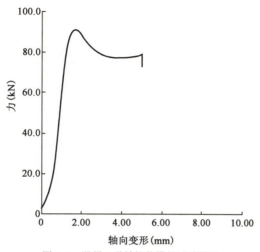

图 7-4　混凝土黏结性能模拟试验结果

7.3　混凝土施工质量控制措施

7.3.1　承台后浇孔混凝土

预制墩台及围堰在吊放至指定位置后将浇筑预留孔混凝土,灌浆开始到混凝土终凝前这段时间里,墩台及围堰结构在水流及波浪作用下可能发生较小的振动或偏移,不利于混凝土成型质量,故针对此工况进行结构动力分析,分析思路为分别在 FLUENT 和 SESAM 软件中获取墩台及围堰结构在水流和波浪作用下所受荷载时历,并将荷载时程数据导入 ANSYS 中进行结构动力响应分析。

1）施工工艺简介

混凝土配合比应进行专门设计,租用珠海市智海商品混凝土拌和站生产,混凝土罐车上船运输到墩台安装处浇筑。后浇孔混凝土浇筑如图 7-5 所示。

a)

b)

图 7-5　后浇孔混凝土浇筑

2）混凝土质量控制措施

（1）静力计算

通过不断修改混凝土材料特性（强度与弹性模量），模拟后浇混凝土强度形成过程。计算采用 ANSYS 进行,选用单元为 BEAM44、SHELL63、SOLID45,分别模拟桥墩、钢管桩、承台及桩基混凝土。后浇混凝土与钢管复合桩、预制承台采用刚性连接,预制承台内壁及复合桩桩周约束其水平方向位移,承台底板及复合桩桩头约束其竖向位移。

图 7-6、图 7-7 为后浇混凝土浇筑完成 7 天及 28 天后第一主应力的计算结果。

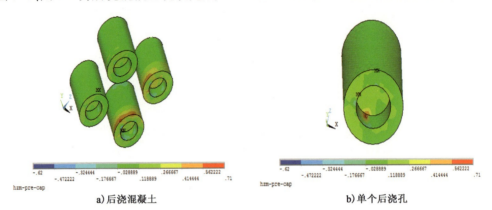

a) 后浇混凝土　　　　　　　　　　　b) 单个后浇孔

图 7-6　$T=7$ 天后浇混凝土第一主应力

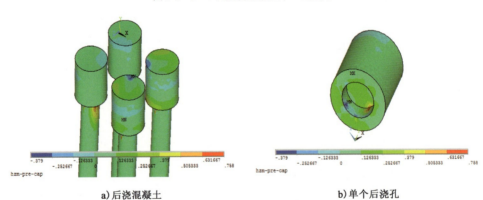

a) 后浇混凝土　　　　　　　　　　　b) 单个后浇孔

图 7-7　$T=28$ 天后浇混凝土第一主应力

从图 7-6 和图 7-7 中可以看出,后浇混凝土在整个强度形成过程中产生较小的拉应力,从第 7 天的 0.71MPa 增长到第 28 天的 0.76MPa,且仅出现在钢管桩桩顶内侧的局部区域。这表明在整个强度形成过程中,后浇混凝土在波流等荷载综合作用下,并无开裂的风险。

（2）流、浪作用对混凝土浇筑的影响

在流、浪作用下,承台与桩间会发生相对位移,在混凝土凝结阶段,对其质量有一定的影响,需要进行有限元分析。计算分析时,边界条件和计算荷载均见 5.4.1 节。图 7-8 给出了两个后浇孔内预制承台内壁与钢管桩桩头相对位移时程曲线。

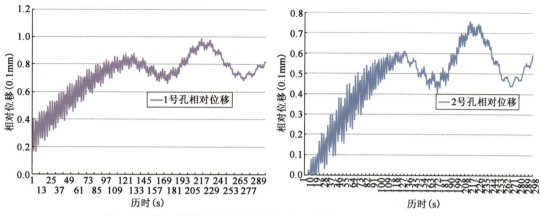

图7-8 1号、2号预制承台与钢管桩桩头相对位移时程曲线(单位:0.1mm)

从图7-8中可以看出,沿波流动荷载作用方向,前排后浇孔(1号孔)两者相对位移未超过0.10mm,后排后浇孔(2号孔)两者相对位移则未超过0.075mm。因此,可认为墩台结构在波浪动载作用下并不会出现发散性振动,且振动仅限于很低水平范围之内,这种相对位移对混凝土浇筑质量也影响甚微。

(3)施工中质量控制

混凝土从运输到浇筑结束大约要3小时(码头到浇筑点约7海里),这对混凝土的工作性能提出了极大的考验,具体控制措施如下:

①为减小坍落度损失,采用"增、减、补"的办法来确保混凝土的工作性能。

②对承台预留孔齿块人工凿毛,清理表面松散碎块,湿润使现浇混凝土与承台预留孔结合面更好地连成整体。

③后浇孔混凝土浇筑高度大于4m,现场采用串筒减速措施,避免混凝土落在钢筋上产生离析。

④振捣采用8m长的ϕ50mm插入式振捣棒,振捣遵循快插慢拔原则,振捣入点间距约40cm,棒插入下层10cm左右,振捣时间控制在20~30s,有序均匀地布料,需在下层混凝土初凝前及时在上层布料,浇筑分层厚度30cm,不得出现浇筑顺序紊乱、分层厚度不匀、局部过振或欠振、振动赶浆等现象。

⑤后浇孔顶面均为光面,平整度不大于3mm/2m,为减少毛细开口孔隙数量,要考虑2~3次收面,收面后应立即用塑料薄膜覆盖,防止水分蒸发,至终凝后撤除薄膜并立即进行保湿或蓄水养护,面层洒水养护7天保证湿度。在养护期间应保持混凝土表面一直处于湿润状态,混凝土的潮湿养护时间不宜低于15天,养护水必须是洁净淡水,不得使用海水,养护水温度与混凝土表面温度之差不宜大于15℃。

7.3.2 试验与检验

预制墩台后浇孔混凝土养护完成后,对其质量进行了钻芯取样和超声波检测。

(1)钻芯取样检测

检测时,对每个后浇孔选 2 个点进行取样,共 8 个点,见图 7-9。图 7-10 为某取样点混凝土外观质量。

经钻孔取样分析,混凝土芯完整、表面光滑、无蜂窝、无水槽现象,混凝土结合完整,密实度高,且新老混凝土之间黏结完好。

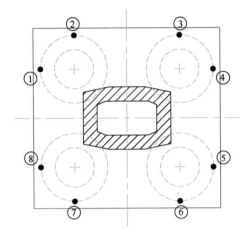

图 7-9 墩台后浇孔钻芯取样位置图

图 7-10 某取样点混凝土外观质量

(2)超声波检测

为了检测后浇孔混凝土与老混凝土(预制承台)之间的连接,在预制承台与新浇筑混凝土结合面两旁分别埋入声测管,每个后浇孔预埋 3 对共 6 根声测管,见图 7-11。图中测点编号为 $i-j$,其中 i 代表后浇孔编号,范围为 $1\sim 4$;j 代表声测管编号,范围为 $1\sim 6$。新老混凝土结合面间结合状态的检测方法采用声波法。图 7-12 仅列出测点为 1-1 和 1-2 超声波检测结果曲线。

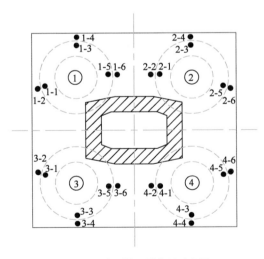

图 7-11 声测管埋设位置示意图

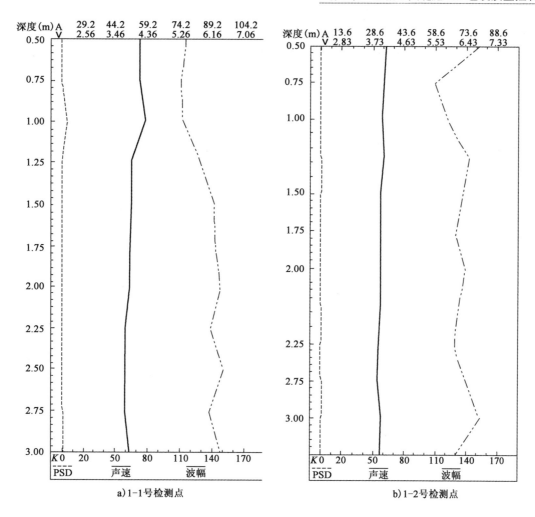

图 7-12　1-1 和 1-2 号测点检测曲线图

从图 7-12 中可知,在对原始波形、声速测线、声幅测线等进行综合分析的基础上,并未发现后浇口内新浇筑混凝土与预制承台之间的结合面有明显缺损现象,说明新老混凝土结合面结合完好。

7.4　小　　结

本章通过对混凝土关键施工工艺及质量控制措施的研究,得出如下主要结论:

(1)由于受波浪作用的影响,在止水系统工作期间,承台和钢管桩之间有较小的相对运动,在大潮和浪涌的双重作用下,后期(剪力键焊接完成之前)止水层与钢管桩之间出现细微裂缝而产生局部渗水。施工现场通过采用水下千斤顶等加固措施,尽可能降低了承台与桩间相对运动,保证了后浇孔混凝土质量。

（2）从试验室配合比和施工配合比试验结果可知，后浇孔混凝土宜在预制墩台混凝土基础上添加适量的优质膨胀剂，推荐配合比各项性能指标满足设计和施工要求；现场取芯及超声检测表明，后浇混凝土与承台、钢管复合桩之间的界面混凝土密实度、混凝土力学、黏结性能及耐久性满足设计要求。

本章参考文献

[1] 盖国辉,李超,熊建波,等.青岛海湾大桥海工高性能混凝土配制技术研究[J].公路,2009(09):155-157.

[2] 吴启和,牛照,田唯,等.港珠澳大桥埋置承台与桩波流作用动力响应分析与试验研究[J].中外公路,2014(01):57-60.

[3] 杨斌财.跨海大桥埋置式承台施工关键技术[D].广州:华南理工大学,2013.

[4] 邱行.波流联合作用下钢管桩基础动态响应试验研究[D].南京:东南大学,2010.

[5] 张存亮,张存明,席建涛,等.跨孔透射法在灌注桩检测中的应用[J].混凝土,2011(07):63-69.

第8章 工程应用

8.1 工程简介

8.1.1 建设条件

1) 水文、气象条件

(1) 水文

工程区水域宽阔,水下地形具有中西部宽浅、东部窄深的显著特点,桥区滩槽冲淤缓慢,海床稳定性好,潮位变化平缓、流速不大、风浪小。桥区所在的西侧海域底层动力作用较弱,属微淤的淤积环境,海床稳定性良好。

(2) 波浪

工程海域波况可参考位于澳门路环岛九澳角的九澳波浪观测站来分析,该站对珠江口外海来浪具有较好的代表性。根据九澳站1986—2001年波浪观测资料统计,有效波高大于1m的波出现频率为4.96%。该站实测最大有效波高 H_s 为2.86m,周期 t 为10.1s,波向为SE向,出现于1989年7月18日8908号(Gordon)台风期间。

(3) 潮汐

桥区海域为不规则半日潮海区,平均潮差1.24m,实测垂线平均流速1.0m/s左右,各月平均相对湿度均在70%以上,平均雨量在1880~2300mm之间,最多的年份可达3343.0mm,年平均降水日数为140.7天左右,多的年份可达212天;中雨以上降水日数为22~28天,年平均暴雨日数为10~13天。

(4) 风暴

主要灾害性天气为热带气旋,平均每年2个左右,最多时每年可达6个,此外,还会遭遇对流天气带来的龙卷、雷击和短时雷雨大风等灾害性天气。

2) 地形、地质条件

桥址区钻孔深度范围内第四系覆盖层按成因时代及岩性特征分为5大层:①层主要为全新统海积相淤泥、淤泥质土,②层、③层为晚更新统海河交互相黏性土夹砂层,④层为晚更新统河流冲积相黏性土夹砂,⑤层为花岗岩风化残积土。第四系覆盖层厚11~48m,分层描述如下:①0 填筑土,灰色;①1 淤泥,灰黄色;①2 淤泥,深灰色;①2-1 粗砾砂,灰色、灰黄色;①3 淤泥质黏土,深灰色;②1 粉质黏土,灰黄色;②2 细砂;②2-1 淤泥质黏土;②4 中砂;②5 粗砾砂;③1 淤泥质粉质黏土;③2 粉质黏土夹砂;③2-2 细砂;③2-3 中砂;③3 粗砂;③4 粉质黏土;④1 细砂;④4 粗砂;④5-1 黏土;⑤粉质黏土;⑥1 全风化花岗岩;⑥2-1 砂砾状强风化花岗岩;⑥2-2 碎块状强风化花岗岩;⑥3 中风化花岗岩;⑥4 微风化花岗岩。

基岩为晚侏罗世燕山第三期花岗岩,岩面较平缓,基岩全强风化发育,风化差异显著,厚度一般在 3～6m,最厚达 20m,中微风化岩面起伏大,局部地段基岩受构造挤压影响,裂隙发育,岩体软硬不均。

桥位处有三种不良地质:一是软土震陷,二是软土液化,三是存在构造破碎带及风化深槽。

3)航道条件

珠江口水域是我国船舶活动最密集的水域之一,平均每天船舶交通流量可达 4 000 艘次,每年可达 150 万艘次,最大型的船舶达 30 万吨级,小船没有固定航线,但流量很大,为 1 500～2 000 艘/天。

4)环保条件

本合同段水域位置接近中华白海豚国家级自然保护区的试验区。施工过程中产生的噪声、对海床的扰动以及施工船舶等都会对白海豚产生不利影响。

8.1.2 工程特点及难点

港珠澳大桥桥位区水文、地质条件复杂,珠江口航道众多,航行密度大,对航行安全要求高;工程方案研究中要满足香港及澳门机场航空限高要求;桥轴线穿越珠江口中华白海豚保护区,对环保要求高;水利防洪部门要求尽量减小阻水率,桥岛隧总阻水率应控制在 10% 以内。为此,非通航孔桥承台需埋入海床面以下;大桥设计使用寿命为 120 年,对桥梁工程的耐久性提出了更高的要求。

港珠澳大桥深水区非通航孔桥采用 110m 跨整墩整幅钢箱连续梁桥方案,长约 14km,承台及墩身采用全预制装配化施工方案,为了减小基础的阻水率,非通航孔桥基础均采用埋床法预制基础,由于国内尚无埋床法预制基础应用先例,加之港珠澳大桥特殊地质水文情况,钢管复合桩的高精度施沉、预制墩台精确定位与安装、预制承台与钢管复合桩间止水、连接施工等面临着巨大的技术难题亟待解决。

港珠澳大桥海中桥梁线路长,工程量浩大,如采取常规工法施工,海上施工现场需投入大量的人员及船机设备,且水上作业时间长,而海中桥梁远离海岸线,施工环境恶劣,安全风险及环保压力极大。因此大桥建设需选择"大型化、工厂化、标准化、装配化"总体设计、施工方法,以缩短海上作业时间,提高作业工效,确保施工安全、工程质量和结构耐久性。

8.2 新技术在工程中的应用

钢管复合桩施工、预制墩台吊装工艺以及预制承台与钢管复合桩连接工艺在港珠澳大桥非通航孔桥施工过程中进行了现场验证。

8.2.1 复合钢管桩现场施工

1）施工简介及流程

在工艺试验的基础上，现场桥梁工程钢管桩采用"长大海基"打桩船（100m桩架）及IHC S-600液压打桩锤进行沉桩，见图8-1。墩台安装采用分离式胶囊柔性止水方案，对钢管桩沉桩精度要求可降低，钢管桩沉桩精度调整为：倾斜度≤1/250，平面位置偏差≤100mm。因此钢管桩沉桩采用打桩船方案。

图8-1 钢管桩沉桩示意图

2）施工工艺

（1）船机泊位

所打钢管桩均为直桩，桩位对船位的影响不大，打桩船的布置主要考虑打桩顺序及水流变化的影响。运桩平驳船沿东西向垂直于潮流方向。打桩船抛全方位锚，布置在运桩平驳船的左侧并垂直于驳船。打桩船平面位置布置如图8-2所示。

（2）钢管桩起吊

打桩船移至运桩平驳船一侧，桩架前倾，下放主副吊钩与钢管桩上吊点连接，提升吊钩使桩脱离驳船。打桩船移回桩位，准备立桩。钢管桩起吊如图8-3所示。

钢管桩桩长加替打段最长为75.8m，考虑桩的变形，钢管桩采用三点吊，桩头侧焊接两个吊耳，桩中和桩底侧各焊接一个吊耳。

（3）立桩入桩架

主吊钩上升，副吊钩下降，使钢管转成竖直姿态；调节桩架倾斜度，送打桩锤替打至桩顶，启动抱桩器抱桩并锁定,调节桩架至垂直状态。钢管桩立桩如图 8-4 所示。

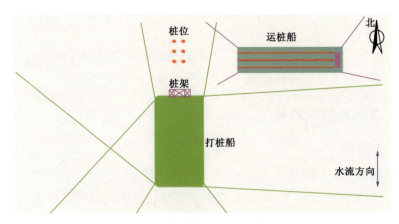

图 8-2　打桩船平面位置布置图

图 8-3　钢管桩起吊

a)

b)

图 8-4　钢管桩立桩

第8章 工程应用

(4) 钢管桩精确定位

采用打桩船自带的 GPS 定位系统进行定位。GPS 接收机及船体测倾仪安装设计图见图 8-5。由三台固定在打桩船上的 GPS 流动站以实时动态即 RTK 模式实时控制船体的位置、方向和姿态,同时配合固定在船上的免棱镜测距仪等算出桩身在设计高程上的实际位置,并显示在系统计算机屏幕上。打桩前,首先将打桩船 GPS 定位系统与港珠澳大桥 GNSS 连续运行参考站系统(HZMB-CORS)进行连接,然后将钢管桩参数输入 GPS 定位系统,直接显示所有要沉入的钢管桩图形。根据沉桩方案选定要沉的钢管桩编号,同时根据 GPS 定位系统显示的数据,移动打桩船,使其到达指定位置,直至桩位满足规范要求后,下桩开打。

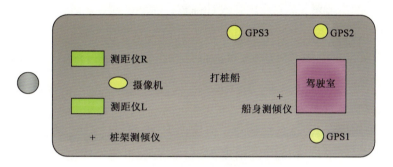

图 8-5 GPS 接收机及船体测倾仪安装设计图

为检验校核海上沉桩测量定位系统的正确性,确保钢管桩定位精度满足要求,保证打桩船沉桩位置的正确性,在开始打设前,须制订相关检验校骇方案,对测量定位系统进行校核。海工远距离 GPS 打桩定位屏幕显示见图 8-6。

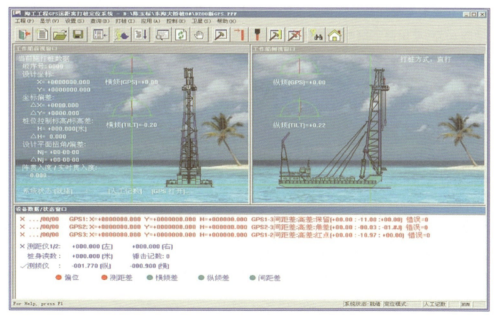

图 8-6 海工远距离 GPS 打桩定位屏幕显示

(5) 插桩

松紧锚缆,微调船位,使桩到达指定的位置;检查船身倾斜度等无异常后,慢慢下放吊钩,使钢管桩在重力作用下自动插桩,逐步解除副钩吊点;过程中须监控桩位,如有误差过大,需马上停止下沉,起吊桩重新定位;下沉完毕后,打开抱桩器。

(6) 锤击沉桩

松紧锚缆调整钢管桩至设计位置,慢慢下放吊钩,并解除副钩;过程中监控桩位,如偏差过大,则停止下沉,起吊桩重新定位;下沉完毕后,复测沉桩精度。

解除上吊点,打桩锤压锤稳桩,打开离合器,开始锤击沉桩。开始阶段要轻打,以防溜桩,正常后再逐步加大冲击能量,直至桩达到设计高程。

钢管桩振打前,由中华白海豚观察员对施工船舶周围半径500m范围内的海域进行观测,如连续5min内没有发现中华白海豚,方可进行打桩作业。打桩过程中一旦发现中华白海豚出没,立即停止施工作业。

3) 钢管桩打设精度控制措施

本工程墩台采用埋置式,承台结构位于海床面下,根据设计图纸,为了保证结构的安全,以及墩台能顺利下放,要求钢管桩沉桩精度更高,需采取相应的控制措施保证钢管桩的沉桩精度。

如何保证钢管桩沉桩精度是工程施工的关键点,主要从气象窗口的选择、通航限制、打桩锤、测量控制、打桩船等方面解决。

(1) 气象窗口的选择

恶劣的气象水文条件是对沉桩精度影响最大的因素,根据港珠澳大桥主体桥梁工程试桩工程的实践经验,采用以下措施来保证尽量减少气象水文条件对沉桩精度的影响。

①与气象部门签订服务协议,实时掌握天气状况,合理安排工序,选择风浪较小的条件下进行沉桩施工。

②打设时选择平潮期进行,流速小。

(2) 通航限制

打桩过程中对附近海域进行封航,以减少高速客船及其他高速船舶高速航行时产生的水流、波浪对钢管桩沉桩的影响。

(3) 打桩锤的选择

采用IHCS-600液压打桩船进行沉桩,见图8-7。其规格与性能:锤体尺寸12.5m×1.5m,最大适应桩径3.5m,锤击能力600kJ。主要优势如下:

①能量较大,沉桩速度快,从而可减少沉桩过程中突发恶劣气象水文条件等不利因素的发生。

②液压锤打击能量无级调节,可很好地控制沉桩速度,从而较好控制打桩的垂直度。

图 8-7 IHC S-600 液压打桩锤

③锤击过程中锤击力均匀,可较好控制打桩垂直度。

④采用液压驱动,较之传统的柴油锤,空气污染小,噪声小,施工作业时对白海豚等的影响较小,满足环保要求。

(4)测量控制

选择精度较高的 GPS 设备及实时显示系统。

①设备精度控制。

测量采用天宝 R6 RTK GPS 接收机,标称精度:

静态测量:平面 $\pm 5\text{mm} + 0.5 \times 10^{-6}$,高程 $\pm 5\text{mm} + 1 \times 10^{-6}$。

动态测量:平面 $\pm 10\text{mm} + 1 \times 10^{-6}$,高程 $\pm 20\text{mm} + 2 \times 10^{-6}$。

②实时显示系统。

采用打桩船自带的 GPS 定位系统对沉桩过程中钢管桩的精度进行实时监控。

③制定严格的测量控制体系。

沉桩过程中对钢管桩的精度进行严格控制,在钢管桩自重下沉入土 5m、10m,自重沉桩完成及压锤完成时,对钢管桩精度进行复测,满足要求后方能继续进行,对不能满足要求的钢管桩重新插桩。

此外,沉桩过程中,安排测量人员站立在龙口一侧,注意观察沉桩施工动态,如沉桩前船体是否碰桩,沉桩后桩顶是否移位,桩身锤击入土是否正常等。

(5)打桩船

①桩架采用可变幅形式,在船的四角安装传感器,设有船舶纵、横倾限时报警,采用全球双频 RTK-GPS 定位系统,实时定位精度高,可较好控制打桩垂直度。

②船体尺寸大,抗风浪能力强,受海流、波浪等影响较小。

8.2.2 预制墩台吊装现场验证

港珠澳大桥非通航孔桥预制墩台吊装施工工艺流程如图 8-8 所示。

图 8-8 墩台吊装施工工艺流程图

1）基坑开挖

由于采用埋置式承台,需进行基坑开挖。承台平面尺寸分 14.8m×11.1m、16m×12m 两种。基坑开挖深度距离承台底面 2.0m,挖泥边坡坡度为 1:5,能够保证本工程施工期内边坡稳定及回淤量满足承台安装要求。

开挖总方量约 1 430 730 m^3,单个基坑平均方量约为 26 000 m^3。

采用抓斗式挖泥船进行基坑开挖。抓斗船是通过抓斗自重切土挖泥,其过程为:张开空泥斗抛入开挖点→斗切土→提升重斗→转动斗臂将重斗移到泥驳上方→开斗卸泥→反向转动斗臂再将空斗抛入开挖点。抓斗挖泥船施工工艺流程见图 8-9。

2）墩台运输

中山预制场码头将预制构件装船后,船舶出航,经横门水道北支向东南方向直入南伶仃洋,最后航行至施工目的地。

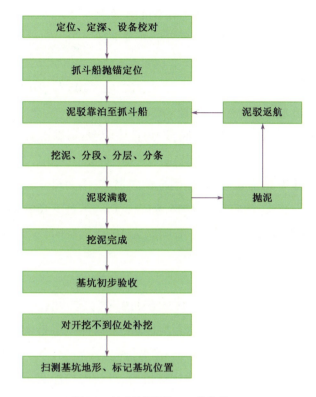

图 8-9 抓斗挖泥船施工工艺流程

3）吊具与吊点设计

（1）吊具设计

吊具分上、下两层。吊具结构见图 8-10。

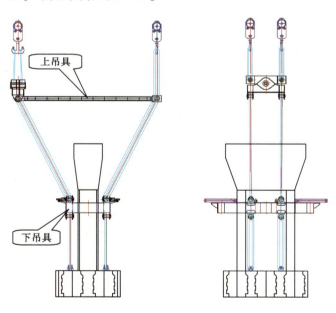

图 8-10 吊具结构示意图

上吊具适用于长大"海基号"浮吊4个吊钩的平面尺寸24m×5.4m,同时可与钢箱梁吊具通用。下吊具根据墩台不同的结构形式及质量进行设计。

①墩台类型1。

该类墩台包括90号~94号、96号~100号、102号~106号、108号~112号、114号~118号、120号~124号、126号~129号、148号~150号墩。

该类墩台的质量在2 640~2 691t之间,均为整体墩台;桩基础直径为2.0m,周边四根桩的中心间距为10m(横桥向)×5.5m(纵桥向)。

墩身底部平面尺寸为10m×3.5m,墩帽横桥向加宽,平面尺寸为14m×3.5m。

下吊具采用整体下套式,内空尺寸为14.5m×4.0m,满足下套的要求。

吊点采用4吊点布置形式,支撑点中心间距为10m(横桥向)×5.5m(纵桥向),吊点中心间距为5.1m(横桥向)×5.5m(纵桥向)。

②墩台类型2。

该类墩台包括95号、101号、107号、113号、119号、125号墩。

该类墩台的质量为2 837~2 854t,均为整体墩台,构件质量最大;桩基础直径为2.0m,周边四根桩的中心间距为10m(横桥向)×5.5m(纵桥向)。

墩身底部平面尺寸为10m×3.5m,墩帽横桥向、纵桥向均加宽,平面尺寸为14m×5m。

下吊具采用拼装式,内空尺寸为10.5m×4.0m。吊点采用4吊点布置形式,吊点中心间距同类型1。

③墩台类型3。

该类墩台包括130号、131号、147号、151号墩首节墩台。

该类墩台的质量为2 044t,均为分节墩台,构件质量较轻;桩基础直径为2.0m,周边四根桩的中心间距为10m(横桥向)×5.5m(纵桥向)。墩身平面尺寸为10m×3.5m。

下吊具采用整体套入式,内空尺寸为10.5m×4.0m,可采用类型1或类型2吊具进行吊装。

吊点采用4吊点布置形式,吊点中心间距同类型1。该类墩台构件可以采用吊具类型1或类型2进行吊装。

④墩台类型4。

该类墩台包括134号~135号、143号~144号墩首节墩台。

该类墩台的质量为2 629t,均为分节墩台,构件质量较轻;桩基础直径为2.2m,周边四根桩的中心间距为11m(横桥向)×6.4m(纵桥向)。墩身平面尺寸为12m×3.5m。

下吊具采用整体套入式,内空尺寸为12.5m×4.0m,满足套入要求。吊点采用4吊点布置形式,支撑点中心间距为11m(横桥向)×6.4m(纵桥向),吊点中心间距为5.1m(横桥向)×6.4m(纵桥向)。

⑤墩台类型5。

该类墩台包括132号~133号、145号~146号墩首节墩台。

该类墩台的质量为2 466~2 511t,均为分节墩台,构件质量较轻;桩基础直径为2.2m,周边四根桩的中心间距为11m(横桥向)×6.4m(纵桥向)。墩身平面尺寸为10m×3.5m。

下吊具采用整体套入式,内空尺寸为10.5m×4.0m,采用类型4吊具进行吊装。吊点采用4吊点布置形式,吊点中心间距同类型4。

(2)吊点设计

由于所设计吊具是能同时适应两种墩台吊装工况的,所以在进行吊点设计时是按统一的布置方式进行。2.2m吊点的平面尺寸为6.4m×5.1m,2.0m吊点的平面尺寸为5.5m×5.1m。

拉杆采用等强合金钢拉杆,强度为GLG650级,执行《钢拉杆》(GB/T 0934—2007),直径为80mm。采用穿孔的形式。

拉杆杆体中部直径为80mm,端部直径为105mm,预留孔采用塑钢波纹管,孔内径为ϕ120mm,下端锚固采用锚垫板加螺帽。

(3)吊点安装

①预埋件安装。

塑钢波纹管、镀铬锚板及镀铬锚杆在承台预制时进行安装。

塑钢波纹管的内径为120mm,钢拉杆的直径为80mm,间隙较小,因此需保证塑钢波纹管的安装精度为:平面位置≤±5mm,倾斜度≤1/500。

锚板安装的平面位置偏差≤±10mm。

②预制构件场内运输。

预制构件通过移运台车运输平驳上,墩台构件下落在临时支墩上,撤出移运台车。

③吊耳及拉杆安装。

8根拉杆与吊耳整体安装,通过运输平驳上起重设备将吊耳吊装至承台面设定位置,单个吊耳的质量约为6t,单根拉杆质量约为250kg,总质量约为8t;为防止拉杆安装时碰撞吊耳而发生移位,在预留槽口内塞木楔,对吊耳进行水平限位。将拉杆吊至预留孔顶部,套入旋转垫片,然后将拉杆缓缓穿入预留孔。

④锚垫板、螺帽及止水装置安装。

单块锚垫板的最大质量约为200kg。

螺母的质量约为8.3kg。

止水装置质量约为300kg。

螺母防掉落装置质量约为27kg。

a.调整小车的位置,顶升锚垫板,安装螺栓,采用电动扳手打紧。

b.顶升螺帽,人工旋入拉杆内,并控制旋入的深度。

c. 顶升螺母防掉落装置,安装螺栓,采用电动扳手打紧。

d. 顶升螺母防掉落装置,安装螺栓,采用电动扳手打紧,第一个安装时检验其水密性。

⑤拉杆张拉。

在吊耳处安装张拉装置,对称张拉钢拉杆,预紧力为125t。

张拉装置主要由底座、液压千斤顶、张拉杆、连接套筒四部分组成,底座外径为340mm,穿心式千斤顶额定顶升力为150t,张拉杆直径为$\phi75mm$。

⑥吊耳与吊具连接。

a. 将轴套套入钢丝绳内,见图8-10,同时将轴套与钢丝绳之间相对固定,防止轴套滑出钢丝绳。

b. 浮吊吊装吊具(含下吊索及轴套)至墩台构件上方。

c. 浮吊缓慢调整姿势,同时辅以人工,使轴套套入两吊耳板之间。

d. 解除轴套与钢丝绳之间的临时连接。

e. 插销。

4)桩顶加固和墩台导向

在钢管复合桩施工完成后,对钢管桩顶处理。

(1)桩顶加固

四个角的4根钢管复合桩作为承重钢管,在钢管顶部安装承重钢垫梁。在钢管桩壁上开槽,将钢垫梁嵌入钢管复合桩内部,结构见图8-11。

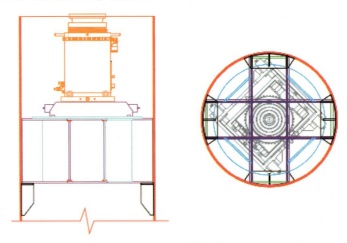

图8-11 钢垫梁结构示意图

钢垫梁采用十字梁结构,高度为1050mm,宽度为650mm,板厚为25mm。钢垫梁长度比钢管复合桩净空小20mm。

(2)预留孔导向

在预留孔内安装导向轮,作用一是保证墩台能顺利下放,不会与钢管桩存在滑动摩擦(滚动摩擦力远小于滑动摩擦力),作用二是保证墩台预留孔不会碰撞钢管桩外壁的临时结构件。

5)墩台吊装

非通航孔桥共55个墩,采用长大"海升"浮吊进行吊装。长大"海升"浮吊见图8-12。

图8-12　长大海升号3 200t双臂架变幅式浮吊示意图

(1)疏浚

长大海升号3 200t浮吊长度为110m,宽度为48m;设计入水深度为4.5m,吊装3 200t重物时前端入水深度约为6m;海床面高程为 −5.91 ~ −4.72m,设计低水位为 −0.78m,设计高水位为1.65m,则水深为3.94 ~ 7.56m,因此需要对航道进行疏浚;疏浚范围在桥位南侧。

(2)基坑回淤情况的测量和补挖

墩台安装前,测量墩台处基坑回淤情况,如不满足设计要求则进行补挖。

(3)吊装时机的选择

墩台吊装属海上大吨位起重作业,受风浪、水流影响很大,事先必须根据气象水文情况选择墩台吊装作业时间。

(4)墩台吊装

起吊墩台,脱离驳船甲板10cm,静置5min,检查浮吊、吊具、吊点等结构的工作状态,确认正常后,起吊墩台。起吊过程要缓慢,防止墩身与承台发生较大的摆动。

(5)移出运输平驳

浮吊通过绞锚前移,在将承台与墩身移至安装位置上方、距钢管复合桩顶面约50cm时,通过浮吊吊臂的移动及浮吊的点动绞锚,将承台预留孔对准桩基钢管。通过导向装置使桩基钢管顺利穿过承台预留孔,然后缓慢下放,直至支撑在三维千斤顶上。

检查桩顶支垫均牢固稳定后,缓缓下放浮吊吊钩,使吊索呈松弛状态,静置10min,观测无异常情况后,解除上下吊具之间的约束。

6)墩台调整及锁定

(1)调整装置设计及安装

调整装置设置在桩顶,通过调节吊具实现对墩台的三维调节。三维调节系统是采用四个单顶来调整构件在六自由度的精确定位,可以实现构件的原地旋转,为国内首创,见图8-13。

三维调节的原理见图8-14。

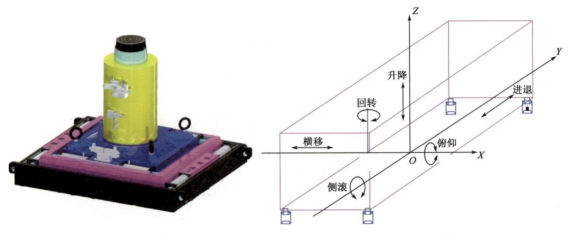

图8-13 三维调节系统示意图　　　　图8-14 三维调节原理示意图

通过4个三维调节系统中竖向千斤顶的同步升降实现构件的升降。

通过4个三维调节系统中水平千斤顶的同步伸缩实现构件的平移。

通过固定一侧的2个三维调节系统、调整另一侧2个三维调节系统中竖向千斤顶的同步升降,可实现构件的侧滚或俯仰(即可调整构件的倾斜度)。

通过固定1个三维调节系统、调节另外3个三维调节系统的水平千斤顶,可实现构件的回转。

调整顺序为:升降→侧滚→俯仰→横移和进退→回转。

竖向千斤顶设计吨位为1200t,工作行程为100mm。

南北向水平千斤顶设计吨位为120t,工作行程为±60mm。

东西向水平千斤顶设计吨位为100t,工作行程为±100mm。

三维调节系统的特点:

①具有可拆装组合的特点:根据预调控构件吨位及尺寸机构,可以对三维调节系统进行选型和组拼,完成特定要求的调控的动作。

②具有高精度、高灵敏性的特点:液压系统均使用世界可靠品牌全进口零部件,设备品质高,传感器可靠、灵敏度高。

③具有高可靠性的特点:三维调控设备有独特的专利设计,意外情况,自锁过程可在瞬间完成。

④具有操作方便、安全的特点:采用PLC编程控制系统,可通过"线控"或者"遥控"方式完成三维调控的各个环节的动作。

承台面调整装置在墩台运输就位后安装,布置在外侧4个预留孔孔底,共4组。安装完成后,将千斤顶油管牵引至套箱顶,并保持千斤顶处于伸长40mm状态,保证可调范围。

(2)精调标准

承台与墩身下放到位以后,利用桩顶的三维调整装置进行精确调整。墩身的倾斜度偏差不大于 $H/3\,000$,且不大于 30mm,墩顶截面中心位置与设计中心位置偏差不超过 10mm,顶面高程误差不超过 10mm。

(3)测量控制方法

在墩身顶面布置 2 个棱镜头,在相邻墩身上架设全站仪,通过全站仪控制墩台的平面位置、高程及倾斜度。

①粗调。

浮吊将墩台构件移至钢管复合桩上方,通过全站仪测量得到墩台的平面位置,将实测数据与设计坐标成果进行对比分析,通过浮吊绞锚进行调节,将平面位置偏差控制在 ±50mm;下放过程中浮吊的摆动可控制在 ±20mm 以内。

②精调。

墩台构件下放到位后,通过全站仪进行控制、三维调节系统进行调节。

(4)墩台锁定

①墩台顶部锁定。

墩台顶部锁定分为两部分,将水平力传递至钢管复合桩上。

a. 墩台与吊具抱紧。

墩台与吊具抱紧,在吊具上设置锁定拉杆,吊具安装完成后,将锁定拉杆顶紧墩身。锁定拉杆设计吨位为 100t。

b. 吊具与墩台锁定。

墩台精确调整完成前,通过千斤顶顶面与吊具底面的摩擦力承受水平力。竖向千斤顶端头与吊具底面采用橡胶接触(橡胶通过硫化与千斤顶端头黏结),增大其摩擦力,根据计算,摩擦力可达到约 400t,能满足要求。

②墩台底部锁定。

在预留孔内安装 12 个 100t 千斤顶,采用机械锁进行锁定,锁定承载力为 250t。

由于钢管桩存在偏位(±100mm),为保证墩台下放过程中不会碰撞千斤顶且保证千斤顶的伸长量,单个预留孔 3 个千斤顶采用不同的长度。承台钢管复合桩外壁与预留孔边的距离为 800cm,千斤顶长度如下:

最短千斤顶回缩后长度为 600mm,伸长量应达到 200mm,可适应的距离范围为 700~800mm。

最长千斤顶回缩后长度为 700mm,伸长量应达到 200mm,可适应的距离范围为 800~900mm。

中型千斤顶回缩后长度为 650mm,伸长量应达到 250mm,可适应的距离范围为 700~

900mm。

(5)墩台与桩间相对位移监测

在工艺试验阶段,预制墩台与钢管桩间相对位移达到了10.1mm,主要是由于两者间约束不够;在工程施工阶段,对预制墩台与钢管桩间连接约束作了优化,并以CB04标148号墩台进行了监测。

①监测工况。

预制墩台安装受海水涨落潮影响较大,在对墩台与钢管间相对位移进行监测时,分为高潮位和低潮位3个时间段,详细工况见表8-1。

预制墩台与钢管桩间相对位移监测工况　　　　　　　　表8-1

工况	时间段	海水高度刻度(m)	潮位	工况描述
工况一	12:09~13:02	6.0	低潮位	准备涨潮,风浪中等
工况二	14:06~15:03	6.9	高潮位	涨潮过程,风浪较大
工况三	15:14~15:40	6.9	高潮位	缓慢涨潮,风浪较小

②测点布置。

测点布置如图8-15所示,测点1~测点5所设传感器放置于承台混凝土面上。测点1、测点5为参考辅测点,测点2~测点4为监测主测点。

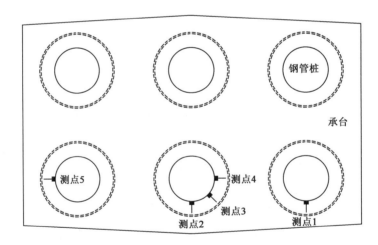

图8-15　测点布置图

③监测元件选型与安装。

根据对国内外位移传感器的选型研究,结合本项目特点,在对预制墩台与钢管桩间相对位移监测时采用了SW-10型张线式位移传感器。该传感器采用了相对于电位计传感原理,它由同轴安装的转盘、盘簧(发条)和电位计组成。传感器转盘上绕有不锈钢丝,当拉动钢丝时转盘转动,电位计的中心可动点亦随之转动,同轴安装的盘簧使钢丝产生回复力,这样,外部被测的直线运动通过转盘变为回转运动,并通过加有直流电压的电位计转变为电压信号输出,输出的电压信号可以很方便地与测量电路配接,如图 8-16 所示。

图 8-16 SW-10 型张线式传感器

测点 1～测点 5 监测元件的安装如图 8-17 所示。

a) 测点1监测元件安装

b) 测点2监测元件安装

c) 测点3与测点4监测元件安装

d) 测点5监测元件安装

图 8-17

e）现场测试仪器

图 8-17　相对位移监测元件与测试仪器安装

④测试结果。

通过现场监控，将各工况各测点的最大相对位移列于表 8-2。本表只对主测点 2～测点 4 进行了统计。

墩台监测相对位移最大值表（单位：mm）　　　表 8-2

工况	时间段	墩台与钢管桩相对位移		
		测点 2	测点 3	测点 4
工况一	12:09～13:02	0.366	0.176	0.004
工况二	14:06～15:03	0.439	0.300	0.017
工况三	15:14～15:40	0.298	0.091	0.002

a. 工况一作用下墩台与钢管桩相对位移。

图 8-18～图 8-20 为测点 2～测点 4 在工况一作用下位移时程曲线。

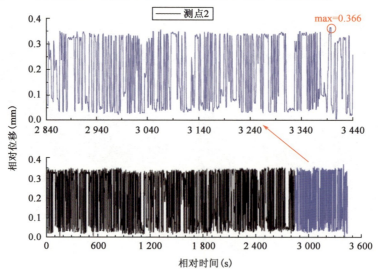

图 8-18　工况一作用下测点 2 位移时程曲线

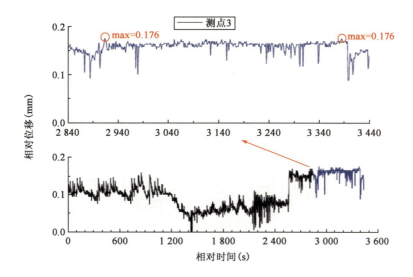

图 8-19　工况一作用下测点 3 位移时程曲线

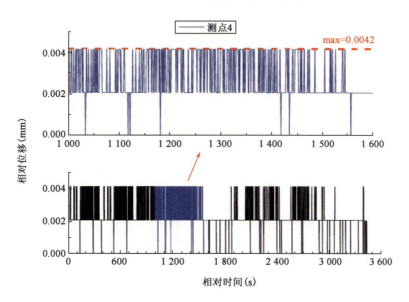

图 8-20　工况一作用下测点 4 位移时程曲线

在此时段内,测点 2 的最大值出现在 3 008s 时,测点 3 的最大值出现在 2 527s 时;测点 4 位移变化幅值为 0.004mm 左右,相对于其他两个测点来说非常小。

b. 工况二作用下墩台与钢管桩间相对位移。

图 8-21～图 8-23 为测点 2～测点 4 在工况二作用下位移时程曲线。

在工况作用下,测点 2 相对位移最大值出现在 2 772s,测点 3 相对位移最大值出现在 926s。测点 4 在前 15min 位移变化幅值较大,在 0.018mm 左右,后来逐渐稳定在了 0.01mm 以内。与前一时段相比,测点 1 相对位移变大了,时程图的形状也有所变化。

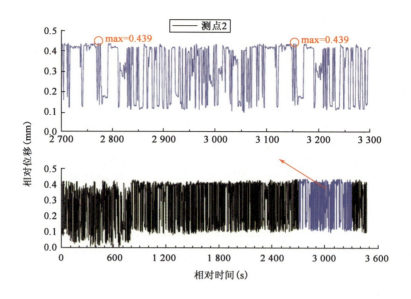

图 8-21 工况二作用下测点 2 位移时程曲线

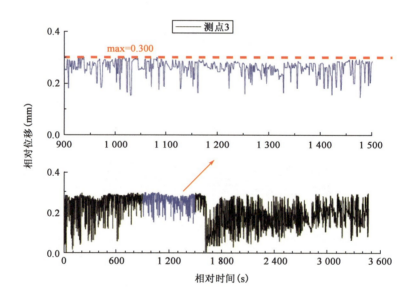

图 8-22 工况二作用下测点 3 位移时程曲线

c. 工况三作用下墩台与钢管桩间相对位移。

图 8-24～图 8-26 为测点 2～测点 4 在工况二作用下位移时程曲线。

在此工况作用下,测点 2 相对位移最大值出现在 1528s 时,测点 3 的相对位移最大值出现在 1609s 时。在前 15min,测点 2 相对位移幅值与时间段 3 时相差不大,在 0.30mm 左右,15min 后,突然变小至 0.1mm 以内。测点 3 相对位移变化值变小了 60% 左右,处于 0.1mm 以内。测点 4 的相对位移值比时间段 1 和时间段 2 测得的相对位移值都要小。

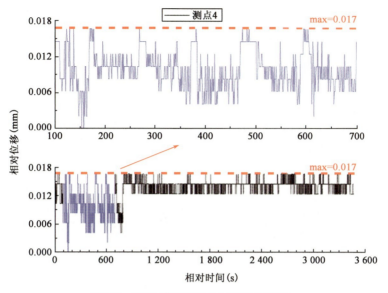

图 8-23 工况二作用下测点 4 位移时程曲线

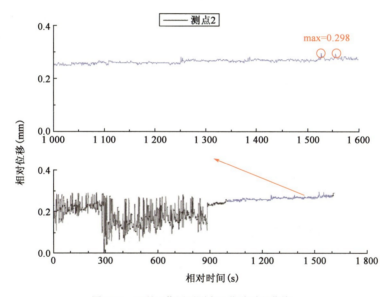

图 8-24 工况三作用下测点 2 位移时程曲线

⑤监测小结。

通过本次相对位移实时监测可以得到,148 号墩台安装止水装置并焊接完成剪力键后,钢管桩和预制吊装承台之间的相对位移控制效果较好;低潮位时,纵桥向最大相对位移为 0.366mm,横桥向最大相对位移为 0.004mm,斜向最大相对位移为 0.176mm;高潮位且海浪较大时,纵桥向最大相对位移为 0.439mm,横桥向最大相对位移为 0.017mm,斜向最大相对位移为 0.300mm;高潮位且海浪较缓时,纵桥向最大相对位移为 0.298mm,横桥向最大相对位移为 0.002mm,斜向最大相对位移为 0.091mm。

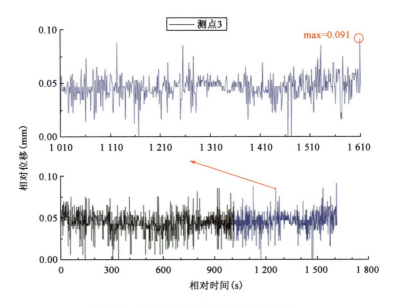

图 8-25　工况三作用下测点 3 位移时程曲线

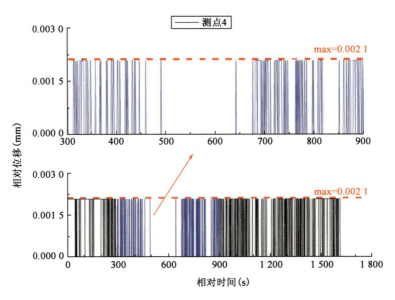

图 8-26　工况三作用下测点 4 位移时程曲线

7）抽水、浇筑速凝砂浆

为保证止水钢围堰施工期间的稳定和减小抽水工作量，选择在低水位时进行止水胶囊充水施工。止水后，利用水泵进行抽水，抽水不宜过快，并且在抽水过程中对比水泵的排量及套箱内水位下降的速度，发现问题时立即停止抽水，解决问题后方可采取下一步措施。

（1）墩台抗浮验算

承台底板与钢管复合桩间止水形成密闭状态，进行钢套箱内抽水时，墩台承受的浮力将逐渐变大,当钢套箱内的水完全抽干时,浮力达到最大值。

由于台风期间往套箱内灌水,因此按设计高水位 +1.65m 计算浮力,考虑有效波高大于1m 的波出现频率为4.96%,取波高1.0m。故计算最大浮力时水位为 +1.65 +1/2 = +2.15m。

墩台质量及最大浮力统计见表8-3。

墩台质量及最大浮力统计表　　　　　　　　　　表8-3

墩台	构件质量(t)	钢套箱质量(t)	总质量(t)	承台底高程(m)	设计水位(m)	浮力(t)	构件质量 - 浮力(t)
90	2 640	142	2 782	-9.939	2.15	1 687	1 096
91	2 640	142	2 782	-9.939	2.15	1 687	1 096
92	2 640	142	2 782	-9.939	2.15	1 687	1 096
93	2 640	142	2 782	-9.939	2.15	1 687	1 096
94	2 640	142	2 782	-9.939	2.15	1 687	1 096
95	2 837	142	2 979	-9.939	2.15	1 687	1 293
96	2 640	142	2 782	-9.939	2.15	1 687	1 096
97	2 640	142	2 782	-9.939	2.15	1 687	1 096
98	2 640	142	2 782	-9.939	2.15	1 687	1 096
99	2 640	142	2 782	-9.939	2.15	1 687	1 096
100	2 640	142	2 782	-9.939	2.15	1 687	1 096
101	2 640	142	2 782	-9.939	2.15	1 687	1 096
102	2 837	142	2 979	-9.939	2.15	1 687	1 293
103	2 640	142	2 782	-9.939	2.15	1 687	1 096
104	2 640	142	2 782	-9.939	2.15	1 687	1 096
105	2 640	142	2 782	-9.939	2.15	1 687	1 096
106	2 640	142	2 782	-9.939	2.15	1 687	1 096
107	2 837	142	2 979	-9.939	2.15	1 687	1 293
108	2 640	142	2 782	-9.939	2.15	1 687	1 096
109	2 640	142	2 782	-9.939	2.15	1 687	1 096
110	2 640	142	2 782	-9.939	2.15	1 687	1 096
111	2 640	142	2 782	-9.939	2.15	1 687	1 096
112	2 640	142	2 782	-9.939	2.15	1 687	1 096
113	2 837	142	2 979	-9.939	2.15	1 687	1 293
114	2 640	142	2 782	-9.939	2.15	1 687	1 096
115	2 640	142	2 782	-9.939	2.15	1 687	1 096
116	2 640	142	2 782	-9.939	2.15	1 687	1 096
117	2 640	142	2 782	-9.939	2.15	1 687	1 096
118	2 640	142	2 782	-9.939	2.15	1 687	1 096
119	2 837	142	2 979	-9.939	2.15	1 687	1 293

续上表

墩台	构件质量(t)	钢套箱质量(t)	总质量(t)	承台底高程(m)	设计水位(m)	浮力(t)	构件质量-浮力(t)
120	2 640	142	2 782	-9.939	2.15	1 687	1 096
121	2 640	142	2 782	-9.939	2.15	1 687	1 096
122	2 640	142	2 782	-9.939	2.15	1 687	1 096
123	2 657	142	2 799	-10.239	2.15	1 728	1 071
124	2 657	142	2 799	-10.239	2.15	1 728	1 071
125	2 854	142	2 996	-10.239	2.15	1 728	1 268
126	2 657	142	2 799	-10.213	2.15	1 725	1 074
127	2 657	142	2 799	-10.008	2.15	1 696	1 103
128	2 674	142	2 816	-9.901	2.15	1 681	1 135
129	2 691	142	2 833	-9.599	2.15	1 639	1 194
130	2 044	142	2 186	-9.75	2.15	1 660	526
131	2 044	142	2 186	-9.84	2.15	1 673	513
132	2 511	147	2 658	-10.16	2.15	2 004	654
133	2 511	147	2 658	-10.48	2.15	2 056	601
134	2 629	147	2 776	-10.58	2.15	2 072	704
135	2 629	147	2 776	-10.76	2.15	2 102	674
143	2 629	147	2 776	-10.43	2.15	2 048	728
144	2 629	147	2 776	-10.19	2.15	2 009	767
145	2 466	147	2 613	-9.9	2.15	1 962	651
146	2 466	147	2 613	-9.88	2.15	1 958	654
147	2 044	142	2 816	-9.7	2.15	1 663	533
148	2 691	142	2 833	-9.542	2.15	1 631	1 202
149	2 674	142	2 816	-9.682	2.15	1 651	1 165
150	2 657	142	2 799	-9.791	2.15	1 666	1 133
151	2 045	142	2 187	-10.071	2.15	1 705	482

根据表8-3可知,构件质量均大于浮力,富余量最小为482t,因此不用采取抗浮加固措施。

(2)浇筑速凝砂浆

抽水后,在套箱内进行速凝砂浆(M50以上)的拌制,必须严格按配合比进行;迅速灌注在承台与桩基钢管结合部的空隙内,使用钢筋等工具人工插捣密实。

①原材料。

水泥:P·Ⅱ42.5。

水:自来水。

外加剂:聚羧酸减水剂。

砂:中砂。

膨胀剂:UEA。

硅灰:比表面积 20 000mm²/kg。

羟丙基甲基纤维素:分子量 150 000。

早强剂:碳酸锂,化学纯。

②配合比。

灰砂比:1:1。

水胶比:0.4。

膨胀剂:10%(占水泥)。

硅灰:3%(占水泥)。

纤维素:0.1%(占水泥)。

早强剂:1% ~2%(占水泥)。

减水剂 1.0%。

8)现场实施

图 8-27 为港珠澳大桥非通航孔桥预制墩台安装现场图。

a) 墩台运输

b) 套箱安装

图 8-27

c) 止水托盘安装

d) 吊点连接

e) 承台吊装

f) 抽水

g) 浇注速凝砂浆

h) 剪力键焊接

i) 后浇孔钢筋绑扎

图 8-27

j) 首节段墩台安装到位

k) φ75mm高强钢筋连接

l) 第二节墩身安装

m) 第三节墩身安装

图 8-27 港珠澳大桥非通航孔桥预制墩台安装现场

通过前期的研究成果,确保了港珠澳大桥非通航孔桥预制墩台快速、精确地完成吊装作业。

8.2.3 预制承台与钢管复合桩连接现场验证

1) 桩与承台间止水系统施工

(1) 胶囊法分离式止水装置总体施工工艺

第一步:复合桩钢管施工完成。

第二步:安装止水装置。

①下放(环形托盘+内侧止水胶囊+顶面GINA止水带)至承台底面以下20cm;②将止水结构吊挂于钢管复合桩管壁上。

第三步:承台吊装。

承台吊装至设计位置,并精确调整就位。

第四步:止水。

①安装牛腿;②张拉精轧螺纹钢筋,使 GINA 橡胶压缩,填塞环形托盘与承台之间的缝隙;③止水胶囊内充气至 0.3MPa,填塞环形托盘与钢管复合桩之间的缝隙;④抽水。

第五步:承台预留孔施工。

①承台底板与钢管之间填速凝砂浆;②拆除 Z3、Z4(中间两个预留孔)钢管替打段,焊接 Z1、Z2、Z5、Z6 预留孔剪力键;③Z3、Z4 预留孔内绑扎钢筋、浇筑混凝土;④混凝土等强(达到标准强度的 80%)后,拆除吊架,体系转换;⑤拆除 Z1、Z2、Z5、Z6 替打段;⑥Z1、Z2、Z5、Z6 预留孔内绑扎钢筋、浇筑混凝土;⑦混凝土等强(达到设计强度的 70%、且龄期达到 14 天)后,拆除钢围堰。

(2)托盘安装方案

①Z3-Z4 孔托盘安装流程。

第一步:施工准备工作。

a. 钢管桩抄平(顶面高程比该墩的 Z1-Z2/Z5-Z6 孔桩顶高程低 50cm)。

b. 在钢管复合桩内焊接 6 个牛腿(牛腿顶面高程比复合桩顶面高程低 35cm)。

c. 安装 6 个 20t 同步顶升液压千斤顶,并调整至相同高程。

第二步:起吊托盘。

a. 浮吊起吊吊架,起升约 1m。

b. 将钢绞线上端与吊架连接。

c. 浮吊起勾,至钢绞线下端位于托盘连接处(起勾过程中,将充气管绑扎在钢绞线上)。

d. 将钢绞线下端与托盘连接。

e. 浮吊起勾,起吊托盘。

第三步:托盘套入桩内。

a. 浮吊旋转吊臂,缓缓将托盘吊装至钢管桩上方。

b. 浮吊下勾,缓缓套入钢管桩内。

c. 继续下勾,直至吊具落在千斤顶上。

第四步:墩台吊装,并精确调整及锁定。

第五步:GINA 橡胶带压缩止水。

a. 连接油泵与千斤顶。

b. 启动油泵,同步张拉 6 根钢绞线到位。

②Z1-Z2\Z5-Z6 孔托盘安装流程。

第一步:施工准备工作。

a. 钢管桩抄平至设计高程。

b. 在三维千斤顶托架内安装 6 个 20t 顶升液压千斤顶,并调整至相同高程。

c. 将托盘吊架安装在三维千斤顶托架上。

第二步:起吊托盘。

a. 浮吊起吊三维千斤顶托架至1m高度。

b. 将钢绞线上端与托盘吊架连接。

c. 浮吊起勾,至钢绞线下端位于托盘连接处(起勾过程中,将充气管绑扎在钢绞线上)。

d. 将钢绞线下端与托盘连接。

e. 浮吊起勾,起吊托盘。

第三步:托盘套入桩内。

a. 浮吊旋转吊臂,缓缓将托盘吊装至钢管桩上方。

b. 浮吊下勾,缓缓套入钢管桩内。

c. 继续下勾,直至三维千斤顶托架落在钢管桩上。

第四步:墩台吊装,并精确调整及锁定。

第五步:GINA橡胶带压缩止水。

a. 连接油泵与千斤顶。

b. 启动油泵,同步张拉6根钢绞线到位。

2) 连接部位混凝土施工工艺

连接部位混凝土的施工主要包括浇筑速凝砂浆、剪力键焊接、钢筋绑扎及预留孔混凝土浇筑等。

(1) 浇筑速凝砂浆

抽水后,在工作船上采用$0.5m^3$搅拌机进行速凝砂浆(M50以上)的拌制,砂浆原料与水的比例为0.15(质量比),必须严格按配合比进行。

采用料斗将砂浆吊至预留孔上方,通过料斗下放的三根软管留至预留孔处,局部位置可人工找平。

2.0m桩单个孔速凝砂浆的方量为$3.14 \times 0.25 \times (2.4^2 - 2^2) \times 0.6 = 0.83m^3$。

2.2m桩单个孔速凝砂浆的方量为$3.14 \times 0.25 \times (2.4^2 - 2^2) \times 0.6 = 0.90m^3$。

料斗方量为$1.3m^3$。

(2) 剪力键焊接

速凝砂浆达到设计强度后,将底板预埋钢板清理干净,在承台底板预埋钢板与钢管桩之间对称焊接剪力键,完成后在钢管外壁焊接剪力环。焊缝等级为一级。

焊接完成后,对焊缝处进行100%无损检测,保证焊缝质量。

Z1、Z2、Z5、Z6预留孔每孔布置10个剪力键,见图8-28。

Z3、Z4预留孔每孔布置8个剪力键,见图8-29。

共计56个剪力键。

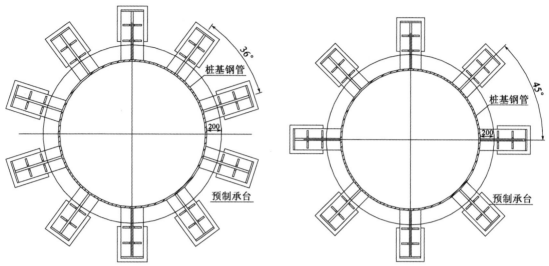

图 8-28　剪力键布置图(一)(尺寸单位:mm)　　　图 8-29　剪力键布置图(二)(尺寸单位:mm)

剪力键结构大样见图 8-30。

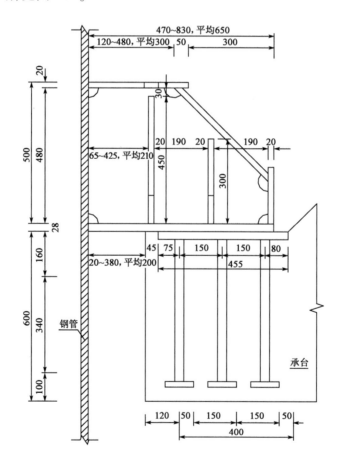

图 8-30　剪力键结构大样图(尺寸单位:mm)

焊完之后要逐条焊缝进行检查,检查内容包括焊缝厚度、外观质量、内部探伤等,保证焊缝质量等级达到设计要求。

剪力键和外剪力环焊接过程中优先保证 Z3-Z4 孔的焊接。

(3)预留孔混凝土施工

剪力键焊接完成后,分两次施工承台预留孔。首先施工承台中间两个预留孔,待浇筑部分混凝土强度达到设计强度 80% 以后,进行体系转换,拆除吊架系统,施工其余四个预留孔。

①施工准备。

a. 桩头清凿。

桩头清凿在桩基检测完成后即开始进行,采用风镐进行凿除,凿除高度比设计桩顶高度略低 1~2cm,以利于钢管桩的割除。

b. 中间两根钢管割除。

钢管、吊具、墩台及钢套箱相对位置示意图见图 8-31。

4.5m 高承台替打段在承台范围内的高度为 4.5m − 1.6m = 2.9m。

5.0m 高承台替打段在承台范围内的高度为 5.0m − 1.6m = 3.4m。

墩台完成止水后,将顶部 3m 高钢管(5.0m 高承台为 3.5m)分成三块割除,并挂在下端钢管桩上,见图 8-32。

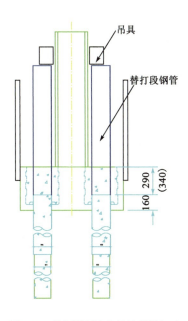

图 8-31 替打段割除位置示意图(一)
(尺寸单位:cm)

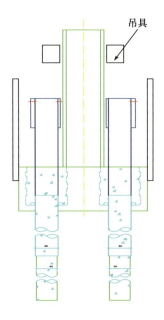

图 8-32 替打段割除位置示意图(二)

对底部进行环向切割,然后通过吊具上的手拉葫芦将剩余替打段提升出承台,并安装保险绳,见图 8-33。

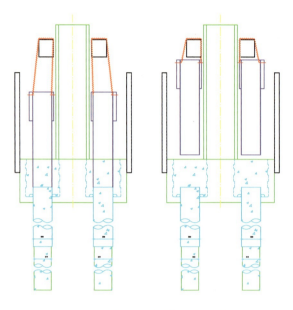

图 8-33 替打段割除位置示意图(三)

预留孔混凝土浇筑完成并等强后,将钢管落在承台上,待吊具拆除后再采用浮吊吊出。体系转换吊具拆除时,将替打段采用浮吊吊出,见图 8-34。

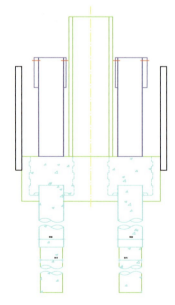

图 8-34 替打段割除位置示意图(四)

利用高压水枪将连接部清洗干净。混凝土渣及淤泥等杂物利用浮吊吊运,清理干净后方可进行钢筋绑扎施工。

②钢筋施工。

对 Z3、Z4 桩头钢筋进行处理,钢筋处理后示意见图 8-35。

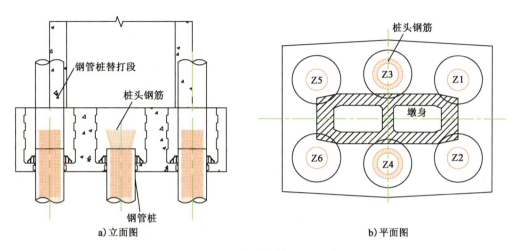

图 8-35　Z3、Z4 桩头钢筋处理后示意图

钢筋采用镦粗直螺纹机械连接方式,采用双层环氧树脂涂层钢筋,钢筋在中山预制场首先用套筒进行预匹配连接。后浇孔钢筋连接示意见图 8-36。

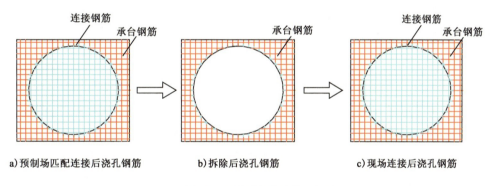

图 8-36　后浇孔钢筋连接示意图

承台预制时,严格控制接头位置,预埋钢筋端头采用攻半丝,连接钢筋攻全丝,并将套筒全部旋入连接钢筋内,连接钢筋与预埋钢筋对位完成后,扭动套筒,使之扭入预埋钢筋头,直至连接钢筋露出半丝即完成连接。

连接完成后,对接头钢筋露出的部分进行环氧涂装。

③混凝土施工。

根据现场情况,取消承台预留孔顶面的硅烷浸渍,增加顶面混凝土的保护层厚度 140mm。因此在预留孔混凝土浇筑前,对预留孔周围进行凿毛处理,并安装浇筑模板,与承台预留孔混凝土一起浇筑。

连接部钢筋密集,混凝土浇筑难度大。承台与钢管复合桩连接部混凝土浇筑高度3.9～4.4m,浇筑时需设置串筒下料。

混凝土分层浇注、分层振捣。分层厚度30cm,注意承台预留孔边缘振捣质量,使新老混凝土充分结合,确保新老混凝土接触面密实性。

浇筑完成,待混凝土初凝后,覆盖土工布保湿养生,养生时间不少于10天,且在养生结束前要确定预留孔混凝土强度达到设计强度的70%以上。

④体系转换。

中间两个孔内新浇混凝土达到设计强度80%以后,同时检查其余4个孔内剪力键焊缝,方可进行体系转换。

逐级放松千斤顶,拆除吊具悬挂系统,完成体系转换。

在转换过程中,千斤顶放松要逐级放松,且注意观察结构有无变动及声响,全部放松后暂不拆除千斤顶及悬挂系统,待稳定2天以上再拆除。

同法施工其余四个预留孔,浇筑混凝土注意按 Z1-Z6-Z2-Z5 顺序对称浇筑。

⑤吊点拆除及修补。

安装张拉千斤顶,张拉一定的荷载使螺帽与垫板之间松动,然后人工拧出螺帽;利用浮吊拆除吊耳系统。

切割钢拉杆外漏部分。

槽口内浇筑与承台混凝土同强度等级的高性能微膨胀砂浆。

3)现场实施

图 8-37 为港珠澳大桥非通航孔桥预制墩台与钢管复合桩现场止水施工验证。

通过前期的研究成果,施工现场对桩与预制墩台间止水系统进行了优化设计,在保证桩与承台间快速、有效止水效果的同时,提高了分离式止水装置的可靠度。

图 8-38 为港珠澳大桥非通航孔桥预制墩台与钢管复合桩现场连接施工验证。

a) 环形托盘制作　　　　　　b) 止水胶囊和GINA止水带安装

图　8-37

第8章 工程应用

c) 桩顶三维千斤顶研制

d) 千斤顶与环形托盘的连接装置

e) 千斤顶和环形托盘整体下放

f) 预制墩台安装

g) 腔内抽水

h) 浇筑速凝砂浆

图 8-37　预制墩台与钢管复合桩现场止水施工验证

257

　　　a) 剪力键焊接　　　　　　　　b) 钢筋绑扎　　　　c) 后浇孔混凝土浇筑

图 8-38　预制墩台钢管复合桩现场连接施工验证

在工艺试验基础上，优化后的研究成果在工程实施中得到进一步验证，现场的施工工效和检测结果显示，桩与承台后浇孔连接施工工艺能够满足各项性能指标。

8.3　小　　结

本章通过对研究关键成果进行验证，进而完善其功能，实现科研成果向核心竞争力的转变。研究成果在港珠澳大桥建设过程中的成功应用表明：以制造、施工、控制、监测的系统化技术创新，克服了在外海环境下建桥的诸多难题，使世界最大桥隧工程——港珠澳大桥桥岛隧工程安全、顺利建成，提升了我国跨海长大桥梁建设的技术、装备、工艺和信息化施工水平，展示了我国桥梁建设的"技术强国"地位。其成功经验为外海、大流速水域、恶劣气象条件下的跨海桥梁的施工提供了新的方法。其创新思维和信息数据为再创新提供了科学借鉴。

索 引

b

边坡稳定 Stability of side slope ·· 78

c

沉桩精度控制标准 Accuracy standard of pile construction ················ 116

d

墩台精确定位 Positioning construction of the pier ························· 11

g

钢管复合桩承载性能 Bearing performance of steel-concrete composite pile ················ 45
工具式导向沉桩系统 Tooled pile guiding system ·························· 117

h

后浇孔 Post cast-in-place hole ·· 210
混凝土质量控制 Quality control measures of the concrete ··············· 218

j

基坑回淤量 Silting amount of foundation ditch ····························· 77
胶囊法整体式止水系统 Water-stop system of capsule ···················· 185

l

连接部位 Connection part ·· 251

r

柔性止水系统 Flexible water-stop system ···································· 190

s

设计方法 Design method ··· 65

x

悬吊系统 Suspension and hoisting system ·· 142

y

预制墩台吊装 Precast pier lifting ··· 142

图书在版编目(CIP)数据

海上装配化桥梁墩台建设关键技术／孟凡超等著. — 北京：人民交通出版社股份有限公司，2018.3
ISBN 978-7-114-14616-9

Ⅰ. ①海… Ⅱ. ①孟… Ⅲ. ①跨海峡桥－桥梁结构－墩台－桥梁施工 Ⅳ. ①U448.19

中国版本图书馆 CIP 数据核字(2018)第 057871 号

"十三五"国家重点图书出版规划项目
交通运输科技丛书·公路基础设施建设与养护
港珠澳大桥跨海集群工程建设关键技术与创新成果书系
国家科技支撑计划资助项目(2011BAG07B03)

书　　名：	海上装配化桥梁墩台建设关键技术
著 作 者：	孟凡超　苏权科　张　鸿　吴伟胜　田　唯　等
责任编辑：	周　宇　牛家鸣　等
责任校对：	宿秀英
责任印制：	张　凯
出版发行：	人民交通出版社股份有限公司
地　　址：	(100011)北京市朝阳区安定门外外馆斜街 3 号
网　　址：	http://www.ccpress.com.cn
销售电话：	(010)59757973
总 经 销：	人民交通出版社股份有限公司发行部
经　　销：	各地新华书店
印　　刷：	北京雅昌艺术印刷有限公司
开　　本：	787×1092　1/16
印　　张：	17.75
字　　数：	349 千
版　　次：	2018 年 3 月　第 1 版
印　　次：	2018 年 3 月　第 1 次印刷
书　　号：	ISBN 978-7-114-14616-9
定　　价：	120.00 元

(有印刷、装订质量问题的图书，由本公司负责调换)